LES GENDARMES DANS LA RÉSISTANCE

DU MÊME AUTEUR

Le Safari du Polonais, roman, Plon, Paris, 1965.

Polonais « go home », roman, Plon, Paris, 1965.

La guerre a été gagnée en Suisse (en collaboration avec Pierre Quet), document, Librairie Académique Perrin, Paris, 1967.

Le Monde parallèle (en collaboration avec Yves Ciampi et Jean Dewever), document, Fayard, Paris, 1968.

Jean Bart, biographie, Librairie Artistique et Commerciale, Paris, 1969.

Le Réseau Caraman (en collaboration avec Jean-Daniel Pouget), document, Fayard, Paris, 1972.

Ces malades qui nous gouvernent (en collaboration avec le Dr Pierre Rentchnick), document, 1er tome, Stock, Paris, 1976. Prix Littré 1977.

Ces nouveaux malades qui nous gouvernent (en collaboration avec le Dr Pierre Rentchnick), document, 2e tome, Stock, Paris, 1988.

Les Français à Londres 1940-1941, document, Balland, Paris, 1990. Prix de la Résistance 1990.

La Médecine mangeuse d'hommes, essai, Calmann-Lévy, Paris, 1990.

Médecins à Diên Biên Phu, document, Presses de la Cité, Paris, 1992. Prix Raymond-Poincaré 1992.

La France rurale à l'agonie, document, Presses de la Cité, Paris, 1994.

Ces malades qui nous gouvernent (en collaboration avec le Dr Pierre Rentchnick), document, 3e tome, Stock, Paris, 1996.

Ces assassins qui ont voulu changer l'histoire, document, Plon, Paris, 1999.

Pierre Accoce

LES GENDARMES DANS LA RÉSISTANCE

Document

*Production
Jeannine Balland*

PRESSES DE LA CITÉ

ISBN 2-258-05100-2

PROLOGUE

Le prix de la débâcle

La Seconde Guerre mondiale reste la plus grande des conflagrations connues. Elle a impliqué toutes les nations pilotes de la planète, qui ont rivalisé de génie, de capacités industrielles décuplées. L'Axe a lié à l'Allemagne le Japon, l'Italie et quatre autres pays. Les Alliés, dix-sept Etats, ont été d'abord menés par la Grande-Bretagne et la France. Le heurt a embrasé l'Europe, l'Afrique, l'Océanie et l'Asie, gagné tous les océans.

Aucun conflit ne l'a égalé en calamités. Quarante millions de morts, ont estimé des annalistes. Quarante-neuf millions, ont corrigé d'autres clercs, après avoir exploré mieux les registres obituaires. Plus de la moitié des victimes ont été des civils, sans distinction de sexe, d'âge. Les uns ont péri sous les bombardements, lors des assauts militaires. D'autres ont été exécutés. D'autres encore, internés dans des camps, ont disparu, sciemment exterminés.

L'abomination était prévisible. Hitler l'avait appelée par trop de ses vœux. Cela dès 1925, dans *Mein Kampf*, son credo. Le nazisme instauré en 1933, il avait intoxiqué les Allemands, les exhortant à accroître leur espace vital. Sa démagogie prenant racine, il avait annexé l'Autriche en 1938, s'était approprié les Sudètes. Un an plus tard, il disloquait la Tchécoslovaquie, accaparait la Bohême, la Moravie, entrait à Prague. Insatiable, il lorgnait le couloir de Dantzig, en Pologne. Venait, à fond de train, le temps des barbares.

Un péril manifeste. Il revenait à la Société des Nations, l'ONU de l'époque, de l'enrayer. Elle caqueta et se déroba. Comme en 1935, quand l'Italie de Mussolini s'était emparée de l'Ethiopie. Les démocraties, si promptes d'ordinaire à donner la leçon, n'avaient pas davantage réagi. Ainsi, la France. Son armée passait pour la plus forte en Europe, sa flotte paraissait redoutable, elle possédait un vaste empire. Malgré ces atouts, elle croisa les bras. Mauvais pli. En 1936 déjà, elle n'avait pas bougé un cil lorsque le Reich avait réoccupé sans coup férir la Rhénanie sous son nez. En 1939, elle a dû, à son corps défendant, sortir de sa léthargie.

Le 23 août, Hitler signe le pacte germano-soviétique avec Staline. Il reniera cette alliance le 21 juin 1941, envahira la Russie. Mais pour l'heure, mus par le même appétit hégémonique, ces ogres veulent se partager la Pologne. La Wehrmacht précède de peu l'Armée rouge, agresse cet Etat le 1er septembre. Liée par un traité d'assistance avec Londres et Paris, Varsovie sonne le tocsin. Le surlendemain, la Grande-Bretagne invite la France à ratifier une déclaration de belligérance qui les opposera au IIIe Reich.

Les Anglais veulent bombarder aussitôt la Ruhr, creuset nazi. La Troisième République se borne à masser ses troupes sur ses frontières. L'atonie se prolonge ; huit mois. L'écrivain Roland Dorgelès l'appelle drôle de guerre. Les Allemands *sitzkrieg*, guerre assise. Les Américains, neutres encore, persiflent : *phoney war*, guerre bidon. Crûment, la France boude la croisade. Hitler exploite cette apathie, renforce son potentiel offensif. Puis il déchaîne la tempête.

En avril 1940, il fond sur le Danemark, la Norvège. Le 10 mai, il attaque les Pays-Bas, le Luxembourg, la Belgique. A l'état-major français, Joseph Georges est l'un des rares généraux conscients du malheur amorcé. Chargé du front nord-est, il a confié la IIe armée à Charles Huntziger ; elle est censée verrouiller l'accès de Sedan. Georges a douté souvent de la valeur des défenses du secteur. Chaque fois, Huntziger a rétorqué avec suffisance que si d'aventure l'ennemi l'attaquait, il ne franchirait ni la Meuse, ni les forêts ardennaises. C'est là pourtant, le 13 mai, que percent les blindés de Heinz Guderian, appuyés par des Stukas, bombardiers légers.

Ce pertuis franchi, la Wehrmacht manœuvre comme à la parade, prend à revers la IXe armée d'André Corap. Elle piège dans la nasse des Flandres le gros des forces alliées, fauche les autres fronts. Le 14 juin, sa croix gammée flotte sur Paris. Le 17, elle atteint la Loire, à Briare. Les autorités françaises, repliées à Bordeaux, paniquent. Albert Lebrun, président de la République, en quête d'un sauveur, appelle Philippe Pétain, lui confie le gouvernement qu'avait jusqu'alors dirigé Paul Reynaud. Ce 17 juin, le maréchal messie demande l'armistice.

Principe accepté, Hitler décrète que le rituel se déroulera le 21, à Rethondes, commune de l'Oise. Dans une relique, le wagon-salon où fut signée la fin de la Première Guerre mondiale. Le führer entend infliger de la sorte aux Français vaincus à leur tour une humiliation de plus. Le 11 novembre 1918, Friedrich Ebert, élu chancelier à Berlin deux jours plus tôt, avait chargé un obscur député, Matthias Erzberger, d'assumer à sa place la défaite de l'Allemagne. Comme l'avait fait Ebert, Pétain se défausse de l'avanie sur un suppléant : Huntziger, l'un de ses fidèles, sollicitera l'aman.

Paradoxe ; loin de mortifier les Français, la suspension des hostilités les soulage. Du moins, le plus grand nombre. L'inertie de la marine restée dans ses ports, la dispersion de l'aviation, la retraite des armées les ont assommés. En quarante jours, l'ennemi a envahi la moitié du pays et capturé un million huit cent mille soldats. Contrairement à une idée reçue, propagée jusqu'à ce jour, des troupes ont fait front pourtant ; cent mille tués dans leurs rangs, cinquante-cinq mille chez les Allemands. La déroute a résulté de la stratégie obsolète promulguée par Maurice Gamelin, le généralissime dépassé, des défaillances de la majorité des ganaches étoilées composant son état-major. De surcroît, un exode civil, béni par les nazis, orchestré par leur propagande, a aggravé la situation. Dix millions de réfugiés, des habitants du Nord, grossis par un million de Belges et de Néerlandais, ont déboulé cap au sud, bloquant les routes. Une ruée comme on n'en avait jamais vu non plus auparavant. Les Français vont payer lourd la débâcle collective.

Huntziger le mesure à Rethondes ce 21 juin. De même, ses adjoints, le diplomate Léon Noël, les généraux Henri Parisot et Jean Bergeret pour l'armée et l'aviation, le contre-amiral Le Luc pour la marine. Ils attendaient de l'âpreté. Ce sera la mise à sac. Hitler, présent au début de la cérémonie, ne prononce pas un mot. Wilhelm Keitel, l'un de ses officiers, lit le discours qu'il a préparé. Une harangue mêlant les distorsions historiques à sa haine pour les Français. Après quoi le führer part sans saluer personne. Keitel présente ensuite les clauses de l'armistice. « Irréfutables », martèle-t-il. Encore une formulation hitlérienne. Huntziger, qui a informé Pétain par téléphone au préalable, doit avaler le séné.

Le diktat impose d'entrée l'annexion de l'Alsace et de la Lorraine. Suit le dépeçage du pays. D'abord, la Wehrmacht occupera la moitié nord de la France jusqu'au-delà de la Loire, assortie d'une bande à l'ouest, allant de Tours à Hendaye. Trente-neuf départements soumis et dix-sept autres partiellement raptés. La crème du potentiel économique national et vingt-six millions de Français passeront sous le joug. L'autre partie, dite zone libre, abritant quatorze millions d'habitants, dont le tiers de la population active, restera sous l'autorité apparente du gouvernement de Pétain. Cette souveraineté théorique épargnera au Reich les aléas d'une administration directe. Le simulacre cessera le 11 novembre 1942, quand Hitler étendra ses serres sur l'ensemble de la nation.

Une démarcation concrétisera le partage. Partant d'Annemasse, frontière avec la Suisse, la ligne tournevirera jusqu'à frôler Tours, joindra Saint-Jean-Pied-de-Port dans les Pyrénées, cisaillant treize départements. Le Reich garrottera la France avec ce mors. S'il prend à cette dernière l'envie de regimber, il serrera la gourmette, endiguant les passages, les échanges vitaux interzones.

Hitler complète ce dispositif coercitif en interdisant les accès au littoral occidental, depuis Calais jusqu'à Hendaye. Sur ces rivages, son ingénieur, Fritz Todt, édifiera des milliers de blockhaus, ainsi que des obstacles de béton et d'acier immergés à marée haute. Une prohibition de circuler similaire verrouillera un autre secteur, au sud, le mur naturel des Pyrénées ; tous les cols qui ouvrent sur l'Espagne seront cadenassés. La forteresse Europa prend forme.

S'arrogeant tous les droits, Hitler créera un peu plus tard une autre réserve, en ressuscitant la Lotharingie, une vieillerie constituée en 855 par l'empereur Lothaire Ier pour doter l'un de ses rejetons. Allant de la mer du Nord aux Alpes, bordé par le Rhin, la Meuse, l'Escaut, ce nouvel Ostland asservira neuf départements au Reich. L'un d'eux, le Jura, se trouvera de la sorte satellisé au nord, occupé au centre, provisoirement libre au sud, perforé de surcroît par la démarcation ; il deviendra le plus morcelé du pays.

A Rethondes, Keitel présente aussi l'addition aux Français. Ils paieront l'occupation : 400 millions de francs par jour. Cette somme, ramenée à 300 millions le 11 mai 1941, grimpera à 500 millions-jour le 11 novembre 1942. Le Reich percevra de la sorte 620 866 millions jusqu'en 1944, au titre du seul entretien de ses troupes. De quoi nourrir et soigner dix-huit millions d'hommes durant ces quatre années. Or trois cent mille suffiront pour assumer cette tâche. Leur subsistance reviendra réellement à 10 350 millions. Le surplus soutiré ? Un colossal boni.

Huntziger doit avaliser d'autres exigences. Telle la confiscation du matériel de guerre français encore intact. La Wehrmacht fait main basse sur les chars, les camions, l'artillerie, les munitions, la cavalerie. La Luftwaffe s'empare des avions, de l'outillage de maintenance, des bases militaires. A propos de la flotte, la Kriegsmarine fait la fine bouche ; par principe elle boude les grosses unités de surface, leur préférant les submersibles modernes, à grand rayon d'action. Toutefois, le Reich ordonne que les escadres de la Royale soient désarmées sur rade, gardiennées par des équipages français, en Méditerranée, aux colonies. Il exige en outre pour ses sous-marins des nids fortifiés au long des côtes de l'Atlantique.

Par surcroît, les aéroports et les ports civils passent sous contrôle allemand. Comme la marine de commerce, le chemin de fer, les canaux, les grandes voies de communication, la poste, la radio, la presse.

Les prisonniers de guerre subiront un internement outre-Rhin, en stalags et oflags, jusqu'à la conclusion d'un éventuel traité de paix. Les réfugiés civils regagneront au plus vite leurs habitats abandonnés, se remettront au travail.

Les usines, les mines, les centrales électriques approvisionneront en priorité l'industrie de guerre du Reich. De même, celui-ci prélèvera périodiquement ses quotas sur la production des agriculteurs et des éleveurs.

Ces ukases ruineront la France. Il lui faut se déshonorer aussi. Elle est sommée de livrer les ressortissants allemands qui ont cru trouver un abri chez elle. Tels l'industriel Fritz Thyssen, qui avait fui en 1939, et Rudolf Breitscheid, et Rudolf Hilferding, anciens ministres sociaux-démocrates. Sans oublier les réfugiés politiques moins connus. Et les juifs. Fournées promises aux camps de concentration.

Huntziger entérine ces injonctions. Pourtant il n'en a pas fini. Keitel l'avise que l'accord n'entrera en vigueur que six heures après la signature d'un acte identique passé avec l'Italie. « Pas elle ! se récrie Huntziger. Elle nous a déclaré la guerre sur le tard et ne l'a pas faite. » Keitel lui fait manger son képi. Le lendemain, un avion allemand l'emmène à Rome. Mussolini convoite le sud-est de la France, la Corse, des bases en Syrie, en Tunisie, une part de l'empire en Afrique. Un accès boulimique. Hitler doit ramener à plus de raison son allié. Le duce se contentera d'une partie des Alpes sur les quatre départements frontaliers avec l'Italie. Il enfle quand même le jabot lorsque son gendre, Galeazzo Ciano, ainsi que le maréchal Pietro Badoglio traitent avec Huntziger. Toute honte bue, celui-ci ratifie le nouvel armistice le 24 juin, à 18 h 35. La convention amorcée à Rethondes entre en application le lendemain, à 0 h 35.

La France blessée, qui ignore bien entendu l'importance de son assujettissement, soupire. Elle loue Pétain, persuadée que ce bon samaritain lui a rendu la dignité. Infime dissonance : dans quelques ports, des rebelles, militaires et civils mêlés, se disputent encore une place sur les rares navires en partance pour Gibraltar ou l'Afrique du Nord.

A Bordeaux, le maréchal proclame ce 25 juin 1940 jour de deuil national. Escorté par son gouvernement, par les notables girondins, il se rend à la cathédrale Saint-André, où il assiste à un service solennel. L'archevêque fait une déclaration en chaire, incite les Français à « tirer les leçons de leur malheur, à essayer de créer un ordre nouveau, plus juste et plus sain que celui qui vient de s'écrouler ». Aucune des autorités républicaines présentes n'a pipé.

Deux jours plus tard, tandis que le gouvernement s'apprête à gagner la zone libre, Pétain s'adresse au pays : « Français, un ordre nouveau commence. C'est à un redressement intellectuel et moral que, d'abord, je vous convie. Vous l'accomplirez et vous verrez, je le jure, une France neuve surgir de votre ferveur. » Plus d'équivoque cette fois. La République est condamnée. Le maréchal va substituer à la démocratie une autocratie mitonnée en hâte.

Cela ne ressemblera pas à un pronunciamiento. Ce ne sera pas non plus le fruit d'une brigue fomentée avec l'appui de Hitler. A ce jour, pas de traces de cabales de ce type dans les archives. En revanche, un fait, avéré : Pétain a senti monter l'encens de la puissance quand Lebrun lui a confié la barre. Il s'est délecté de l'accueil que les Français, traumatisés, ont réservé à son premier gouvernement. La griserie ne l'a plus quitté.

Son masque d'aïeul bonasse — il a déjà quatre-vingt-quatre ans sonnés — cache un imperator, sensible aux propos des doctrinaires qui durant des lustres ont anathémisé la République. « Une femme sans tête », raillait Charles Maurras. Ils ont accusé le régime d'avoir affaibli le pays, jusqu'à le faire tomber en déliquescence. Pétain partage cet avis. Appuyé par un bon nombre d'autres politiciens, de fonctionnaires, il voit dans la défaite l'occasion de jouer sa carte. Comme l'avait fait Bonaparte, son modèle, qui renversa le Directoire en fomentant le coup d'Etat du 18 Brumaire, il culbutera la Gueuse. Robert Paxton, historien américain, l'a souligné dans *La France de Vichy, 1940-1944* : « C'est par de petits bonds, non par la conspiration, qu'une bonne partie des Français serait conduite à participer à un monde politique nouveau et inattendu ; l'Etat français. »

Dès 1940, d'autres citoyens choisissent néanmoins une voie différente. Ils refusent la suspension de la guerre, l'Etat vichyste, la compromission avec l'occupant, la politique du pire nazie. Résisteront.

Certains, une poignée, « une poussière de soldats », suivent à Londres un général inspiré, Charles de Gaulle. Sous-secrétaire d'Etat à la Guerre du dernier gouvernement de Paul Reynaud, il a, le 17 juin, rallié le monde libre. Plus tard, il écrira dans ses Mémoires qu'une fureur sans bornes l'avait soulevé ce jour-là, le poussant à ne pas baisser les bras. Il se battrait, où il le faudrait, tant qu'il le faudrait. L'espace ne manquait pas pour cela, en Angleterre, en Afrique, ailleurs. « Jusqu'à ce que l'ennemi soit défait et lavée la tache nationale. »

D'autres Français brûlent simultanément du même feu, se fondront en clandestinité sur le sol national. Pas de têtes brûlées ni d'aventuriers dans leurs rangs. Des circonspects, au contraire ; l'enjeu l'impose. Plus de la moitié ont entre trente et quarante-neuf ans. Les épopées vécues par ces résistants ont été à ce jour amplement décrites. La participation d'un bon nombre de gendarmes à leurs luttes est, en revanche, peu connue.

Le colonel Paul Paillole, ancien chef du contre-espionnage au sein des services spéciaux devenus clandestins, a apporté une explication à cette méconnaissance : « Une campagne haineuse, partisane, obstinée, n'a voulu retenir depuis la libération que les aspects déplaisants du rôle de la gendarmerie [pendant l'occupation]. Elle a mis en évidence le détail regrettable, glissant sur l'essentiel, et oubliant délibérément que sans la gendarmerie, sa compréhension, son courage, son patriotisme, la plupart des groupes de résistance n'auraient pu survivre. »

De fait, tous les soldats de la loi formés par la République continueront à assumer leurs fonctions quand l'Etat pétainiste prendra sa place.

D'aucuns parmi eux obéiront, en effet, avec conviction, voire de la ferveur, aux ordres des autorités vichystes. Même aux plus condamnables de ces injonctions. Parfois aussi, ils se plieront avec trop de zèle aux commandements directs des nazis. Même les plus odieux. Ceux-là seront jugés, comme les autres collaborateurs trop compromis, après le conflit.

D'autres, la majorité, serviront sans empressement. Ils commenceront par bâcler les activités prescrites, finiront par montrer une inefficacité que les occupants et les maréchalistes qualifieront de sabotage par inertie. Ce comportement se paiera déjà fort cher alors, ne pas l'oublier. Il faudra de la crânerie pour agir ainsi.

D'autres encore, écoutant leur conscience, entreront vraiment en dissidence. Ils œuvreront dans les organisations résistantes. Leur apport, Paillole a eu raison de le souligner, a été essentiel.

Ces gendarmes offriront un renfort volontaire et inestimable aux combattants de l'ombre. Ils feront du renseignement, abriteront les évadés, les aviateurs alliés rescapés, entretiendront des filières de fuite, sauveront des persécutés, rallieront les maquis, formeront les recrues, opéreront des coups de main, prépareront l'insurrection finale contre l'occupant. Leurs brigades ancrées dans les cantons constituaient des postes idéaux d'observation. Leur connaissance de ces circonscriptions, des opinions de leurs habitants, sera précieuse. Ces apports délibérés, le patriotisme, la compréhension, voire la bienveillante indifférence chez les plus passifs, permettront aux forces clandestines d'exister.

Cet ouvrage leur est dédié.

1

L'éveil

Le 28 juin 1940, à l'aube, des unités de la VIIe armée allemande commandées par le général Moritz von Faber du Faur, huguenot de souche landaise, s'apprêtent à entrer dans Bordeaux, à défiler sur le cours Victor-Hugo. Elles piaffent, agacées par une semaine de bivouac sur la rive nord de la Gironde. Une pause ordonnée par Hitler. Le führer a octroyé ce sursis aux autorités de la Troisième République encaquées dans le port aquitain, jusqu'à la concrétisation de l'armistice. La trêve enfin signée, les étrillés doivent filer en zone libre.

Leur échappade commence précisément ce 28 juin, à 5 heures du matin. De ce fait, peu de Bordelais la remarquent. En revanche, par-delà le pont de pierre qui enjambe la Garonne, les Allemands, pressés d'investir la place, croisent la caravane. Ils la photographient et la brocardent à l'envi.

Toute la République bat en retraite : présidence, gouvernement, assemblées, administrations. La plupart des journaux parisiens collent à ses basques. Elle n'avait jamais déménagé auparavant. Soixante-cinq années de sédentarité. Or, elle entame sa troisième fuite en moins de trois semaines. En l'occurrence, cap sur Clermont-Ferrand. Par la route, tel un cirque en tournée. Toutefois, au contraire des gens du voyage, elle ne nomadisera plus beaucoup. Des symptômes apparus lors de ses escales fortuites à Tours puis à Bordeaux le montrent, elle ne passera pas l'été.

Avertis de sa venue, les Clermontois se sont gardés de pavoiser. Ils frôlent la surdose en chaos. La Wehrmacht, emportée par son rush vainqueur jusqu'aux portes du Massif central, vient de cantonner chez eux durant une semaine ; en vertu des accords validant la suspension d'armes, elle a reculé par-delà la ligne de démarcation, qui sépare désormais la zone occupée et la zone libre. Des réfugiés, des soldats français en quête de démobilisation, engorgent encore leur ville. En outre l'université de Strasbourg — archives et personnel, professeurs et étudiants — campe dans leurs murs, durablement semble-t-il. Aussi, au soir de ce 28 juin, personne ne se presse au-devant de l'Etat. Il s'abat sur la cité, déferle aux alentours sur Romagnat, Chamalières, Royat, s'étale jusqu'à Châtelguyon et Riom.

Pierre Laval, cinquante-sept ans, sénateur du Puy-de-Dôme, nommé de frais vice-président du Conseil du premier gouvernement de Pétain, a attiré la République en Auvergne. Son fief natal. Amphitryon zélé, il installe le président Albert Lebrun à Royat et Philippe Pétain au cœur du vieux Clermont, distribue des billets de logement aux arrivants, attribue aux ministères des résidences provisoires, case les journaux parisiens près des imprimeries locales. L'hôte prévenant. Pourtant, nul dans la province n'ignore son dessein : abattre ce régime qu'il abhorre, qui ne l'avait pas non plus ménagé.

Coriace, l'Arverne. Toujours un défi à relever, une rancœur à assouvir, redoutable au cœur de son antre. D'origine modeste, il était allé s'affirmer à Paris comme avocat brasseur d'affaires. Mais c'est à Châteldon, son berceau, à cinquante kilomètres de Clermont, qu'il a assis son bien : un château, un domaine agricole, trois sources thermales, un moulin à papier, une scierie. Il avait investi aussi à Paris, dans la presse, à Lyon, à la radio. Mais c'est à Clermont qu'il a acquis son propre journal, *Le Moniteur*, de même que l'imprimerie Montlouis, la plus moderne du lieu.

Il a également blanchi sous le harnais, en politique. Une carrière entamée en mai 1914 comme député socialiste à Aubervilliers. Virant ensuite électron libre, il avait flatté le moindre des clubs en mesure de l'appuyer, récompensé par une brassée de maroquins ; Travail, Travaux publics, Justice, Colonies, Affaires étrangères. Il avait gouverné le pays à deux reprises, au début des années 30. Sa chance tourna quand explosèrent les crises qui marquèrent tant cette décennie. La défiance gagna ses relations. Le cartel des gauches, qui avait juré sa perte, le renversa, instituant l'éphémère Front populaire. Lâché par ses réseaux, il avait plongé en quarantaine dans les palais nationaux.

Laval-la-peste à Paris. Mais seigneur paysan, sénateur inamovible en Auvergne. De quoi adoucir le feu de la désillusion. L'approche de la guerre avait ranimé sa vindicte. Les événements de ce genre apportent des occasions de laver les outrages. En l'occurrence, le hasard l'a placé sur la voie de Pétain en juin 1940, quand celui-ci a vu s'ouvrir l'accès au pinacle. Aussitôt il a proposé son soutien, pervers, son registre. Il songe autant à rouler le vétéran qu'à affilier la France à l'Europe autoritaire en place. Prêt à s'allier au diable pour apaiser sa soif de revanche, il veut surtout complaire à Hitler sur lequel il mise pour régler ses comptes.

Le maréchal a saisi l'offre. Ce Laval vengeur, au bagout de vendeur d'orviétan, arrachera aux parlementaires que la défaite apeure le blanc-seing nécessaire pour substituer à la République son Etat en gésine. Certes, il paie peu de mine avec son teint bistre, ses doigts que jaunit la nicotine, ses cravates blanches de rasta, son dos voûté qui déforme ses costumes de prix. Mais, imbattable en cautèle, il saura assumer les basses œuvres à venir.

Singulier duo. Des rivaux, plus que des partenaires. Ils ne cesseront de se mépriser. De s'épier pour mieux tricher. Cela a commencé tôt. A Clermont justement, le 29 juin 1940.

Sentant Laval trop puissant dans sa place forte, Pétain argue que cette ville, trop populaire, donc peu sûre, ne peut héberger son futur Etat. Il aurait aimé Paris. Bien mieux, Versailles. Toutefois l'éclatement du pays imposé par Hitler l'interdit. Réduit à gouverner un territoire étréci, il choisit Vichy pour capitale ; depuis des lustres, les militaires se plaisent dans cette station thermale de l'Allier. Ce n'est qu'une sous-préfecture, à l'écart du monde, mais bourgeoise. Ses nombreux hôtels abriteront ses ministères. Laval a acquiescé. Vichy étant encore plus proche de Châteldon que Clermont — vingt kilomètres —, il regagnera chaque soir son château. Départ fixé au 2 juillet. Le dernier voyage de la République. Son étouffement est déjà programmé. Ensuite l'Auvergnat jouera les Brutus dans le dos du patriarche.

Le 30 juin, l'entourage de Pétain boucle de nouveau les malles du maréchal, celles de son épouse, Annie. La réception d'un message urgent suspend cette tâche. Il provient de Wiesbaden, en Allemagne. Une commission d'armistice y tient ses assises depuis deux jours. La trêve appelle des codifications, un marathon de discussions en perspective. Pétain a confié à un féal la tête de sa délégation, le général Charles Huntziger. Or, les Allemands, bousculant le plan des débats, exigent que soit traité en priorité le maintien de l'ordre en France occupée. Huntziger sollicite donc le cabinet du maréchal : « Prière de désigner au plus vite un officier qualifié qui sera chargé de négocier le retour en zone nord de la gendarmerie départementale, et de quelques pelotons de la garde républicaine mobile. »

Sa requête se serait perdue sans l'intervention de Bernard Ménétrel, médecin et factotum du maréchal. La pagaille a forci à Clermont. Par la faute des ministres. Nommés depuis peu, jaloux de leurs prérogatives, n'en connaissant pas encore les limites, ils s'époumonent en démêlés hargneux. Ainsi, Maxime Weygand à la Défense et Adrien Marquet à l'Intérieur, pourtant concernés au premier chef par l'appel de Huntziger. Un proche de Ménétrel alerte donc le conseiller d'Etat Roger Léonard, directeur général de la gendarmerie, provisoirement replié avec son état-major à Montauban. Qui nomme sans hésiter son mandataire, le capitaine Sérignan, porte-parole idoine selon lui. L'un de ses adjoints, le colonel Fossier, avise aussitôt ce missi dominici.

Pierre Charles Sérignan. Trente-huit ans en 1940. Maigre, efflanqué. Endurci par la pratique du sport de haut niveau. Né à Nîmes dans le sérail — son père fut officier gendarme —, imprégné jusqu'au tréfonds par le sens du devoir, il reçut une formation des plus classiques : Saint-Cyr, lieutenant au 150e d'Infanterie, école de la gendarmerie à Versailles. Versé dans la garde républicaine mobile, marié à Huguette Pasdeloup, il servit à Marseille, passa à la 1re légion à Roubaix, promis à un destin brillant et conformiste, quand le cours de sa vie changea. Bien noté, parlant couramment l'allemand, il fut envoyé à Strasbourg pour suivre un cycle de perfectionnement au Centre des hautes études germaniques. Les enseignants décelèrent chez lui des qualités hors normes, qu'ils signalèrent à la hiérarchie. Dès lors, terminé le service ordinaire, l'aventure en sacerdoce.

Sérignan partit pour l'Allemagne, en charge d'une mission d'information discrète ; observer la République de Weimar au bord de l'implosion sociale. Revenu au bercail, il rédigea une étude, *Le Parti hitlérien et sa propagande*, que les éditions Lavauzelle publièrent en 1932, avec l'imprimatur de la Défense. Une analyse du péril brun. Les nazis à l'œuvre chez eux. Décervelant la population allemande. Lui promettant un règne qui durerait mille ans. Proclamant la supériorité de la race aryenne. Prônant le racisme anti-juif. Noyautant les entreprises industrielles. Rackettant le grand commerce. Infiltrant les universités et fanatisant la jeunesse. Tout sur la stratégie des nationaux-socialistes pour accéder au pouvoir. Un avertissement. Qu'ignorèrent les Français, leurs politiciens et le Gotha galonné. Le 2e Bureau, lui, avait apprécié. Sérignan, happé par l'Administration centrale de la guerre, promu capitaine en 1933, détaché au S.R. des armées, entama une fructueuse carrière comme officier de renseignements. Lors de la mobilisation en 1939, on l'avait affecté au grand quartier général des forces terrestres. Puis remis à la disposition de la sous-direction de la gendarmerie, en juin 1940.

Le dossier de ce gendarme d'élite appelé à représenter le corps à Wiesbaden justifie amplement sa nomination. Fossier se félicite du choix. Néanmoins il redoute que l'Abwehr, service de renseignements de la Wehrmacht, et la police politique du Reich ne soient pareillement informés sur le compte de l'émissaire. Il précise donc que cette mission ne sera pas dénuée de danger. Sérignan, qui a appris à peser ses risques, boucle quand même son sac le 1er juillet.

Voyager en France à ce moment est une entreprise hasardeuse. La zone libre tient de la cour du roi Pétaud. Quelques rares trains poussifs naviguent à vue sur leurs voies, sans chef d'orchestre au pupitre général de commande. Les charrois désordonnés des armées françaises et des réfugiés ont pareillement chambardé le réseau routier ; plus de transports réguliers, plus d'essence aux pompes. La zone occupée, qui a connu un sac autrement important, subit en plus depuis lors la pression des Allemands, prodigues en exigences et priorités de déplacement. Contraint à la débrouillardise, le capitaine Sérignan mettra une semaine pour atteindre Wiesbaden.

D'abord, une journée pour traverser le Rouergue, le Massif central, et parvenir à Clermont. La confusion a encore augmenté dans la cité. Quelques ministres ont déjà abandonné la ville pour Vichy sur les talons de Pétain. Ce dernier, qui a pris ses quartiers à l'hôtel du Parc métamorphosé en palais d'Etat, remanie le dernier gouvernement de la République et le cercle des cadres supérieurs des administrations. Ainsi, Marcel Peyrouton a remplacé Marquet à l'Intérieur. Personne à la Défense, Weygand s'est perdu dans le lacis des chemins qui mènent en Allier. Le général Louis Koeltz, chef des services de l'armistice, prend sur lui d'établir le sauf-conduit qui permettra au capitaine de gagner le Reich.

Ligne de démarcation franchie le 3 juillet, Sérignan se présente aux autorités allemandes à Bourges. Ignorant tout de son mandat, elles l'envoient sur Paris. Avant de quitter le Cher, il effectue un crochet aux environs, salue son épouse réfugiée aux Aix-d'Angillon, son village natal. Lors de cet intermède, il apprend que la Royal Navy vient d'attaquer une escadre française ancrée à Mers el-Kébir, près d'Oran, en Algérie. Ce raid, ordonné par Winston Churchill, qui a entraîné la mort de mille deux cent quatre-vingt-dix-sept marins, révulse le pays et éveille une furieuse anglophobie.

L'historien Fred Kupferman a étudié les conséquences de l'événement dans son ouvrage, *Pierre Laval 1883-1945* : « Il permet à Vichy de rompre les dernières attaches avec l'allié d'hier, et donne à Laval un atout de plus [pour convaincre les parlementaires de donner leur aval à Pétain, d'évincer la République]. La France ne vivra plus sous les ordres de l'égoïsme anglais, elle ira chercher sa place dans l'Europe de l'ordre nouveau. »

Le matin du 4 juillet, Sérignan, parvenu à Paris, fait viser son laissez-passer auprès du gouverneur militaire de la Wehrmacht dans la métropole. Une information émanant de Fossier lui apprend en ce lieu que la gendarmerie vient également de changer de patron. Pétain a limogé Léonard, jugé trop proche d'Edouard Daladier, député radical-socialiste et ex-président du Conseil. La chefferie des soldats de la loi échoit de nouveau à un magistrat, Chasserat, conseiller d'Etat comme Léonard, qui a professé à l'école des Sciences politiques, un briscard des cabinets ministériels, moins proche des sociaux-démocrates que son prédécesseur. Sa première décision : confirmer la mission confiée à l'émissaire du corps. « Elle reste primordiale », a souligné Chasserat. Sérignan poursuit son chemin, atteint Wiesbaden le lendemain.

Il connaissait déjà la capitale du land de Hesse, au pied du Taunus. Une cité à la fois moderne et romantique, qui tire autant fierté de son industrie que de son thermalisme. Elle avait abrité l'administration des Alliés quand ils occupèrent la Rhénanie après la Première Guerre mondiale, jusqu'en 1930. Ce détail circonstanciel avait ulcéré Hitler. Vainqueur à son tour, mais dominé par ses névroses, il a tenu à établir sa commission d'armistice au même endroit,

« pour effacer l'opprobre ». Autre manifestation de son ressentiment, il a aussi attribué la présidence de cet organisme à un sabreur teutonique dressé à la prussienne, le général Otto von Stülpnagel, gentilhomme osseux qui porte monocle. Consignes : la main de fer, mettre au pas cette France honnie, la faire danser longtemps le ventre creux.

La délégation française est logée à l'hôtel Rose, que surveille la Gestapo. Sérignan, aguerri par son long passage au 2e Bureau, flaire sur-le-champ la présence des agents de cette police secrète d'Etat. Mêlés au personnel, ils traînent dans les offices, aux étages, partout. Pour l'heure, le Rose bruit de cent rumeurs. Elles portent sur la tragédie de Mers el-Kébir. Et sur Vichy, où Laval force les feux pour ouvrir la route du pouvoir à Pétain. Huntziger, retiré dans sa chambre, prépare une déclaration qu'il lira à la table des négociations. Tirant prétexte de l'attaque anglaise, il débonde : « L'armistice sort de la règle, puisque la France abattue se trouve pratiquement en guerre avec le même ennemi que celui de son adversaire vainqueur. La situation nouvelle appelle des contacts différents entre les parties. La France souhaite un renversement des alliances, désire un prompt traité de paix, afin de devenir un partenaire associé au Reich. » Il s'agit au sens strict d'une offre ouverte de collaboration ! Tandis que le plénipotentiaire bouillonne, s'égare, Stülpnagel enregistre, exulte. Ce représentant aussi accommodant lui permettra d'alourdir sans vergogne les stipulations de base de la trêve. Insensible à ce climat délétère, le capitaine Sérignan s'attelle à sa mission : essayer de protéger la gendarmerie.

Tâche délicate. En août 1939, ce corps réunissait cinquante-quatre mille gendarmes, dont mille cinq cent quatorze officiers. Militaires, ils relevaient du ministère de la Défense, composaient une force présente sur tout le territoire, chargée d'assurer l'exécution des lois. Sur requête des ministères de l'Intérieur, de la Justice, des préfets, ils remplissaient des missions de police, administrative et judiciaire, devaient aussi secourir et assister la population.

Vingt-six mille servaient dans la départementale, implantée avec ses brigades au cœur de quatre mille cantons, partageaient la vie des citoyens. Vingt et un mille, affectés à la garde républicaine mobile, répondaient du maintien de l'ordre dans le pays, aidaient la départementale au gré de ses besoins journaliers. Trois mille, détachés à la garde républicaine de Paris, assumaient la sécurité des représentants de l'Etat, effectuaient des services d'honneur. Hors du champ de la métropole, trois mille cinq cents exerçaient en Algérie, en Tunisie, au Maroc. Neuf cent vingt-sept constituaient la gendarmerie coloniale, présente en Afrique, en Asie, aux Caraïbes, en Océanie.

Quand la France est entrée en guerre, trois mille cinq cents ont rallié les cent cinquante prévôtés qui ont accompagné les armées, intervenant au plus près des combats, assurant des liaisons dangereuses, contrôlant la circulation et luttant contre les pillages. Douze mille, mêlés aux autres mobilisés ou au sein d'unités constituées, ont servi sur tous les fronts, toutes les frontières, notamment avec le 45e bataillon de chars de combat de la gendarmerie. Au terme de la fulgurante campagne, trois cent soixante-dix-sept tués ont été dénombrés parmi eux, ainsi que plus de mille blessés. Et quelque cinq mille prisonniers de tous grades.

La garde républicaine mobile, éprouvée, n'a suivi qu'en partie en zone sud les autres troupes, s'est fondue dans la population. La garde de Paris, restée dans la capitale déclarée ville ouverte, est passée sous le joug des occupants. La départementale a, sur ordre du grand quartier général des armées, escorté les réfugiés civils dans leur sauve-qui-peut, tout en participant aux combats retardateurs. L'Alsace-Lorraine a perdu ainsi toutes ses brigades. Comme vingt-six autres circonscriptions du Nord, ravagées par la ruée de la Wehrmacht. Constat sans fard : l'institution est disloquée.

A Wiesbaden, Sérignan comprend très vite que la négociation avec le Reich sera ardue. Les Allemands reprochent à la gendarmerie son statut, trop militarisé à leur goût. Très soupçonneux, ils présument qu'elle a largement participé à la campagne de France, entendent le lui faire payer. Ils visent en particulier la garde républicaine mobile, affrontée dans les assauts les plus durs. Et exigent, en rétorsion, qu'elle soit dissoute sur l'ensemble du territoire. En zone occupée, dans la mesure où ils réadmettront la départementale, cette dernière devra se tenir à leur botte — vingt mille hommes, quota maximum. Ils insistent pour qu'elle soit rattachée à la police. Afin de la contrôler à merci, de l'actionner à volonté au gré de leurs propres besoins, par simple réquisition auprès des autorités civiles, c'est-à-dire les préfets, voire les sous-préfets.

Ces revendications vont à l'encontre des instructions de base données par le colonel Fossier à Sérignan : obtenir du Reich le maintien en zone occupée du règlement antérieur régissant la départementale, qu'elle ne soit pas investie de charges tranchant sur celles que la loi française lui confère, et qu'elle reste liée au ministère de la Défense, en zone libre. Cela sous-entend un assouplissement des injonctions que les Allemands édictent, qui limitent les déplacements et les liaisons sur la ligne de démarcation.

Souhait supplémentaire de Fossier : Sérignan doit récupérer en zone occupée les sièges des brigades et les casernes qui abritaient auparavant la départementale, phagocytés par la Wehrmacht. De même, il devrait obtenir le rapatriement des cinq mille gendarmes prisonniers de guerre. Le rétablissement de la départementale en zone nord entraînera des mutations, préjudiciables aux unités de la zone libre, par contrecoup une refonte de l'organisation générale. Or les effectifs, au plus bas, ne suffisent plus pour couvrir les besoins quotidiens de l'arme. Autant dire que la gendarmerie attend de son émissaire qu'il décroche la lune.

Encore faudrait-il qu'il puisse débattre avec l'adversaire. De fait, il ne pourra se mesurer en personne aux négociateurs allemands. A cause des assistants du général Huntziger. « Trop d'honneur pour un petit capitaine », ont-ils ouvertement lâché, quand il s'est présenté à Wiesbaden. Ils attendaient un colonel, au moins. Marris, ils ont décrété qu'il ne traitera que par leur entremise, « afin que soient respectées les préséances nouvelles ». Sérignan découvre ainsi, avant la lettre, ce qu'est la mystique de Pétain et ce que sera bientôt le régime de Vichy.

La délégation française a été sélectionnée par Huntziger. Avec l'aval du maréchal. Un peloton de spécialistes ou supposés tels la compose. Soit trente-six officiers supérieurs et vingt-neuf fonctionnaires. Une représentation emblématique des bases prochaines de l'Etat encore en couches. Le futur pouvoir, jugeant les élus de toute sorte « coupables d'avoir mené la nation au désastre », ne se bornera pas à supprimer le parlementarisme, ses pompes et ses œuvres. Deux castes sont appelées à relever la France.

Au premier chef, les militaires de haut vol. Ils rassurent le maréchal, immergé dans leur tribu depuis soixante-quatre ans ; ils répondront surtout de l'apparat officiel.

En second lieu, les fonctionnaires. Au four et au moulin, à la passerelle et dans les soutes, ils feront tourner la machine, géreront le pays, materont la population, hériteront les hautes et basses besognes. Ce menu constituait déjà leur plat quotidien, auparavant. Toutefois, les politiciens mandatés par le peuple cautionnaient les administrations, endossaient à leur place la responsabilité de toute errance. La fonction publique sera, pour la première fois, poussée aussi avant aux loges et à l'orchestre, jusque dans l'antichambre du pouvoir. Une primauté. Telle est la volonté du maréchal.

Pétain désire qu'à l'instar des membres du clergé liés à la papauté par des règles intangibles, les militaires et les fonctionnaires soient directement soumis à sa personne pendant toute la durée de leur exercice. Cette subordination sécurise le vieux cacique. Elle incitera ses vélites à suivre sans discuter la voie qu'il tracera. Paterne, il manifestera sa reconnaissance en leur consentant de menus avantages, en créant un ordre à leur intention — la francisque. Il ira jusqu'à pincer l'oreille à certains, comme le faisait à ses grognards Napoléon. Le général Huntziger résumera souvent par un adage le credo que devra adopter l'entourage, une maxime qu'il a peut-être inventée, que d'autres attribuent à l'évêque capitulaire de Luçon, en Vendée : « Le maréchal fera ce qu'il pourra. Et nous, nous ferons ce qu'il voudra. »

D'emblée, à Wiesbaden, l'un des assesseurs de Huntziger a donc sèchement notifié à Sérignan qu'il n'a été invité que pour communiquer à la délégation française l'avis de la direction de la gendarmerie. « L'homme n'est rien, l'état-major est tout », a insisté l'administrateur, l'un des fleurons du cénacle qui sert déjà le maréchal.

Le « petit capitaine » ne peut qu'obtempérer. En apparence. Il rédige une synthèse qui prône le retour de la gendarmerie en zone occupée, dans ses garnisons du temps de paix. Un rapatriement justifié par des impératifs d'ordre public. Elle seule assurera la sécurité des civils choqués par la guerre, restés sur place malgré l'extension des combats. Elle seule préservera les biens des réfugiés, qui déguerpirent devant les troupes du Reich, et incitera ces fuyards à regagner leurs résidences. Elle seule, encore, garantira la réinstallation dans leurs foyers des démobilisés. De même, nul mieux qu'elle ne pourra apporter aux autorités locales des circonscriptions bouleversées par le conflit les concours nécessaires pour exercer l'administration de ces territoires. Ces mesures, dont elle peut répondre, accéléreront la reprise souhaitable de la vie économique du pays occupé.

En annexe, Sérignan ajoute une note qui concerne les effectifs de la gendarmerie dans cette zone. Le contingent de vingt mille hommes qu'accepterait le Reich suffira à peine pour que soit assuré le service ordinaire en brigades. Des pelotons mobiles devraient le compléter. Ils permettraient à cette départementale de maintenir l'ordre partout, en toutes circonstances, de remplir l'intégralité de ses missions.

Un plaidoyer, structuré. Sérignan le remet au scribe responsable de la sous-commission des forces terrestres qui, peu avant, l'a sermonné. Ce dernier conteste le bien-fondé du document. Pourtant, Huntziger reprend in extenso les arguments développés par le capitaine dans le mémoire qu'il transmet, le lendemain, à Stülpnagel. Et la thèse convient ; le général allemand n'exige des précisions que sur les modalités d'exécution, en cas de retour éventuel de la gendarmerie. Sa requête parvient à Sérignan par le canal du club Huntziger. Il fourbit aussitôt sa réponse, communiquée par le même procédé. Le 8 juillet, Stülpnagel stipule que la remise en place de la gendarmerie départementale en zone occupée est admise, mais que son statut reste encore à discuter. « Ses représentants devront contacter directement l'administration militaire allemande à Paris. Pour négocier. »

Tortueuse argutie. Le fruit de cette incroyable procédure à tiroirs. Elle sied à la délégation française, qui se complaît dans la paperasse. Au Reich, qui atermoie à plaisir, tenant la dragée haute aux quémandeurs. De quoi enrager. Sérignan, blindé, en sourit. La direction de la gendarmerie, ramenée depuis peu de Montauban à Clermont, qu'il a quotidiennement tenue au courant, considère qu'il a tout de même emporté un demi-succès ; le marchandage se poursuit. Elle fait savoir à Huntziger — par le truchement du général Koeltz et des services de l'armistice — qu'elle a chargé le colonel Mahé, commandant jusqu'alors la 18e légion de gendarmerie à Bordeaux, de diriger les débats à Paris. « Sérignan sera son adjoint », a ajouté Chasserat. En réalité, dans l'ombre symbolique et provisoire de Mahé, le capitaine tiendra la barre. Une fonction qui sera officialisée après quelques semaines.

Ferme par principe, têtu par tempérament, Sérignan reste cependant encore à Wiesbaden. Le sort de la garde républicaine mobile n'est toujours pas tranché. Il lui faut plancher de nouveau, plaider derechef par procuration. Mais Huntziger et sa coterie ont la tête ailleurs. A Vichy, où se joue le destin de la République, au théâtre du Casino transformé en Assemblée consultative.

Le 10 juillet 1940, le glas tinte pour la Troisième. Sur six cent soixante-six députés et sénateurs, cinq cent soixante-neuf acceptent de suspendre la Gueuse et sa Constitution, accordent les pleins pouvoirs à Pétain. Quatre-vingts votent

« non » et dix-sept s'abstiennent. Devant une telle majorité, le président Lebrun, dernier rempart de la légitimité, démissionne. Le maréchal est enfin consacré dans son royaume thermal. Liesse à Wiesbaden, où la délégation française sable l'avènement. Huntziger, royal, se fend pour la circonstance d'un de ces apophtegmes ampoulés qui font déjà florès dans les cercles pétainistes : « Voici venu le nouvel Etat français ; l'histoire l'attestera, c'est l'Etat idéal. »

Désormais, Pétain ne dissimule plus ce que couvrira sa Révolution nationale. Ayant fait à la France le don de sa personne, il exige en retour des Français le sacrifice et la soumission. Singulier marché. Pas vraiment totalitaire. Mais autoritaire, pour le moins. Son nouvel ordre moral, patriarcal, corporatisant, clérical, prescrit le « rejet des mensonges, de l'égoïsme, de l'esprit de jouissance, du goût des loisirs ». Il exalte des vertus traditionnelles, « le travail, la famille, la patrie ». Un fourre-tout idéologique appelant à l'expiation, pour accéder à la rédemption. Le pays, qui ne sera jamais consulté, gobera. Longtemps. Au grand étonnement des nazis.

Le 18 juillet, Sérignan prend le train pour Paris. Comme la République, la garde républicaine mobile est dissoute. Du moins en zone occupée. En zone libre, dissociés de la gendarmerie, ses débris deviennent la garde.

Sous ce nom, qu'elle conservera jusqu'en 1945, six mille de ses membres sont provisoirement intégrés à l'Armée de l'armistice que l'Etat français lève avec l'autorisation du Reich — cent mille hommes. Encore une référence à ce passé qui hante Hitler : le traité de Versailles, en 1919, avait accordé à l'Allemagne vaincue la possibilité de se doter d'une Reichswehr de cent mille soldats. Mais au contraire de celle-ci, qui se renforça en allant s'entraîner en URSS avec l'Armée rouge, puis enfanta la Wehrmacht en 1935, la troupe de Pétain ne sera jamais une vraie armée, faute de matériel lourd. Sur injonction nouvelle du führer, elle sera même « démobilisée » deux ans plus tard. A l'exception de la garde, maintenue en l'état, ses hommes seront dispersés, une bonne part renvoyés dans leurs foyers.

A Paris, Léon Noël, ancien ambassadeur de France en Pologne, nommé délégué général provisoire de l'Etat français auprès de l'administration militaire allemande, accueille Sérignan le 19 juillet, au 127 rue de Grenelle, qu'occupa naguère le ministère du Travail. Il lui attribue deux bureaux dans cet immeuble réquisitionné pour lui-même. De quoi abriter le siège de la SGTO, Section gendarmerie des territoires occupés, service nouveau confié à l'officier. En quelque sorte, l'ambassade de son arme dans la France envahie. Elle émigrera ensuite au ministère de l'Intérieur, puis rue Cambacérès, à mesure qu'elle prendra de l'extension sous la houlette du gendarme promu implicitement nonce du corps. Sérignan bénéficiera bientôt d'un avancement plus classique : chef d'escadron, l'équivalent de commandant.

Son premier interlocuteur allemand à Paris représente la Wehrmacht : le général Alfred Streccius, patron militaire de la France occupée, en place depuis le 30 juin 1940. Un diplomate, plus qu'un condottiere. Désirant un guerrier énergique à ce poste, Hitler le remplacera en octobre par Otto von Stülpnagel, qui abandonnera Wiesbaden pour faire mieux trembler à domicile les Français. Au même moment, Pétain, qui se séparera de Weygand expédié en Afrique du Nord comme délégué général, rappellera Huntziger à Vichy, pour le charger du ministère de la Défense, dont dépend encore la gendarmerie. En retrouvant ces délibérants, Sérignan ne sera pas désorienté ; il sait comment se comporter avec eux.

Toutefois, dès le 20 juillet 1940, il doit affronter quasi régulièrement un adversaire plus redoutable : l'Administration centrale de la sûreté, que dirige le colonel Helmut Knochen. Cette organisation nazie coiffe deux antennes ; le Sicherheitsdienst, ou SD, un service de renseignements, jumelé à la Sicherheitpolizei, la Sipo, police de sécurité. Le noyau dur de la puissance allemande dans les territoires occupés.

Sérignan traite le plus souvent avec deux majors de cette Sipo ; Runkowsky et Van der Groeben. Il rencontre parfois leur chef, Werner Best, juriste de trente-sept ans, doctrinaire formé par la Waffen-SS, qui supervise les relations de la Sipo avec la police française. Malgré leur prévention instinctive, les nazis seront souvent bluffés par cet officier qui possède jusqu'au bout des doigts les arcanes du droit allemand, les moindres finesses de leur langue.

Un premier accord enlevé par Sérignan permet à quelques éléments de la gendarmerie départementale de revenir en zone occupée. Les hommes se présentent par pelotons de cinquante, avec barda et matériel automobile. Les Allemands n'autorisent qu'un armement de poing, réduit ; un pistolet automatique et neuf cartouches par gendarme. Le même qu'ils ont consenti aux membres de la Garde restés à Paris, depuis lors momentanément passés sous l'autorité du préfet de police.

Au terme d'un deuxième concordat, quelques milliers de gendarmes sont réinstallés dans leurs départements d'origine et leurs anciennes brigades. En revanche, ce retour reste encore interdit dans les circonscriptions du Nord et de l'Est soumises au régime de l'annexion déguisée par le Reich.

De même, malgré sa pugnacité, Sérignan ne peut arracher la réintégration officielle des gardes républicains mobiles toujours proscrits en zone occupée. Il recourra alors à un subterfuge, absorbera dans la départementale quelque sept mille gardes disséminés en zone nord. Qui changeront de képi, de service aussi.

En septembre 40, la maréchaussée compte quatorze mille six cents hommes au-delà de la démarcation. Trois cent soixante-quinze officiers, parmi eux. Un effectif encore insuffisant pour assurer la totalité des tâches qui leur incomberont. Cela pousse Sérignan à reprendre son bâton de pèlerin.

La négociation durcit soudain. Une manœuvre, dont les Allemands usent fréquemment avec les solliciteurs, quelle que soit la transaction en cours. Ils savent que le quota irréfragable fixé à vingt mille hommes à Wiesbaden est loin d'être atteint. Pourtant, ils s'opposent à toute mutation nouvelle des gendarmes de la zone sud dans les territoires occupés. Ils interdisent aussi tout recrutement en zone nord. Et refusent les réadmissions supplémentaires dans la départementale des gardes républicains mobiles, pourtant disponibles depuis la dissolution de leurs légions. En riposte, Sérignan relance sa quête portant sur la libération des cinq mille gendarmes prisonniers de guerre ; une demande répétée de rapatriement restée jusqu'alors sans écho.

Presque tous les captifs tombés aux mains de l'ennemi durant le conflit moisissent encore en France, dans des cantonnements de fortune montés pour le compte de la Wehrmacht au fil de son avancée. Sous peu, un million cinq cent mille d'entre eux seront transférés dans les stalags et oflags outre-Rhin, conformément à la convention d'armistice. Sérignan imagine un procédé pour arracher quelques gendarmes à certains commandants des camps provisoires ; il sollicite des « élargissements spontanés » pour ceux qui sont souffrants, en charge de familles nombreuses, pour ceux qui sont devenus veufs depuis le début du conflit. Et commence sa quête par les Vosges et la Meuse, avec l'appui des préfets de ces régions. La méthode paie.

Sachant son temps compté, l'entreprenant négociateur démarche aussitôt les chefs de tous les lieux de détention. Ses résultats n'échappent pas aux majors Van der Groeben et Runkowsky. L'astuce a pour effet d'assouplir le négativisme du Reich en ce domaine. A la fin de 1940, un millier de gendarmes de tous grades bénéficieront d'une mise en congé de captivité. Trois mois plus tard, ils seront deux mille. Stülpnagel en relâchera encore deux mille trois cent quatre-vingt-cinq, en mai 1941. Les derniers, cinq cents environ, resteront internés en Allemagne. Tous les libérés serviront dans la départementale en zone occupée.

Homme de ressource, Sérignan a compris la leçon. Bien combinés, les stratagèmes font pièce à la rigueur administrative allemande. Jouant fin, il obtiendra la création d'une gendarmerie auxiliaire d'un millier d'hommes ; interdite de mission en brigade, elle assurera la surveillance des ouvrages publics, besogne ingrate, déchargeant la départementale de ce travail. Il tournera aussi l'interdiction de recruter qui lui a été signifiée et organisera deux écoles d'élèves gendarmes, à Mamers, à Cholet. Puis réintégrera encore mille deux cents gardes dans la départementale, au titre « d'anciens combattants ». Il renforcera de surcroît les brigades territoriales par quelques pelotons mobiles motorisés. De la sorte, les effectifs de la gendarmerie en zone occupée seront progressivement portés à vingt-trois mille hommes. Plus de la moitié de l'ensemble des troupes du corps pour tout le pays.

Devenu féru en feintes, Sérignan se permet même de flouer Stülpnagel. Celui-ci tient par-dessus tout à l'un des ukases qu'a formulés le Reich : la gendarmerie, dans les territoires passés sous le contrôle de la Wehrmacht, ne doit plus dépendre de la Défense, mais de l'Intérieur. Enjeu capital. Perdant son rang de force militaire, elle deviendrait une police, aisément corvéable. Sérignan esquive par un artifice la subordination dictée par le général.

Il argue que la délégation générale de l'Etat français à Paris représente ce gouvernement. Ce qui sous-entend tous ses ministères, dont celui de l'Intérieur. Il propose donc que la gendarmerie en zone occupée soit directement rattachée à cette délégation. Un accolage fictif. En réalité, elle restera liée à la Défense, sa tutrice traditionnelle. Chasserat, directeur de l'arme, le général Koeltz, directeur des services de l'armistice, ont approuvé le subterfuge. Comme Léon Noël, le délégué général. Stülpnagel ne peut qu'avaler l'hameçon. Toutes les décisions majeures prises par la direction de la gendarmerie, en zone libre, seront entérinées à Paris par le secrétaire général de la délégation. Les affaires mineures concernant le corps incomberont à la Section gendarmerie des territoires occupés. Donc à Sérignan et ses gens. En ce domaine aussi l'officier a assumé la mission confiée par le colonel Fossier : momentanément, l'identité de la gendarmerie et son statut dans les territoires contrôlés par les Allemands sont sauvegardés.

Garante de ce sauvetage ? Sa SGTO. Dès le mois de novembre 1940, la Section de gendarmerie des territoires occupés est devenue un office rendant des services très appréciés par l'ensemble du corps. Etoffé à Paris, notamment avec le recrutement provisoire du commandant Piqueton, il a essaimé aussi dans les provinces passées sous le joug. Des annexes existent à Saint-Germain-en-Laye, à Angers, Dijon et Bordeaux. Ses officiers, accrédités auprès des kommandanturs de ces cités, défendent en ces lieux les intérêts des gendarmes et de leur arme, préservent les acquis que Sérignan parvient aussi à arracher à Stüpnagel.

Conjointement à l'exécution de ces tâches, Sérignan a également apporté une aide inestimable, par gendarmes interposés, à un bon nombre de Français : les requis aux armées qui, au terme de la débâcle, avaient échappé aux encerclements allemands et spontanément regagné leurs domiciles en zone nord, sans démobilisation préalable enregistrée dans les règles. Au début d'août 1940, les autorités allemandes se sont soudain intéressées à leurs cas. « Au regard de la loi, ont-elles signifié, ces individus sont toujours considérés comme des soldats, deviennent assimilables à des prisonniers de guerre. » Conséquence ? « Ils doivent se rendre. Les irréductibles seront tenus pour des fuyards, des déserteurs, devront être livrés aux troupes d'occupation. » Panique générale dans les foyers visés !

Sérignan a donc imaginé une dérobade. Dangereuse pour lui-même. Car il court le risque d'une inculpation pour « démobilisations irrégulières », délit incontestable. Il charge les brigades de la zone occupée de régulariser au plus vite la situation des citoyens concernés. Qui se comptent par milliers. Réellement par milliers. Il lui faut sur l'heure organiser un office marron, qui fournit ses détachements de gendarmes en fiches de démobilisation destinées aux contrevenants, des documents vierges mais timbrés à l'avance par les services militaires habilités de la zone libre, complices.

Son opération rescousse réussit. Au point que le commandement militaire allemand, d'abord dupé, réagit avec acrimonie. Puis les menaces, verbales et écrites, pleuvent sur l'officier. L'affaire implique même Léon Noël, délégué général de l'Etat français, qui est éjecté de ce poste clé. Le remplaçant de cet ancien ambassadeur rassurera pleinement les occupants : Fernand de Brinon. Ce Libournais, longtemps journaliste spécialisé en politique étrangère, est le plus ancien et le plus avoué des germanophiles grand teint. Reçu plusieurs fois par Hitler à partir de 1933, il avait créé le comité France-Allemagne en 1935. Depuis lors, il est aussi devenu un homme lige de Pétain. Partisan d'une collaboration totale, il débarque à la tête de cette délégation générale avec un assistant de même acabit dans son ombre : Jean-Pierre Ingrand. Trente-cinq ans, maître des requêtes au conseil d'Etat, surnommé l'Anguille dans la préfectorale pour sa souplesse d'échine, collabo militant évidemment, Ingrand représente officiellement le ministère de l'Intérieur vichyste.

Malgré ce renvoi inopiné de Noël et la nomination à sa place d'un fanatique dangereux, l'authenticité apparente des fiches de démobilisation établies sur ordre de Sérignan ne peut se discuter. Elles vont en outre faciliter de nombreuses évasions. Toujours à l'instigation secrète du responsable de la Section gendarmerie des territoires occupés, elles permettent à certains postulants à la belle — le passage clandestin en zone libre — d'approcher sans risque Bourges, la capitale du Berry. Cette province, chère au gendarme, abrite on le sait le village natal de son épouse qui y possède une maison. Or, depuis sa prise de fonctions à la tête de la SGTO, assisté par des collègues de la légion berrichonne, il a organisé un site de franchissement de la démarcation toute proche, au sud de la préfecture du Cher. Là transite son courrier confidentiel avec la direction générale du corps, à Clermont-Ferrand. Ce pertuis accueille pareillement des prisonniers de guerre en cavale. Et continuera à s'entrouvrir régulièrement pour certains civils traqués.

S'il en était besoin, le recours à ces artifices l'attesterait un peu plus, la France est tombée au rang des nations asservies. Terrassée, elle est passée tout entière sous la sujétion du Reich. Son changement de régime ne modifie en rien cette donnée. Même si ses nouveaux meneurs ont multiplié les offres de collaboration à l'ennemi, dès juillet 1940, dans le sillage de Laval. De cela aussi l'histoire porte témoignage.

Parmi ces courtiers de la compromission ? Adrien Marquet. Et Paul Baudouin, des Affaires étrangères. Et Raphaël Alibert, le juriste. Et Fernand de Brinon, le propagandiste. Qui courtisent dans ce but les dignitaires nazis de toute obédience. Tel Otto Abetz, ambassadeur à Paris, comme Rudolf Schleier, adjoint de Joachim von Ribbentrop, ministre des Affaires étrangères, ou Reinhard Heydrich, le grand doge de l'Administration centrale de la sûreté SS. Ils iront jusqu'à approcher Hermann Goering, considéré comme le dauphin de Hitler. Pétain apportera en personne sa voix au concert. D'abord le 11 octobre 1940, par un message officiel à la radio. Ensuite à Montoire, le 24 octobre, lors de sa rencontre avec le führer, auquel il renouvellera directement son oblation collaborationniste.

Pour mieux séduire, montrer sa détermination à s'aligner sur les institutions et pratiques du Reich, l'Etat français n'a pas lésiné. Le 22 juillet 1940, les naturalisés de frais en France ont été décrétés hors la loi. Le 13 août, la franc-maçonnerie a subi le même sort. Puis, tous ceux dont l'origine ethnique et les convictions religieuses semblaient douteuses ont été écartés de l'avocature, de l'Ordre des médecins institué le 16 août. La patte d'Alibert, maître des requêtes, Saint-Just vichyste, a transparu dans ces édits. Elle s'est devinée de même dans le premier statut des juifs de nationalité française édicté le 3 octobre 1940. Dans la loi du 2 juin 1941, qui les chassera des fonctions publiques et supprimera leurs droits civiques. Dans la troisième ordonnance du 22 juillet 1941 qui les dépossédera de leurs biens. Les prémices d'une prochaine solution plus radicale. Rien n'y a fait. Les nazis ne traiteront jamais la France vichyste en partenaire éventuelle. Elle restera toujours vassale.

Autre constatation historique : durant toute sa domination en Europe, le Reich s'est toujours gardé de coopérer avec ses victimes rossées. A peine installé chez elles, il a toujours maté, revendiqué. Et imposé l'heure qui sonnait à Berlin, la monnaie de singe qu'il octroyait à ses troupes occupantes, jusqu'à son couvre-feu. Du mépris pur jus.

Ainsi, avec Vichy, il exploitera à fond les stipulations de l'armistice, garantes de dividendes bons à happer. Il saisira, volera et violera les énoncés de la suspension d'armes quand les textes le dérangeront. Dès le mois d'août 1940, les convois ferrés prêtés par la SNCF transfèrent outre-Rhin les richesses que les sbires nazis commencent systématiquement à rapter. Dès ce même mois, des chefs d'entreprises français, appâtés par des contrats juteux, travailleront sans hésiter pour l'industrie de guerre du führer. Dès ce même mois monteront partout les arias entraînés par l'étranglement du pays. Mais pas de paix à l'horizon, la carotte qui fera vainement saliver Philippe Pétain.

Ce traité, jamais Hitler ne le signera. Il exècre trop ce peuple dont il s'est complu à rogner le territoire, en le réduisant à ses frontières lointaines du temps des Valois. Une communauté qu'il brûle de mortifier encore plus.

La population française, qui vient en majorité d'applaudir le maréchal, son nouveau prince, semble prête à endurer ce fléau. Elle plie le dos, l'offre au knout. « Le poil roussi par la guerre-éclair, elle ne voulait plus combattre », a relevé Robert Paxton, historien américain déjà cité.

Pourtant, d'aucuns ont refusé l'asservissement instauré. Des groupes, minuscules encore. Parfois des individualités. De toutes les origines. Parmi les postulants clandestins, des gendarmes. Sérignan ne s'en est pas étonné. Il en a détecté quelques-uns lors de ses pérégrinations dans les brigades et les cantonnements en voie de repeuplement en France occupée ; une question de perspicacité, de métier. Et il s'est tu. Complice par son silence. Sa façon de s'engager aussi à leurs côtés, discrètement, sans ambages. Une affaire de conscience dans son cas, comme chez ces vigilants. Pour ceux-là, l'heure est venue de remobiliser. Afin de reconquérir la liberté.

2

Le réseau Saint-Jacques

Toujours l'été 1940. A Paris. Le chef d'escadron Jean Vérines est entré depuis peu dans sa quarante-sixième année. Il force l'attention à cause de son allure due à la pratique du sport, comme Sérignan, et de sa taille, 1,82 m sous la toise De ses lunettes cerclées d'acier, dont le verre droit couvre un fin bandeau noir. Œil énucléé, Vérines est une victime du premier conflit mondial, une gueule cassée. Toujours en activité, il commande le 3e bataillon de la garde républicaine mobile basé à la caserne Prince-Eugène, place de la République. Lui habite à proximité, rue Beaurepaire, avec son épouse et leurs garçons. Guy, l'aîné, a fêté ses dix-huit ans, le cadet est sourd et muet de naissance. Pour ces raisons, beaucoup se seraient tenus en lisière des événements. Pourtant, Vérines compte parmi ceux dont Sérignan a subodoré les intentions ; il va donner de l'éperon.

L'officier n'est pas un risque-tout qu'emballent les entreprises aléatoires. Plutôt le style réfléchi, comportement partagé de tout temps par les siens. Son père ? Comptable à Brive. Ses aïeux ? Artisans minotiers, à Loze, dans le Rouergue. Ils fournirent longtemps la commune en farine de qualité. Une lignée dure à la tâche, qui porta plus d'ampoules aux mains que de bagues. Ces exemples servirent Vérines. Orphelin à onze ans, il dut pour survivre travailler aussitôt. Comme le firent ses aînés, un frère et une sœur. La fratrie sauta de la sorte de l'enfance à l'âge adulte et se tira d'affaire seule, sans pleurer misère. Les probations de ce genre trempent le caractère.

Vérines géra ensuite son existence avec ténacité. Quand la Grande Guerre éclata, il fut appelé comme des millions de mobilisés, au seuil de sa vingtième année. Entré par la petite porte dans la carrière des armes, il égala en bout de course les saint-cyriens et les polytechniciens nés coiffés, ou bien issus des dynasties galonnées, qui trustaient traditionnellement les chefferies.

Une belle percée. Mais payée d'un prix lourd, dont il conserve les traces. Versé dans l'infanterie, il fit ses classes au 126e, à Brive, passa caporal, sergent, fut muté au 147e, le régiment de Sedan. Montée au front à Suippes, en Champagne. Peu après aux Eparges, au cœur de la Meuse. Un volcan. Première blessure sérieuse. Rapetassé, on le cita à l'ordre de l'armée. Retour au feu, cette fois chez les ch'timis, à Calonne, près de Bruay. Autre chaudron infernal. Chargé d'une reconnaissance, il parvint à ramener sa patrouille malgré une nouvelle fracture compliquée à la jambe droite ; « trauma avec séquelles », dirent les médecins. La convalescence fut plus ardue. Cité derechef pour bravoure, décoré de la croix de guerre, apprécié pour ses capacités, on l'envoya parfaire sa formation à Saint-Maixent.

Breveté aspirant, Vérines remonta en ligne avec le 147e. A Verdun, au sud de Douaumont. Et dans la Somme. Ensuite à Compiègne, où il passa sous-lieutenant. Cité une troisième fois, il comptait parmi les aguerris. Son unité rejoignit l'Aisne, fut engagée au Chemin des Dames, haut lieu de l'étripage à la Nivelle, un général prodigue en offensives coûteuses, grand sacrificateur de bataillons, que Pétain finit par remplacer comme bachaga des armées. Une fois de plus Vérines fut évacué, atteint au visage. C'est à l'hôpital qu'on lui remit la Légion d'honneur, sa promotion de lieutenant. Il était aveuglé. Les médecins lui rendirent ses traits, une vue partielle à l'œil gauche, insérèrent une bille de verre dans son orbite droite. La mutilation, aussi, forge le tempérament.

La gendarmerie passa sur l'infirmité, l'accueillit dans son école à Versailles, en 1919. Grade confirmé, elle l'affecta à la prévôté de l'armée d'Orient. Puis, en 1924, à la Réunion. Un séjour de treize ans. Au contact des écrivains célèbres, tel Pierre Benoît, qu'il connut à Saint-Denis, le chef-lieu de l'île, il s'éveilla à la culture. A fréquenter aussi les exilés de marque qu'il garda, notamment le nationaliste marocain Abd-el-Krim et Duy Than, ex-empereur d'Annam, il s'initia pareillement à l'histoire. Promu chef d'escadron peu avant son retour en métropole, où sa famille l'avait précédé, il était métamorphosé. Epanoui. Mais plus avisé que jamais. On le chargea souvent d'escorter les grands du monde que l'Etat invitait ; Georges VI d'Angleterre, Léopold III de Belgique et Gustave V de Suède, entre autres. Hors service, il s'intéressait aux crises qui minaient la République, aux heurts dus à l'expansionnisme nazi qui secouaient l'Europe. Comme beaucoup de vétérans, il sentait revenir la guerre et en redoutait les conséquences. Toutefois, la calamité arriva plus vite qu'il ne l'avait pensé.

Résolu à repartir au combat, Vérines ne put en découdre. Sa déficience visuelle l'astreignit à protéger Paris. Le fatalisme général qu'engendra la drôle de guerre l'accabla. Il vit monter partout ce marasme, autant au grand quartier général claquemuré au fort de Vincennes que chez les politiciens, et parmi la population qui s'anesthésiait au sirop des romances qu'interprétait une chanteuse en vogue, Rina Ketty.

Nouvelle déconvenue en 1940, quand les armées françaises craquèrent. Vérines se porta volontaire pour couvrir la retraite du gouvernement. Le 11 juin, le général Gest, commandant la gendarmerie de la capitale, lui enjoignit de se mettre aux ordres du général Henri Dentz, gouverneur militaire de Paris. Il dut garder ce sanctuaire, déclaré ville ouverte. Le 14, désastre consommé : le Saint des Saints envahi. La Wehrmacht se pavanait, place de l'Etoile. Le général Fedor von Bock, capitan pacha du groupe d'armée B, campé sous l'Arc de Triomphe, savoura « ce grand jour dans l'histoire de l'armée allemande ». Il fit rendre les honneurs à sa 9e division, entrée la première dans la cité, prit un somptueux petit déjeuner au Ritz, alla saluer le tombeau de Napoléon aux Invalides. Puis ordonna que l'on nettoyât la ville, en vue de la visite annoncée du führer le 23 juin. Des symboles que Vérines ne pouvait que juger funestes. Toujours bien placé pour jauger le cours des choses, il admit que la France ne sortirait pas de sitôt de l'adversité.

Depuis lors, tout démontre que le pire est amorcé. Chaque jour, Paris perd un peu plus de son âme. Le matin, les vert-de-gris, fanfare martiale en tête, paradent sur les Champs-Elysées. L'après-midi, leurs permissionnaires pullulent au Trocadéro, à l'Etoile, à la tour Eiffel, au Sacré-Cœur. Le soir, ils s'encanaillent à Montmartre. On aménage des cinémas en soldatenkinos à leur intention. La croix gammée claque sur les monuments. Les panneaux routiers deutschisés flèchent les carrefours. Des officiers vernissés coquettent aux terrasses des grands cafés, aux abords des palaces accaparés.

Ainsi le Crillon et le Ritz, transformés en mess de luxe pour officiers supérieurs depuis le premier jour de l'occupation. Ainsi le Majestic, converti en nid de frelons, où siège le gouverneur militaire de Paris, qui élabore « l'exploitation rationnelle de la zone occupée ». Ainsi le Lutétia, où se cloître l'Abwehr, service de renseignements de l'armée allemande. Ou l'hôtel du Louvre, saisi par le SD et la Sipo. Un détachement de ces services de sûreté du parti nazi s'était glissé dans la capitale le soir du 14 juin, sur les talons de l'avant-garde de von Bock, avait requis ce caravansérail près du Palais-Royal. Depuis lors, son effectif croît si vite que son chef, Helmut Knochen, se prépare à déménager au Scribe, à essaimer ses fonctionnaires et bourreaux boulevard Lannes, avenue Foch, dans des immeubles discrets. D'autres constats, de même calibre, attestent que le Reich fouit ses antres, qu'il s'implante. Pour longtemps.

Il a manifesté aussi son omnipotence très tôt. Vérines l'a appris à ses dépens. Le soir de ce 14 juin 1940, la Geheime Feldpolizei, police militaire de campagne, a désarmé ses gardes et confisqué leur matériel. Puis elle les a encaqués dans des réduits de leur caserne, livrant la caserne Prince-Eugène à une unité de la Wehrmacht. Trois jours après la signature officielle de l'armistice, la Sipo a convoqué Vérines à l'hôtel du Louvre. Au premier étage, réservé à la direction, deux adjoints de Knochen l'ont pris en main : les majors Runkowsky et Van der Groeben — les mêmes que Sérignan affrontera un peu plus tard. Ils lui ont signifié les conditions de survie de son bataillon. Qui sera reformé, comme toute la gendarmerie ; un ordre du Reich. Changé en police ordinaire, on l'agrégera à la sûreté nationale. Telle cette dernière, subordonnée d'emblée au gouverneur militaire de la France occupée, il devra aussi obéir au SD et à la Sipo. « Sans restriction ! » ont signifié les majors. Vérines a enregistré la menace. Précédant encore Sérignan en ce domaine, il a jaugé les capacités en nuisance des reîtres et pris note que Knochen, leur chef, est mandaté pour instaurer la terreur sur le pays.

Aucun doute, le Reich reste l'ennemi. Continuer à l'affronter, malgré la suspension du conflit, constitue un devoir pour un militaire. Un autre événement a renforcé la détermination de Vérines le 10 juillet 1940 : l'abolition de la Troisième République, son remplacement par l'Etat français, à Vichy. Le nouveau régime ne cache pas ses desseins. Il n'a pas seulement suspendu la démocratie, il veut en extirper les racines. Et entend, par surcroît, s'associer à l'adversaire. Ses dignitaires appellent sans ambages cette collaboration. Des engagements pour le moins discutables. Imposés à la communauté française. En conséquence, plier ou regimber relève pour chacun du cas de conscience.

Pensant à résister, Vérines se met en quête d'appuis éventuels, dès la mi-juillet 1940. Service quotidien bouclé, il passe un costume civil, bat le pavé parisien, cherche des anciens combattants du 147e qui habitent encore les lieux, espérant trouver des résolus parmi eux. Il découvre que certains de ses frères d'armes se réunissent dans une brasserie, La Chope, près de la gare de l'Est. Retrouvailles célébrées, il escompte leur insuffler l'esprit qui l'anime. L'un d'eux, André Visseaux, devenu industriel prospère, partage ses vues et convictions. Ils s'épaulent. Mais leur amorce de croisade ne décolle guère. Ils constatent que la rébellion ne s'improvise pas, qu'ils restent encore des amateurs en ce domaine.

S'opposer aux occupants, de façon efficace, implique des engagements qui vont plus avant que la banale remise en cause de leur présence par des palabres, si nourries soient-elles. La résistance appelle une organisation, une stratégie de lutte, une utilisation rationnelle de ses résultats. Elle impose la clandestinité, avec ses contraintes et ses dangers, réclame à coup sûr des moyens financiers, un recrutement circonspect et des armes pour passer à la phase terminale, l'insurrection.

A la fin juillet 1940, Visseaux, soudain radieux, confie à Vérines : « Je sais maintenant comment agir. J'ai un fil. Branché chez les gaullistes. A Londres. »

Ceux qui n'ont pas vécu cette époque imaginent mal les sentiments que le nom de cette capitale suscite chez certains à ce moment. La situation de la Grande-Bretagne paraît bien précaire. Elle n'a plus d'alliés depuis la défaite de la France. Aux Etats-Unis, les démocrates souhaiteraient entrer dans le conflit ; ils vont d'ailleurs réélire Franklin Roosevelt à la présidence une troisième fois dans ce but. En revanche, les républicains, sensibilisés par un fort courant isolationniste, traînent les pieds, atermoieront encore une bonne année. Jusqu'au désastre de Pearl Harbor. Winston Churchill, Premier ministre britannique, ne table donc que sur sa Navy, sur sa Royal Air Force, la RAF, sur la ténacité de son peuple auquel il promettra du sang et des larmes. Magicien du verbe, il ressasse que les six mois à venir seront d'une importance capitale, que l'Angleterre reste la première ligne de défense des démocraties. Cependant, les analystes militaires, par le monde, ne donnent pas cher de sa peau.

De son côté, Hitler pavoise. Il s'apprête à ordonner l'invasion de la grande île. Les plans que concocte sa Wehrmacht l'enivrent. Elle massera sur les plages françaises quelque trois cent mille soldats d'élite, que commandera Gerd von Rundstedt, le maréchal qui ratatina la Pologne puis la France. Il leur fera sauter le Channel avec la Kriegsmarine. L'opération est en voie de programmation. Reste un point à régler, un préliminaire à mener à bien : la Luftwaffe devra auparavant purger le ciel. Autrement dit liquider la RAF. « Une formalité ! » fanfaronne le feld-marschall Hermann Goering, chef de cette arme qui a tant pesé sur les premières victoires du Reich.

A Londres, encore, qui a accueilli le général de Gaulle le 17 juin, les volontaires français ne se bousculent pas non plus. Il les a pourtant incités avec fermeté à le rejoindre, le 18 juin, « afin que la flamme de la résistance nationale ne s'éteigne pas ». Mais les rangs sont étiques. « Dieu que l'épée est courte ! » soupire-t-il. Peu de gradés supérieurs dans la colonne. Elle attire plus, semble-t-il, les subalternes, les galons de laine, les hommes du rang et des civils. Mus par la fierté, le patriotisme, la colère, la liberté de conscience, l'engagement politique ; le goût de la gloire, voire celui de l'aventure pour quelques-uns. Cent motifs dissemblables animent les compagnons de l'an 1.

Pour l'heure, le fil que détient Visseaux chez les Français libres mène à son cousin ; Maurice Duclos. Un colosse, qui approche la quarantaine, bon vivant, le rire tonitruant. Un ardent nationaliste, et teigneux quand le sort du pays est en jeu. Il fait peu mystère de son ancienne appartenance à la Cagoule, un groupe d'extrême droite des années 30 dirigé par Eugène Deloncle, qu'il quitta lorsqu'il sentit ce parti dériver. Lieutenant d'artillerie au corps expéditionnaire que le gouvernement de Paul Reynaud avait dépêché au printemps 1940 à Narvik, pour « couper la route du fer aux Allemands » qui tiraient ce minerai du sous-sol norvégien, Duclos s'était lié là-bas à un autre officier, André Dewavrin, capitaine formé à Polytechnique, licencié en droit. Lors du repli de leur armada sur l'Angleterre, les deux amis avaient camouflé dans un dock, à Southampton, une douzaine de blindés, des camions ateliers, de nombreux autres véhicules. Avec la ferme intention de ne jamais les rapatrier en France, soumise depuis mai au déferlement de la Wehrmacht.

Quand de Gaulle a installé sa France libre à Saint-Stephen's House, sa première base londonienne, Dewavrin et Duclos ont compté parmi les tous premiers ralliés, le 21 juin. Et ils sont arrivés les mains pleines. Leur stock détourné a gonflé le matériel dont disposait à ce moment le général : peu d'avions, quelques unités légères de la marine nationale, la Royale, des barcasses disparates de pêche détournées par leurs équipages bretons.

De Gaulle aurait pu faire des intendants avisés de ces officiers débrouillards. Il a préféré confier à Dewavrin le 2e Bureau de son état-major. Autrement dit, ses services secrets. Dont Duclos est devenu le premier agent de choc. Maître recruteur, celui-ci a levé aussitôt une poignée de bénévoles parmi les Français momentanément réfugiés dans la capitale britannique, que les Anglais concentraient à l'Olympia City Hall, en vue de les rapatrier en France. C'est lui, encore, rompu à la clandestinité par son passage chez les cagoulards, qui a conseillé de masquer sous des pseudonymes les identités des membres de cette phalange furtive. Dewavrin a proposé de choisir ces sobriquets parmi les dénominations des stations du métro parisien. Lui-même s'est surnommé Passy. Et Duclos, depuis lors, est devenu Saint-Jacques. Un patronyme qui marquera les premiers pas de la résistance.

A la mi-juillet 1940, à l'instigation de son état-major de l'ombre, de Gaulle, d'abord réticent, a accepté que soient créés trois réseaux chargés d'infiltrer la métropole, au nom de la France libre. Leur mission ? Renseigner, quasi exclusivement. « Rien de ce qui concerne l'occupant ne devra leur échapper, a souligné le général. Mais l'exploitation des informations, les combats ultérieurs resteront l'affaire des armées, des alliés. » Une conception très classique de la lutte. Le premier pas, toutefois. Que Dewavrin-Passy franchit sur-le-champ.

La première structure de la triplette clandestine incombe à Duclos. A lui l'honneur d'entrer en catimini en France occupée, d'organiser son antenne. But assigné : elle couvrira un vaste territoire, du Nord à la Touraine, à la Normandie. Avec une direction installée à Paris.

La deuxième revient à Gilbert Renault-Roulier, un Breton, catholique, producteur de films, qui a quitté la France pour Londres le 18 juin. Surnommé Raymond, puis colonel Rémy, il deviendra le meilleur agent de Passy. Une appréciation formulée par un connaisseur : Sir Claude Dansey, premier adjoint du chef de l'IS, l'Intelligence Service. Le réseau de Gilbert Renault, appelé « Confrérie Notre-Dame », sera chargé de la pénétration de la Bretagne, des côtes de l'Atlantique, depuis le Cotentin jusqu'en Espagne.

En zone encore libre en France, le capitaine Pierre Fourcaud, alias Barbès, constituera le réseau « Lucas ». La quarantaine passée, teint mat, l'œil de velours et le cheveu noir, slave par sa mère russe, gascon par son père, ex-corps franc et ancien chasseur alpin, couturé, Fourcaud a aussi flirté avec la Cagoule. Un béguin qu'il brisa pour les mêmes motifs que Duclos. Et il sait comme celui-ci en plaisanter, quand l'évocation de leur amourette commune vient sur le tapis. Mais il se montre féroce lorsqu'il détecte en Angleterre un émigré de frais qui répugne à aller se frotter à la puissance nazie dans la métropole envahie : « Les planqués, les bonneteurs napolitains n'ont pas leur place parmi nous. »

Dans la nuit du 3 août 1940, un bâtiment léger de la Navy quitte Portsmouth, traverse la Manche. Dans l'habitacle, Duclos, en costume civil, avec un léger barda de survie. Premier agent opérationnel de la France libre. Masquée par une brume propice qui occulte la lune, la vedette rapide pointe aux abords du Calvados. A la barbe des factionnaires allemands, assoupis à l'approche de l'aube. Transbordé sur un petit canot à rames de marque française, qu'il coule à son arrivée, le passager touche terre au cap Romain, gagne Saint-Aubin-sur-Mer à pied. Après un bref repos dans une maison amie, Duclos est véhiculé jusqu'à Caen, où il prend le train pour la capitale.

Renault et Fourcaud, transportés en hydravion au Portugal, passeront en métropole un peu plus tard. Après un séjour en Espagne pour implanter leurs relais de liaison. Ils bénéficieront de l'appui sans partage de Jacques-Henri Pigeonneau, consul de France à Madrid. Les hasards de la diplomatie — son père servit déjà au Quai d'Orsay — ont fait naître Pigeonneau en Angleterre, en 1900. Entré à son tour aux Affaires étrangères par le grand concours en 1929, il a fait ses armes en Turquie, en Amérique centrale, et assume cette représentation consulaire à Madrid depuis 1938. Le 1er juillet 1940, il a spontanément aussi opté pour la France libre. De Gaulle l'a su sur-le-champ, de même que Passy ; les volontaires de ce poids se comptaient chichement en ce temps. Duclos, Renault et Fourcaud noueront un lien solide avec lui. Il organisera l'acheminement des premiers renseignements sur Londres, puis le passage des premiers dissidents récupérés sur les Pyrénées. Marthe Pigeonneau, née Noël, son épouse, sera l'un des tous premiers courriers gaullistes.

Parvenu de son côté à Paris, Duclos aurait pu trouver un abri provisoire chez sa sœur, Marie-Anne Lefevre, qui occupe un pavillon au Vésinet avec son mari. Répugnant à les compromettre — ils ont trois enfants —, il préfère frapper à la porte de son cousin, André Visseaux. Par-delà leurs liens familiaux entretenus depuis l'adolescence, leurs idées communes, il apprécie l'entregent de ce parent. Celui-ci dispose d'un vaste lacis d'amis. Son jugement est rapide et fiable. Ses compétences reconnues de technicien lui ont aussi assuré une carrière enviée dans l'industrie. Le siège social de sa société tient un étage, le troisième, au 8 place Vendôme, quartier huppé, tranquille. Duclos décide de lui confier une responsabilité majeure, ses transmissions. Pas de radio encore ; la France libre presse sans discontinuer l'IS de lui livrer des émetteurs. En attendant la fourniture de ces engins, le courrier passera par l'Espagne, véhiculé par des agents. Mais Duclos doit auparavant former son unité de chasse. Son réseau « Saint-Jacques ».

Dans ce but, Visseaux présente Vérines, le 5 août. La rencontre se déroule dans ses bureaux, place Vendôme. D'emblée, Duclos accepte l'impétrant. Cet officier appartient au nec plus ultra des milieux qui l'intéressent, qu'il escompte bien explorer. Les gendarmes, par essence, sont patriotes. Leur formation leur a appris à estimer les objectifs militaires de tous genres, à évaluer la qualité des troupes, la puissance de feu dont elles disposent. Nul besoin, en outre, de leur enseigner les us du secret, de la vie clandestine ; par métier, rompus aux techniques du renseignement, à la pratique du contre-espionnage, ils connaissent. De même, lorsqu'ils s'engagent à servir dans ces voies, ils rassurent ; l'idéalisme est leur pain quotidien. Des soldats. Les risques naissent surtout avec des mercenaires ou des contraints.

Duclos et Vérines se voient souvent les jours suivants. Chaque fois, l'homme de la France libre apprécie un peu plus ce compagnon qu'un sort heureux a placé sur sa route ; l'associé idéal, comme son cousin. Aussi n'hésite-t-il pas à l'informer en partie de la mission dont Passy l'a chargé. D'abord expertiser les forces terrestres, maritimes et aériennes que le Reich masse en Normandie, au nord du pays, jusqu'en Belgique. Les renseignements serviront autant aux gaullistes qu'aux Anglais, par l'intermédiaire de l'IS. Par surcroît, il devra sonder la ligne de démarcation, répertorier des lieux de passage dérobés ouvrant sur la zone libre. Ces huis serviront aux courriers, aux agents appelés à gagner Londres, via l'Espagne, à rapatrier les aviateurs alliés rescapés dont les avions seront abattus en France. Autant dire que pour assumer ces opérations il faudra du monde.

Vérines s'attelle à la tâche. Par réflexe corporatif, il entreprend de recruter en premier lieu chez les gardes de son propre bataillon. Et n'est pas déçu : tous les pressentis le suivent sans barguigner. Ainsi, son secrétaire, Jean-Baptiste Dufourcq, margi-chef, diminutif de maréchal des logis-chef. Et le médecin auxiliaire Antoine Chaïa. Il lève pareillement le garde Raymond Guillat, un Normand qui l'escorte partout, quasi son confident. Et Pierre Bongeat, un lieutenant,

Roger Lartigau, un autre margi, des sportifs qui s'entraînent habituellement à ses côtés au stade Jean-Bouin. De même, les margis Raymond Degrelle, Henri Francillard et Marcel Reynoud. D'autres encore, dans son entourage direct.

Passant à la province, Vérines prospecte l'Indre-et-Loire. Un département stratégique. La ligne de démarcation, venant de l'est, y forme une corne et pique au sud, longeant trois bourgs, Bléré, Ligueil, La Haye-Descartes. Par surcroît, elle avoisine Tours, où le colonel Jean Baptiste Raby commande la 9e légion de gendarmerie. Un ami sûr, vétéran de 14-18, comme lui, natif d'Angers, fils de gendarme, élevé dans les casernes du corps. Vérines connaît ses opinions, ses sentiments patriotiques.

Raby adhère sur-le-champ. Mieux, il entraîne des éléments d'élite de sa légion. D'abord le capitaine Albert Morel, le lieutenant Ernest Laurent, affectés à son groupement. Le capitaine Aimé Bouillié et le margi-chef Carrat, basés à Chinon. Et le capitaine Germain Martin, caserné à Loches, de l'autre côté de la démarcation. Suivant ces officiers, des brigades du département basculent sans coup férir. A Beaumont-la-Ronce, l'adjudant Le Roux et ses hommes. A Bléré, l'adjudant Henri Pinault et le gendarme Pescher. A Cormery, le margi Léon Nicolas et les gendarmes Rougeon, Branchu, Blancherie, Conchain. A Richelieu, les gendarmes Chatry et Jamain. D'autres, encore. Même des retraités du corps, tel Duval, qui pantouflait au Vau, un lieu-dit près de Bléré, emboîtent leurs pas.

Nanti dans cette région, Vérines bat d'autres contrées. Il rallie le colonel Emile Boillin, chef de la gendarmerie à Amiens, qui compte également parmi ses camarades de guerre. Qui apporte le concours de quelques détachements cantonaux, dans la Somme. Tel celui de Beauval, avec l'adjudant-chef Legrand, les gendarmes Valencelle, Raymond, Carette et Provins. Et la brigade de Saint-Sauflieu, qui a subrepticement collecté et dissimulé, dès juin 1940, des armes et des munitions abandonnées sur les champs de bataille par les armées françaises. La brigade d'Albert, chef-lieu près de Péronne, que dirige l'adjudant Mourgues, passe à son tour avec tous ses hommes sous la bannière de Boillin et de Vérines. Le processus est identique dans l'Eure. Ensuite au Calvados, où le capitaine Paul Cyprien Le Flem, trente-deux ans, commandant la gendarmerie de Pont-L'Evêque, est déjà entré en rébellion.

Vérines ne se borne pas à exhorter les soldats de son arme à résister. Il cherche des postulants parmi ses relations, des militaires comme des civils. A Paris, le lieutenant Jacques Daroussin, de l'armée de l'Air, devient l'un de ses fidèles. Comme l'abbé Roger Derry, originaire de l'Orne, curé à la paroisse Saint-François-Xavier, qui anime une association catholique, Le Bon Conseil, rue Albert-de-Lapparent. A Rouen, Marcel Halbout, industriel, vétéran de 14-18, vice-président du Conseil général de la Seine-Inférieure, le rejoint, appuyé par l'aîné de ses enfants, Pierre, ainsi que son beau-frère, le capitaine Cailler. Dans l'Eure, à Evreux, les chanoines Georges Boulogne et Raymond Leprieur grossissent pareillement ses rangs, accompagnés par des gendarmes du chef-lieu.

Duclos passe au crible les dossiers de ces premiers aspirants, les agrée. Reste à tresser les mailles qui lieront les adeptes, à consolider la résille, à la cloisonner par sécurité. Et à étendre encore le recrutement. L'organisation des liaisons, supervisée par Visseaux, absorbe Yves Ponchel, Yvan Chotard, Marc Dufour, Jean Coustaing et Pierre Jamet. Ce dernier, vingt ans en août 40, était candidat à Saint-Cyr avant l'effondrement de l'armée française. Suivant Vérines qui l'a coopté, il est depuis lors entré en clandestinité. C'est lui qui acheminera le courrier sur la chaîne invisible qui connectera Paris à la Touraine.

Le réseau « Saint-Jacques » prend forme en peu de temps. Duclos confie à Vérines la direction de la première antenne, qui inclut Paris, la Somme, l'Eure et la Touraine. La seconde revient à Lucien Feltesse, un Belge qui explore avec un succès égal le nord de la France et son pays natal. Charles de Guy, qu'assiste le lieutenant-colonel Félix Bruneau, coiffe l'ensemble. Soit trois cents agents en décembre 1940, venus de tous les milieux. L'une des plus importantes chapelles de l'ombre, en zone occupée.

Son rendement ? A la mesure de son ampleur. Les informations concernent la composition des unités de la Wehrmacht qui cantonnent entre la Normandie et la Belgique, englobent leurs armements, leurs techniques d'entraînement. D'autres émanent du nord de la France, traitent de la remise en état des voies routières, ferrées et fluviales qui ont pâti de la guerre-éclair. D'autres aussi portent sur les nombreux terrains qu'aménagent des cohortes de civils réquisitionnés pour le compte de la Luftwaffe, de l'Eure au Pas-de-Calais. Ces aérodromes de fortune, dotés d'infrastructures légères, pourvus de stocks considérables en essence et munitions, protégés par une puissante DCA, accueillent des flottes massives de chasseurs, de bombardiers. Ainsi s'annonce le choc que les annalistes appelleront la bataille d'Angleterre. L'un des plus furieux engagements aériens connus à cette époque.

Il commence très tôt, le 12 août 1940. Pour tester et affaiblir la résistance des Britanniques, Goering a imaginé une stratégie de harcèlement, qui mobilise deux mille sept cents avions, qu'appuient mille autres appareils ; la réserve. Ses pilotes provoquent la RAF, la narguent jusque dans ses nids. Ils engagent des tournois singuliers, ininterrompus, au-dessus de la mer et le long des côtes anglaises. Le 15 août, un jour sombre pour la Grande-Bretagne, ils effectueront mille sept cent quatre-vingt-six sorties. Ce premier round, meurtrier, se prolonge durant près de quatre semaines.

Le 7 septembre 40, Goering informe avec solennité le peuple allemand qu'il entame la seconde phase de son plan, fondée sur les bombardements : « Les heures que nous vivrons aujourd'hui entreront dans la légende. Pour la première fois notre aviation va frapper l'Angleterre. En plein cœur. »

De fait, la Luftwaffe surgit ce samedi-là dans le ciel de Londres. Vers 16 heures. Par un temps splendide. Avec visibilité parfaite. Trois cent soixante-quinze bombardiers épaulés par leurs chasseurs de couverture. Venant de l'est, ils remontent la Tamise, larguent leurs chapelets explosifs sur la capitale. Dégageant vers le nord, au-dessus d'Edmonton, puis Gravesend, ils survolent derechef le fleuve, pilonnent encore. Et recommencent à quatre reprises. A 18 heures, ciel vide ; l'escadre a disparu. Mais, sur vingt kilomètres, le Londres industriel et populaire, les docks et la centrale électrique de West Ham sont la proie des flammes. Un embrasement pourpre que couronnent de colossales volutes de fumée noire. A 20 h 15, les sirènes annoncent le retour de la Luftwaffe. Des bombes incendiaires, cette fois. De nouveau la sarabande. Mais au phosphore. Un flux et un reflux qui ne cessent plus. Toute la nuit. Une noria terrifiante.

Chaque soir, durant ce mois, les bombardiers à croix noire sont au rendez-vous. Ils laminent les bases de la RAF, Londres toujours, les autres cités du sud de la grande île. Ils reviendront en octobre. Chaque nuit. Des Guernica, renouvelés, « à la puissance trois cents », estimeront des experts.

Joseph Goebbels, théoricien du nazisme, chargé de l'information et de la propagande, hurle sa joie sur les ondes à Berlin, invente des milliers de morts quotidiens, décrit d'imaginaires paniques folles. Au vrai, les Britanniques tiennent bon, entassés dans le métro londonien, dans les abris collectifs et privés. Ils retiennent de ce Blitzkrieg décrété par Goering une partie du vocable, la première : le Blitz — synonyme pour eux de calvaire. Leur DCA est à la mesure de leur persévérance, précise et hargneuse. La RAF résiste pareillement, exemplaire, profitant des avantages d'une arme qui prend de court les pilotes du Reich, que les techniciens allemands connaissaient peu à l'époque — le radar.

Au terme de l'épreuve, constatant qu'elle n'a pu terrasser l'adversaire, la Luftwaffe suspend momentanément ses raids. Entreprise trop dispendieuse : elle a perdu deux mille trois cent soixante-quinze avions dans l'affaire. La RAF ? Neuf cent quarante-cinq chasseurs au tapis. Les autorités anglaises ont dénombré quatorze mille six cent vingt et un morts et vingt mille deux cent quatre-vingt-douze blessés parmi la population civile. Le Royaume-Uni, en ne cédant pas, a en quelque sorte gagné ce round. Le premier dans sa confrontation directe avec le Reich.

De même, depuis le 21 septembre 1940, le doute commence à gagner Hitler, à propos de son projet de débarquement en Angleterre. Il le remet pourtant périodiquement sur l'établi, pour l'écarter de même peu après, provisoirement. Comme ses stratèges, il se convainc, la mort dans l'âme, que la Luftwaffe ne parviendra pas à ouvrir la voie à ses troupes, que ce serait folie de les envoyer sur la Manche ; la Navy et la RAF massacreraient ses unités. A dater du printemps 1941, la Seconde Guerre mondiale prendra un nouveau visage.

Par-delà ce bras de fer initial des deux forces aériennes, qui se poursuivra jusqu'en 1945, sur un rythme fluctuant, l'apport du « Saint-Jacques », durant ces premiers mois, a répondu à l'attente de la France libre. Par contrecoup, il a aussi servi l'Angleterre.

Ses membres ont percé quelques-unes des raisons pour lesquelles l'OberKommando de la Wehrmacht reporte sans cesse son projet d'invasion amphibie. Parmi ces motifs, celui-ci : le matériel naval alloué à la Wehrmacht est inadapté au débarquement sur les plages anglaises de son arme de prédilection, les panzers. Elle ne dispose que de petits chalands hâtivement bricolés, assemblés en flottilles vulnérables, notamment aux abords du port de Boulogne-sur-Mer. Singulière carence chez un antagoniste déterminé à terrasser un peuple insulaire.

Le « Saint-Jacques » a constaté aussi que la Kriegsmarine est, en revanche, sérieusement outillée pour entamer un autre type de combat — la guerre océanique. Elle possède des escadrilles de submersibles nouveaux et redoutables. Faute d'oser la conquête de la Grande-Bretagne avec ses commandos, le Reich continuera de la terroriser avec sa Luftwaffe, essaiera surtout de l'affamer : ses U-boote du dernier cri s'en prendront à la flotte de commerce de l'Empire. Aussi, en prévision de ses prochaines campagnes sur l'Atlantique, bétonne-t-il en hâte des bases sous-marines présumées indestructibles en France occupée. Une information que corroborera bientôt le réseau « Confrérie Notre-Dame », de Rémy.

Sur demande de Duclos, que préoccupe la logistique de pénétration de la métropole, au moins autant que celle de ses communications avec Londres, le « Saint-Jacques » a entrepris également de cartographier certains lieux en zone occupée. Des terres dégagées, à l'écart des villages, des voies ferrées, des forêts. Il pousse l'exploration jusqu'aux abords de Châteauroux et Issoudun, en zone libre. Duclos a imaginé — une idée partagée par Fourcaud — que les Anglais pourront parachuter des agents d'infiltration sur ces aires occasionnelles, ou poser des avions légers, tel le Lysander, ou le petit bimoteur Hudson, afin de récupérer des résistants. Son organisation s'est surtout employée à organiser le franchissement clandestin de la démarcation qui cisaille la France démembrée. Une priorité.

Cette ligne coupe les routes, les chemins vicinaux, les ponts sur les cours d'eau, les voies ferrées près des gares. Des barbelés, des guérites, des clôtures mobiles la matérialisent sur ces lieux de passage. Ailleurs, traversant les champs, les forêts, les vignes, longeant les rivières, elle est jalonnée par des poteaux peints aux couleurs du Reich ; des bandes obliques rouges, blanches et noires. La garde en est assurée par des troupes massées aux postes de contrôle, manœuvrant les barrières à contrepoids. Par des patrouilles, qui battent périodiquement entre chaque pertuis les districts interdits. Au début, des régiments territoriaux ont assuré la surveillance. Dès l'automne 1940, la Geheime Feldpolizei, police secrète militaire, a flanqué ces soldats. Puis viendra la douane, en février 1941, des professionnels aguerris, avec motos, side-cars, chevaux et vélos, qu'assisteront des maîtres-chiens et leurs meutes de molosses.

Dangereux, de toute façon, d'approcher cette frontière sans ausweis. Les occupants délivrent les passavants au compte-gouttes, après un flot de tracasseries. Pour en bénéficier, il faut justifier d'un motif exceptionnel. La maladie grave ou la mort d'un proche, la naissance d'un prématuré chez ces proches, le mariage d'un enfant suffisent à peine. Les mesures drastiques visent aussi les citadins et les ruraux qui habitent à moins de dix kilomètres de la démarcation, considérés comme des frontaliers. Elles sont périodiquement assouplies, lors des semailles ou des moissons, pour les paysans dont les domaines sont morcelés par cette ligne. Et parfois allégées pour les maires des communes tronçonnées, voire certains commerçants, les médecins et les prêtres.

En Indre-et-Loire, les gendarmes de Raby décèlent des itinéraires clandestins qui permettront de forcer ce garrot asphyxiant le pays. Certains ruraux, dont ils ont la confiance, qui connaissent les sites et les horaires changeants des patrouilleurs allemands, les relaieront et accepteront d'escorter gratuitement leurs passagers. La nuit, presque toujours. Mais d'autres paysans ont aussi commencé à franchir cette frontière pour leur propre compte, monnayant leur entremise, parfois fort cher. Point d'échange ni de complicité entre les passeurs. Ils se surveillent, se méfient. Car les cupides, souvent, dénonceront.

Dès l'été 1940, dans cette contrée, ces forcings à la dérobée concernent un bon nombre de prisonniers de guerre français évadés, des Alsaciens en cavale, et quelques juifs, déjà. De même, des détenus politiques qui fuient le camp de La Lande, à Monts, mollement gardé par une vingtaine d'hommes du capitaine Bouillié. Mais, avant tout, par priorité, les estafettes du « Saint-Jacques ».

La ligne passée, ces courriers gagnent Pau. Une ville choisie par Pierre Fourcaud. L'un de ses amis d'enfance, le docteur Marcel Roche, y tient un cabinet au 23 rue Bayard dans la préfecture des Basses-Pyrénées. Par conviction, parce que Fourcaud le lui a aussi demandé, ce médecin a deux casquettes depuis septembre 1940. Il continue à soigner sa clientèle par devoir, il sert également de boîte aux lettres pour la France libre. Avant tout pour le « Saint-Jacques » de Duclos, pour « Confrérie Notre-Dame » de Renault, alias Rémy, puis pour le « Lucas » du remuant compagnon de jeunesse auquel il voue un fraternel attachement. Il prend en charge les dépêches et colis de ces réseaux, confie les sacs à d'autres sauteurs de frontières, béarnais, basques ou catalans, qui les convoient jusqu'à Madrid chez Jacques-Henri Pigeonneau. Celui-ci expédie ensuite les précieuses sacoches vers Londres via le Portugal. Souvent, surtout au début de l'instauration des passages sur les Pyrénées, Marthe Pigeonneau assure en personne cette fonction essentielle de « factrice » de l'ombre.

Le recours à ce factage convient certes à Maurice Duclos pour acheminer des documents, des plans, des photographies. Mais ce procédé se révèle par trop archaïque, trop lent pour des messages urgents. Aussi décide-t-il de regagner l'Angleterre, en décembre 1940, pour conférer avec Passy à ce propos. Ayant choisi de passer la frontière espagnole à proximité du Perthus, il fait une escale à Perpignan. Halte bienvenue ; elle lui permet de rencontrer les deux autres chefs des premiers réseaux de la France libre, Fourcaud et Renault. Le premier, qui arrive de Madrid, s'apprête à gagner Marseille pour y implanter la base de son antenne. Elle approchera les milieux de l'Armée d'armistice, où un certain nombre d'officiers de l'ancien 2e Bureau se plongent déjà en secret dans la lutte anti-allemande : le colonel Georges A. Groussard, le commandant Georges Loustaunau-Lacau et le lieutenant Roger-Paul Warin qui, appelé par Passy, ralliera bientôt Londres. Renault, de son côté, qui a récolté les premiers fruits recueillis par sa « Confrérie Notre-Dame », notamment des objectifs allemands à bombarder à Bordeaux, à La Pallice, dans d'autres ports voisins, vient de confier sa vendange à Marthe Pigeonneau, pour transmission à Londres. Quinze jours plus tard, Duclos embarque à Lisbonne à bord d'une navette de la RAF, un hydravion militaire sommairement aménagé en clipper. Il fête la Noël 1940 dans la capitale du Royaume-Uni.

Officiellement reconnue par Winston Churchill, la France libre tient maintenant pignon sur rue. Son quartier général a emménagé depuis août 40 dans un immeuble qui lui est entièrement réservé, au 4 Carlton Gardens. Au premier étage siègent l'amiral Emile Muselier et son état-major des Forces navales françaises libres. Le bureau du général de Gaulle, installé au deuxième degré, voisine avec les pièces attribuées à René Cassin, le juriste, au colonel Antoine, alias Fontaine, patron des services civils, à Claude Bouchinet-Serreulles, chef par intérim du cabinet militaire du patron. Dewavrin, qui déplacera bientôt son service au 3 Saint-James's Square, loge encore au troisième niveau avec ses gens de l'ombre. Un univers que fréquentent des visiteurs discrets toujours soigneusement filtrés. Il reçoit Duclos avec chaleur : son premier soutier de la gloire.

Duclos ne jouira guère de ses lauriers. De Gaulle désire qu'il regagne la France au plus vite, afin de développer encore son réseau dans les régions occupées, depuis l'arrière-pays breton jusqu'à Dunkerque, en prévision de la guerre maritime qui ne manquera pas de se développer. On lui demande donc de multiplier dans ces parages ses contacts chez les gendarmes et les pompiers, parmi le personnel des chemins de fer, de la Compagnie de distribution d'électricité. La question des transmissions est également réglée. Claude Dansey, agissant au nom de l'IS, vient d'octroyer une dizaine d'émetteurs à la France libre. L'un des appareils, appelé Athos — son indicatif —, est attribué à Duclos. Celui-ci choisit un assistant parmi les radios français à l'entraînement à Londres : Jean Mullemann, quartier-maître dans la marine. Il l'a sélectionné au vu de son dossier militaire. Les notes de ses chefs semblent élogieuses.

L'ordre de départ, signé par Passy le 15 janvier 1941, est fixé au 25 janvier, après accord du général de Gaulle. Dessein initial : déposer Duclos et Mullemann par hydravion au Portugal. A charge pour eux de traverser ensuite l'Espagne, grâce aux Pigeonneau, puis de franchir furtivement les Pyrénées. Toutefois, les Britanniques, qui contrôlent tout le matériel aérien et naval permettant d'infiltrer ou d'exfiltrer le continent, décident de mettre à profit le passage de ces deux agents pour expérimenter un nouveau système de pénétration : le parachute. Duclos et Mullemann, qui n'ont jamais sauté, sont prestement expédiés à Ringway, près de Manchester. L'IS y gère une base fortement gardée réservée aux exercices intensifs des commandos.

Dans la nuit du 14 au 15 février 1941, un bombardier Whitley de la RAF quitte l'aérodrome de Tangmere, près de Brighton, survole la Manche à haute altitude puis pique au sud. Zone libre atteinte, ne redoutant plus ni la chasse, ni la DCA ennemies, le pilote met le cap sur le Périgord, province paisible. Duclos et Mullemann seront largués à une trentaine de kilomètres de Sarlat, dans le Buguois, région écartée. Personne ne les attend, ils se lanceront à l'aveuglette.

Le but reconnu lors d'un premier passage à trois cents mètres du sol — un val qu'encadrent des châtaigneraies —, Mullemann franchit le premier la trappe de saut. La mallette emmaillotée de caoutchouc crêpe qui contient l'émetteur est accrochée à son harnais. Sa coupole s'ouvre normalement. Mais quand Duclos culbute à son tour, une brusque rafale de vent détourne sa voilure, l'emporte vers les bois. Contact brutal. Lorsque Duclos reprend conscience, dans un fourré que recouvre à demi son parachute, il ressent une vive douleur : muscles d'une cuisse froissés, et probablement une blessure osseuse au-dessous, le tibia ou le péroné. Silence complet aux alentours. Aucune trace de Mullemann. Après avoir sommairement enterré sa toile, réflexe que les instructeurs de Ringway lui ont inculqué, confectionné aussi une béquille de fortune pour soulager sa souffrance, Duclos se traîne jusqu'au Bugue, le chef-lieu cantonal voisin, où confluent la Doux et la Vézère. Un pharmacien, qu'il réveille, le panse sans s'étonner. Mais il appelle la brigade du cru avec l'accord de son patient, car Duclos doit être transporté à Périgueux ; sa jambe, fracturée, exige une réduction et une contention classiques. Les gendarmes, qui n'ont pourtant pu rester sourds au survol nocturne des lieux par le bombardier anglais, se bornent à vérifier sans grand zèle son identité d'emprunt, à l'entendre sommairement, paraissent accepter sa version d'un accident routier, et le véhiculent. Ce petit monde, à l'évidence antivichyste, a décidé de fermer les yeux.

Transporté à l'hôpital de Périgueux, Duclos bénéficie d'une nouvelle complicité spontanée. Cette fois, c'est un représentant des services spéciaux de la préfecture. Alerté par la maréchaussée du Bugue, il va le « couvrir » durant son séjour. Son chef, le capitaine Paul Paillole, responsable du contre-espionnage au sein des Services secrets français encore tolérés à Vichy, une section dissimulée sous étiquette commerciale — TR pour Travaux Ruraux —, ne combat en réalité que la pénétration allemande en zone libre. Favorable à la cause des Alliés, Paillole entretient avec zèle ses contacts noués antérieurement avec l'Intelligence Service. Avec l'accord de sa hiérarchie, notamment le colonel Louis Rivet, immergé depuis 1920 dans le renseignement, il résiste déjà contre l'ennemi, comme un bon nombre d'officiers de l'Armée de l'armistice préparant la revanche.

Sollicitant un peu plus cette complaisance active, Duclos se remet de sa blessure sur les lieux, préoccupé toutefois par l'absence de Mullemann. Nul, dans la région, n'a remarqué la présence du second parachutiste. Le 27 mars 1941, claudicant encore, Duclos gagne la Touraine, franchit la démarcation grâce aux passeurs de son réseau, parvient à Paris. Lui laissant le temps de recouvrer pleinement ses forces, Vérines entame à sa place la mission nouvelle qui lui a été attribuée, recrute en Manche, au Calvados, dans la Seine-Inférieure, jusqu'en Flandre.

En mai, Duclos, que la disparition de Mullemann intrigue plus que jamais, drague systématiquement Montmartre, un quartier que le radio semblait antérieurement connaître. Il finit par le repérer dans un bar. Veillant à ne pas attirer l'attention, il l'aborde avec discrétion. L'attitude du marin le surprend. Mullemann paraît tendu. La narration de son saut, de son passage jusqu'à Paris, sonne juste : après avoir vainement attendu son chef, il a filé sur Périgueux, trouvé un passeur qui lui a fait sauter la démarcation près de Mareuil, rallié Angoulême, puis la capitale en train. En revanche, il se montre peu disert sur la suite des péripéties vécues ; son séjour parisien, l'attente, les relations nouvelles, le choix de l'hôtel miteux où il loge près de ce café. Il signale cependant que leur émetteur a souffert du parachutage, qu'il ne peut servir. Duclos récupère l'engin, enjoint au marin de ne pas quitter son abri, s'éclipse non sans brouiller sa piste.

S'il suivait son intuition, le chef du réseau s'empresserait de couper tout lien avec ce réticent isolé depuis trop longtemps. La prudence la plus élémentaire porterait à l'abandonner à son sort. Néanmoins, le radio est précieux. Comme tous les opérateurs de ce temps, Mullemann a sa façon toute personnelle d'amorcer et d'utiliser le manipulateur à ressort de son engin. Les agents récepteurs à Londres connaissent le code attribué à chacun des télégraphistes de l'ombre, le piqué de son staccato morse. S'ils ne perçoivent plus cette signature particulière de l'un d'eux quand il émet, ils doivent douter — règle intangible. C'est-à-dire envisager que ce radio trafique sous contrainte, ou qu'un autre individu le remplace au piano, que l'ennemi tente une machination, une intoxication. L'expérience le montrera à mesure que le conflit s'étendra ; les agents de l'Abwehr deviendront des artistes émérites à ce jeu pervers, qu'ils appelleront le funkspiel.

Duclos se résigne à recourir encore à Mullemann. Toutefois, avant de reprendre contact, de le mettre à l'œuvre, il le fait surveiller. Des gardes de Vérines, en civil, se relaient aux abords de son bouge. D'autres gendarmes réparent le poste que Duclos avait emporté, installent l'émetteur dans une mansarde qui appartient à Visseaux, place Vendôme. Le 8 juillet 1941, Mullemann est chambré dans ce galetas, dont les accès sont protégés en permanence par deux vigiles. C'est de là, le soir même, qu'il lance son indicatif, que le « Saint-Jacques » peut enfin contacter Londres.

Durant un mois, le quartier-maître code et transmet. Quasiment sans discontinuer. Pour combler le retard pris. Car la provende s'est accumulée. Le « Saint-Jacques » a étendu son emprise. A Londres, les résultats comblent Passy. L'Amirauté britannique, pourtant chiche en louanges envers les Français, joint sa voix aux compliments. La Navy a prisé les informations concernant le port du Havre. Notamment celles qui visent les écluses et les bassins de radoub. Des installations devenues des objectifs majeurs ; elles peuvent accueillir les plus grosses unités de surface et les grands sous-marins de la Kriegsmarine. De même, la RAF a apprécié les renseignements expliquant l'interruption soudaine de la navigation allemande en surface par le Pas-de-Calais : les attaques anglaises continues et meurtrières contraignent l'ennemi à décharger ses navires à Ostende, à transborder par route les cargaisons jusqu'au Crotoy, en baie de Somme, voire Dieppe, plus au sud, où d'autres cargos prennent la relève.

Duclos rayonne. Cependant, il redoute une intervention des services de radiogoniométrie allemands, très présents à Paris. Procédant par triangulation avec des camionnettes de repérage, technique usitée depuis la Première Guerre mondiale, les techniciens du SD ou de l'Abwehr auront tôt fait de localiser son poste s'il émet encore à cette cadence. De piéger ainsi le réseau. Envisageant un transfert de l'émetteur en province, il en discute avec ses adjoints. La solution émane de Vérines. Qui contacte Marcel Halbout, à Rouen. Celui-ci découvre une cache chez un ami, Lambart, au Petit-Quevilly. Le déménagement de Mullemann et de son piano est programmé.

Moins expansif que Duclos, Vérines maîtrise son euphorie. L'exultation le gagne pourtant devant l'extension de sa propre antenne. Accompagné par Raymond Guillat, il a photographié les plages normandes en mai 1941, pour Londres. Il peut aussi accroître sereinement son activité occulte ; une couverture nouvelle lui permet de la dissimuler mieux : le général Mariaux, gouverneur des Invalides, lui a confié le commandement militaire de cette institution, une charge qui lui laisse plus de loisirs. Par surcroît, ses amis tourangeaux, Raby et ses gendarmes, infiltrent des armes et des explosifs provenant de la zone libre. De quoi donner plus d'ampleur aux actions prochaines. Tous l'ignorent : la lune de miel du « Saint-Jacques » avec la résistance touche à sa fin.

3

« Dans ce métier, on se fait toujours pincer »

Durant les premiers mois de la France libre, le général de Gaulle a activement pèleriné en Afrique occidentale et équatoriale, afin de rallier à sa cause les colonies de l'Empire. Revenu à Londres, en décembre 1940, il loue un appartement à Mayfair, au 15 Grosvenor Square, place aristocratique fort recherchée. Hormis sa famille, qui habite une villa isolée, Birchwood Road, à Petts Wood, au sud-est de la capitale, et qu'il rejoint chaque fin de semaine, ou parfois ses proches au sein du mouvement, personne ne fréquente cette résidence privée. Il tient cependant à y accueillir certains des agents qu'il envoie en France occupée. Ainsi, après Duclos, Renault, dit Rémy. En février 1941. Ce dernier s'apprête à passer pour la deuxième fois en Bretagne. Paupières plissées, à cause de la fumée des cigarettes qu'il grille à la chaîne en ce temps, le général dévisage longuement son hôte sans mot dire, puis jette tout à trac :

— Vous allez vous faire pincer.

— J'espère bien que non !

— Si, si. Dans ce métier, on se fait toujours pincer.

Averti au préalable par Passy, Renault sait que de Gaulle use souvent du trait mordant. En l'occurrence, il sent que ce propos du général masque surtout une mise en garde. Les événements l'attestent, les nazis ne font jamais quartier.

A plus forte raison quand ils interpellent un agent secret. Or le chef de la France libre répugne à exposer de façon inconsidérée les patriotes qui le suivent. Il rappelle donc à la prudence de manière abrupte, son registre habituel, ceux qui doivent sauter la Manche.

Pour sa part, de Gaulle associe les résistants aux militaires qui composent les Forces françaises libres. Le tableau des récipiendaires de l'ordre de la Libération qu'il a créé en novembre 1940, à Brazzaville, le montre. Un tiers seront des combattants de l'ombre. Pour mériter la décoration, glaive et croix de Lorraine sous ruban vert barré de noir, couleurs de deuil et d'espérance, une seule condition, il faut voir la mort de près, en uniforme ou en civil. Et pas par inadvertance. Renault sera admis compagnon le 13 mars 1942 ; Duclos et Fourcaud suivront, le 25 mai 1943. Ces organisateurs des premiers réseaux gaullistes échapperont à plusieurs reprises aux pinces de l'ennemi. En revanche, leurs soldats de la nuit tombent fréquemment dans ces rets. Quelquefois par imprudence. Ou malchance. Souvent, aussi, vendus.

Parmi les Judas, au début de l'année 1941, Georges Marty. L'archétype du Janus. A l'abord, un visage ouvert, le regard direct, des cheveux bruns coupés ras. Sous le masque, un cobra. Il ne s'appelle d'ailleurs pas Marty mais Gaessler. Alfred Gaessler. Un Français du Bas-Rhin, de Schiltigheim, centre industriel au nord de Strasbourg. Néanmoins, il sert les nazis, par conviction. Et probablement depuis son adolescence. Selon certaines sources, il aurait été recruté dès son renvoi prématuré du lycée. Son endoctrinement aurait débuté à Molsheim, durant un apprentissage hôtelier qui tourna court. Une certitude : quand il s'est engagé plus tard dans la marine, il l'a fait sous le nom de Georges Marty. Or, la Royale, au contraire de la Légion étrangère, n'accepte pas les identités d'emprunt. Pour flouer les autorités navales, celle de Gaessler-Marty devait être solidement étayée. Par des experts. Autre assurance : doué, porté à la manigance, ce sujet a intéressé tôt l'Abwehr. Les archives de l'Abteilung I, service de renseignements à l'étranger géré par le colonel Hans Piekenbrock, le prouvent. Servant comme second-maître radio en 1939, mêlé un an plus tard aux troupes en fuite, l'espion a, sur ordre des Allemands, opté pour les Forces navales françaises libres à Londres, commandées par l'amiral Emile Muselier. Puis il a attendu l'heure de trahir.

L'occasion n'a pas tardé, offerte sur un plateau par Honoré d'Estienne d'Orves. Un capitaine de frégate de l'entourage de Muselier, que celui-ci a poussé parmi les cadres supérieurs des services secrets gaullistes, malgré les réticences exprimées par le colonel Passy. Cet idéaliste ardent, formé à Polytechnique, a choisi la Royale sur le tard. Porté aux actions d'éclat depuis son entrée en dissidence, l'officier brûle de monter sa propre antenne, qui opérera exclusivement en Bretagne. Il a, par avance, attribué à son futur réseau un éponyme martial : « Nemrod ».

Le 22 décembre 1940, le *Marie-Louise*, un langoustier de Camaret passé à la France libre depuis juin, mené par Jean-François Follic, l'un des cent trente-trois pêcheurs de l'île de Sein qui ont suivi le général de Gaulle, débarque subrepticement d'Estienne d'Orves à Penneach, près de la Pointe-du-Raz. Marty l'accompagne. Ce pianiste, personnellement désigné par l'officier, est doté du premier émetteur morse que l'Intelligence Service ait confié à Passy. Comme prévu, les clandestins trouvent refuge chez André Clément et son épouse, des postulants résistants, qui les abritent chez eux, villa Ty-Brao, à Chantenay-sur-Loire, banlieue de Nantes. Objectifs de « Nemrod » ? Recruter, puis prospecter la région, localiser les quartiers généraux allemands, les aérodromes de la Luftwaffe, les sites navals attribués à la Kriegsmarine, les dépôts de munitions et d'essence, décompter à la lettre les effectifs vert-de-gris.

Le 25 décembre, Marty entre en communication avec Londres. Simple prise de contact. Il inaugure de la sorte la première liaison de la résistance par voie hertzienne. Mais, le lendemain, il se présente aussi discrètement sous son nom véritable au capitaine Pussbach, de l'Abwehr, à Nantes, évoque la mission qui incombe au réseau nouveau-né qu'il infecte déjà. Pussbach, perplexe, avise son supérieur, le colonel Dernbach. Lequel mesure sur l'instant l'importance du gibier dénoncé. Quelques agents collent aux trousses de d'Estienne d'Orves dans ses démarches bretonnes pour lever des affiliés locaux. Ils le filent jusqu'à Paris, où il contacte Jean de Turenne, Yan van Doornick et Maurice Barlier, des agents gaullistes déjà subrepticement à l'ouvrage en France depuis trois mois, qui attendent l'occasion de regagner Londres.

Appelée à la rescousse, la Sipo prend le relais le 22 janvier 1941. Une pratique courante : les sales besognes, quand approche la phase finale d'une action répressive, incombent presque toujours aux services de sécurité nazis. Ce 22 janvier, les agents d'Helmut Knochen appréhendent donc l'officier de marine chez les Clément, malgré sa résistance désespérée. Avec lui, ses hôtes. Puis Barlier et Doornick. Dans la foulée, une trentaine de volontaires bretons déjà engagés. Cinq semaines plus tard, l'équipage du *Marie-Louise* — Follic, Jean Biger et Martial Bizien, Pierre Cornec et Yves Pennec — tombe à son tour, arraisonné au large de l'île de Sein. Le 25 février, « Nemrod » n'existe plus. Pendant un mois, Gaessler émet encore des informations présumées plausibles, escomptant abuser les Britanniques et la France libre.

D'Estienne d'Orves, Doornick et Barlier venus comme lui d'Angleterre, seront jugés à Paris. Les Allemands les condamneront à mort le 26 mai 1941. Le 29 août, des affiches blanches bordées de noir seront placardées dans la capitale, à Rennes et à Nantes. Ces avis, signés par von Stülpnagel, rédigés en allemand et en français, annonceront l'exécution des trois résistants, fusillés ce matin-là dans un fossé du fort couronnant le mont Valérien, à Suresnes. Leurs compagnons subiront tous la déportation dans les camps du Reich.

Un drame. Des plus classiques. Comme il s'en produira tant durant quatre ans. Mais le premier pour la France libre.

Un déchirement. Il a marqué tous les esprits dans le mouvement. Du soldat du rang jusqu'à de Gaulle. Une deuxième tragédie le suivra de peu. Identique dans son déroulement. Plus meurtrière. Proie visée : le « Saint-Jacques ».

Ce réseau, qui passe déjà pour vétéran dans le genre, bien qu'il n'ait que dix mois d'existence, subit une alerte prémonitoire le 24 juin 1941. Ce jour-là, les Allemands interpellent le capitaine Albert Morel, gendarme à Tours, au moment où il se dispose à sauter la démarcation, près de Bléré, avec son chauffeur, le gendarme Amédée Devineau. Ce lieu n'a pourtant plus de secrets pour l'officier. Il y a mené plusieurs résistants, tel Henri Frenay, l'un des pères du réseau « Combat » en gestation. Ses passeurs connaissent en outre les horaires des patrouilles. D'habitude, il confie aussi ses courriers aux agents de liaison. Sauf ce 24 juin. La provende venant de Paris était trop belle : installations militaires en construction en Normandie, plan de la nouvelle base sous-marine de la Kriegsmarine à Saint-Nazaire. Il voulait passer lui-même ces documents à son collègue, le capitaine Germain Martin, à Loches, zone libre, à charge pour celui-ci de les transmettre à Londres. Mais ce guet allemand, imprévu, qui semblait attendre, a contrecarré ses desseins.

La nouvelle de l'arrestation de Morel et de son chauffeur a secoué leurs amis en Touraine, de même Vérines et Duclos à Paris. Tous troublés, ils s'interrogent. Coïncidences ? Cela arrive, bien qu'il y en ait eu beaucoup en l'occurrence. Dénonciation ? Une probabilité. Mais par qui ? Les deux collègues parleront-ils ? Ils ont du cran, déjà de l'expérience en clandestinité. Devineau, avec l'approbation de Morel et de Vérines, renforce ainsi « Hector », un réseau voisin et ami créé depuis peu par le colonel d'aviation Albert Heurteaux. Néanmoins, que pèse le courage sous la torture ? Par prudence, obligation, Vérines a coupé les liens avec les compagnons en détresse, ils mèneraient droit au réseau. Toutefois, ce n'est pas leur capture qui ébranlera le « Saint-Jacques », trois mois plus tard. Le séisme a d'autres causes. Internes. Un germe tueur était déjà dans la place.

L'agent pathogène ? Un radio, de nouveau. Des spécialistes occultes exposés, il faut le reconnaître, particulièrement prisés par les Allemands. L'identité de celui-ci ? Jean Mullemann. Ce marin des Forces navales françaises libres que Maurice Duclos avait choisi sur sa bonne mine parmi les pianistes à l'entraînement, avant de quitter Londres pour regagner la France de l'ombre. « Il paraissait si franc du collier, avait par surcroît un dossier militaire impeccable », dira amèrement le floué. Pas de pseudonyme, dans son cas. Mullemann tout franc, rejeton d'une famille connue dans son village. Alsacien, comme Gaessler. Et quartier-maître breveté radio-télégraphiste. Qui a honoré avec zèle son petit grade dans la Royale jusqu'en juin 1940.

Au contraire de Gaessler, aucun fil à la patte quand il rejoint les FFL, ou lorsqu'on le parachute avec Duclos en Dordogne, en février 1941. Ensuite ? Mystère. Doutes urticants. Par la faute de la justice. Complaisante envers l'Etat français durant l'occupation, pressée de se dédouaner après la libération, au point de lâcher ceux qu'elle servit, d'en mener un certain nombre au poteau, elle bâclera l'instruction de ce dossier, sans que l'on connaisse ses raisons ; Mullemann finira fusillé au fort de Montrouge, en mars 1946.

Une peine justifiée, à cause du nombre des victimes du félon. Le verdict, en l'occurrence, n'est pas discuté. En revanche, les circonstances qui ont conduit Mullemann à trahir restent méconnues. Rien aux archives sur les conditions de son voyage clandestin jusqu'à Paris après son parachutage, sur son installation à Montmartre. Ou, plus grave, sur son emploi du temps avant que Duclos ne le retrouve, en mai 1941. Quelques assertions courront : arrestation par hasard lors d'une rafle, ou dénonciation, ou reddition par esprit de lucre. Des hypothèses. Un seul constat : il est devenu agent retourné par l'Abwehr. Fait certifié ; son nom figure sur les listes des espions français exploités par cette centrale. Cela depuis le mois de mars 1941.

Duclos, à l'évidence, aurait dû ne jamais renouer le contact avec ce partenaire trop longtemps isolé, incontrôlé. Et demander à Londres l'envoi d'un autre émetteur, d'un second télégraphiste. Quelques semaines d'attente, voire un recours momentané aux méthodes antérieures de communications, auraient probablement épargné son réseau. Ses mesures de précaution, drastiques pourtant, ont seulement reporté l'échéance prévue, amorcée.

En rivant Mullemann à son émetteur dans les combles du 8 place Vendôme dès le 8 juillet 1941, en le cloîtrant du même coup, Duclos a provisoirement préservé l'effectif et l'organisation du « Saint-Jacques ». Grâce à ce cloisonnement, le radio, pendant un mois, n'a reçu quotidiennement que la visite de Visseaux, responsable des transmissions, vu parfois Duclos, et aperçu de façon fugace quelques-uns des agents de liaison. Il n'a connu aucun autre membre du réseau, en particulier Vérines et ses compagnons gendarmes. Toutefois, durant cette période d'intense activité chambrée pour Mullemann, jamais l'Abwehr n'a quitté de l'œil le gîte du transfuge. Appliquant le principe dit de la longue corde — un guet continu à distance —, les agents du SR de la Wehrmacht, planqués à proximité, peut-être dans une chambre à l'hôtel Ritz, voisin, ont écouté ses messages, observé ses visiteurs. Puis, selon la règle, ils ont passé la main à la Sipo, le 5 août 1941, signe que le temps était venu de frapper. Le 7, les hommes de Knochen ont soudain constaté qu'un trio quittait l'immeuble surveillé ; le radio, portant la mallette contenant son émetteur, et deux inconnus. Direction : Le Petit-Quevilly.

La Sipo opère d'abord en douceur. Elle file la triplette — Mullemann, Marcel Halbout et son fils aîné, Pierre, agents rouennais du « Saint-Jacques » —, les piste jusque chez Lambart, le Quevillais qui doit abriter le télégraphiste. Ensuite, la manière change. Tous empoignés, sans ménagement. Même la cadette des Halbout, Thérèse, quinze ans, innocente pourtant, est embarquée au domicile paternel.

D'autres séides ont simultanément foncé chez Visseaux, place Vendôme. Mais fait chou blanc ; l'industriel, défiant, a pris le large. Ils coffrent son personnel. Ils ratent aussi

Duclos, qui a pareillement déjoué la souricière. En représailles, ils dévalent au Vésinet, capturent la sœur du chef du réseau, Marie-Anne Lefevre, emmènent également son mari et leurs trois enfants. Ils parviennent en revanche à boucler dans Paris les agents de liaison guettés depuis quelques semaines par l'Abwehr : quatre arrestations synchronisées.

Durant ces événements, le « Saint-Jacques », alerté par le capitaine Cailler, beau-frère de Marcel Halbout, bourdonne et s'égaille. Les fusibles sautent ; danger grave aux portes de la ruche. C'est le chef d'escadron Vérines qui a déclenché la procédure. Il sait que Duclos a trouvé un refuge momentané mais sûr du côté de Nevers. Inconnu de Mullemann, il pense pouvoir retarder la curée, le temps de sauvegarder le cœur de l'organisation, de prévenir Lucien Feltesse, son homologue pour le nord de la France et la Belgique, Charles de Guy et Félix Bruneau, successeurs potentiels de Duclos.

Néanmoins, les nazis persévèrent, épaulés par Mullemann, poussent l'interrogatoire musclé des agents de liaison. Ce fil ténu relance le courre. Le 17 septembre 1941, la Sipo appréhende des passeurs civils dans les parages de Cormery, en Touraine. Elle les torture aussi, interpelle ensuite Désiré Stéfani, accède aux brigades de gendarmerie basées à La Haye-Descartes, à Chinon, remonte les filières. Elle va finir par approcher la 9e légion de Raby, qui cantonne à Tours. Les gendarmes du réseau à Paris se sentent menacés. De même ceux de la Somme, de l'Eure et de la Haute-Normandie. Dévidage de l'écheveau. Inéluctable.

Vérines sonne le tocsin à présent. Toutefois, il ne peut bloquer l'hémorragie. L'un après l'autre, les gendarmes tourangeaux tombent dans les rets des nazis. D'abord le colonel Jean Raby, le lieutenant Ernest Laurent, puis leurs hommes. Seuls l'adjudant Pinault, à Bléré, et le capitaine Germain Martin, à Loches, échappent momentanément aux filets, seront harponnés ultérieurement. Mais la chasse à l'homme s'étend ailleurs. Le colonel Emile Boillin est pris à Amiens, au début d'octobre. Comme l'adjudant-chef Legrand, les gendarmes Valencelle, Raymond, Provins, Carette, coincés dans leur brigade à Beauval, dans la Somme. Vient le tour du gendarme Le Guern, dans l'Eure. Ensuite, celui du capitaine Le Flem, commandant la section de Pont-L'Evêque, au Calvados. Le 9 octobre, la Sipo s'empare de l'abbé Roger Derry, à Paris.

L'après-midi, ce même jour, deux officiers de la Feldpolizei se présentent à la caserne Prince-Eugène, attendent en vain Vérines, qui s'entraîne comme de coutume au stade Jean-Bouin. Il aurait pu fuir, comme Visseaux ou Duclos. Mais il sait qu'il attire facilement les regards, qu'on le trapperait vite. Par surcroît, il se refuse à exposer sa famille à la vindicte de l'ennemi. Les majors allemands reviennent le lendemain, l'arrêtent. Leurs soldats fouillent son bureau, puis bouleversent son appartement rue Beaurepaire, ne découvrent aucun indice compromettant, empoignent et emprisonnent les gardes de son entourage. Le 22 octobre, ses derniers compagnons le rejoignent à la bastille de Fresnes.

Sur réquisition allemande, même le docteur Marcel Roche est interpellé en zone libre, à Pau, en novembre, par la police vichyste ; elle doit le relâcher quelques jours plus tard, faute de délit constaté contre l'Etat français, puis le piégera de nouveau, toujours pour faits de résistance, durablement cette fois, puisqu'il sera déporté.

Les emprisonnements qui suivent en cascade pulvérisent le « Saint-Jacques ». Les survivants se dispersent. Quelques-uns, un contingent menu, joignent Feltesse, ses Nordistes et ses Belges. Plus tard, Maurice Duclos regroupera les rescapés à grand-peine, reformera son réseau, qui reprendra la lutte.

Roger-Paul Warin, dit Wybot, spécialiste du contre-espionnage rallié aux FFL à Londres, qui a réorganisé les services secrets de Passy, les transformant en BCRA — Bureau central de renseignement et d'action —, a souligné dans ses rapports l'efficacité de Jean Vérines durant sa résistance. Outre la qualité des informations qu'il a collectées, son forcement méthodique de la ligne de démarcation, l'officier gendarme a recruté des sympathisants dans l'ombre du « Saint-Jacques » ; une réserve d'amis, aptes à devenir mobilisables en cas d'urgence, à plus forte raison lorsque sonnera l'heure de l'insurrection.

Vérines a commencé cette glane dès l'été 1940, parmi le personnel de son arme en zone nord. Puis il a passé la mission au lieutenant Jacques Daroussin. Cette moisson survivra à son arrestation. Avec l'accord de Duclos, Daroussin reprendra le réseau dans la région de Rouen. Entré en liaison avec un groupe de résistance dans le département du Nord, dirigé par Charles Dekettelaere et Emile Pinoy, il va rassembler aussi cent vingt-cinq hommes à Saint-Amand, cinquante à Wallers, deux mille à Denain, cinquante à Sebourg, cent cinquante à Valenciennes, six cents à Vieux-Condé, Fresnes-sur-Escaut et Onnaing, cinq cents à Douai. La brigade du souvenir. Peu avant l'assaut final libératoire, elle servira d'ossature à une légion au nord du pays.

Au terme de la razzia effectuée par les limiers de la Sipo, en octobre 1941, une constatation n'a pas manqué de sauter aux yeux du doktor Werner Best, chargé de superviser les liens de son service de sécurité avec la police française : le nombre élevé des gendarmes pincés au sein du « Saint-Jacques », celui plus important encore de ceux qui ont échappé aux traques. Averti, son supérieur, Helmut Knochen, pique une colère qui a fait date dans son entourage. Gommée, son allure distante d'intellectuel distingué. Oubliée, sa culture de philosophe sanctionnée par un doctorat. Il fulmine et expédie sur-le-champ une estafette au siège de la Section gendarmerie des territoires occupés, 127 rue de Grenelle, avec mission de ramener dare-dare à l'hôtel Scribe son responsable, Pierre Charles Sérignan. Entrevue orageuse. Le visage de Knochen, émacié, paraît déformé. Les yeux gris-bleu ne reflètent plus un esprit pondéré mais distillent la haine. La bouche un peu large semble privée de lèvres, taillée au sabre. Il passe un vrai savon à l'ambassadeur de la gendarmerie au nord de la démarcation. Une phillipique ponctuée d'injures, de menaces. Elle vise l'ensemble du corps des soldats de la loi. « Des ennemis du Reich ! Jamais ce borné de Stülpnagel n'aurait dû vous faire confiance ! »

Imperturbable, Sérignan a encaissé, tourné les talons. Il connaît Vérines, Raby, Morel, Martin, Boillin, la plupart des autres officiers incarcérés, apprécie leur trempe, la valeur de leur engagement, qualités que partagent leurs hommes. Il sait que d'autres suivent déjà l'exemple donné. Qu'il lui faudra sans doute ajouter bientôt au rôle officiel qui lui est imparti auprès de l'occupant une fonction délicate : défendre les compagnons que la détresse guettera.

Envisager une semblable mission en zone contrôlée par les Allemands est osé. Les nazis usent de l'arbitraire, des violences, de la terreur, dans les contrées passées sous leur botte. Mais, par voie de conséquence, chez certains, l'esprit d'opposition grandit quand même, comme le besoin de riposter. Sérignan ne peut donc rester neutre, doit participer. En son propre nom. D'abord, assister ceux qui souffriront des effets de l'affrontement, ainsi que leurs familles.

Hormis les premières antennes constituées par les émissaires gaullistes, rares sont les organisations clandestines qui ont pris du volume et sont devenues opérantes à cette heure. Ainsi, celle du commandant Georges Loustaunau-Lacau, un Pyrénéen ; ce Béarnais a fondé parmi les tous premiers en zone libre un réseau baptisé « Navarre », dont il étend les ramifications à la zone occupée, qu'il appellera « Alliance » par la suite. Ou celles du colonel Georges Groussard et de Jacques Arthuys ; nées également en zone libre, avec des succursales pointant en zone nord, elles se réuniront, formeront une coalition, l'OCM, Organisation civile et militaire. Le réseau « Hector », créé aussi à ce moment par le colonel Albert Heurteaux, les rejoindra bientôt. Sa spécialité : forcer également la ligne de démarcation en Indre-et-Loire ; il mise pour cela sur un autre officier de gendarmerie, le commandant Marc Gendreau, attaché à la 9e légion, à Tours, un collègue et ami du colonel Jean Raby. D'autres encore, présentement vagissantes, deviendront des centrales importantes. Toutes seront fédérées par l'ancien préfet Jean Moulin, au sein du CNR, Conseil national de la résistance.

Pionnier, pareillement, le mouvement qu'a créé à Paris Boris Vildé, un jeune ethnologue attaché au musée de l'Homme, qui portera le nom de cette institution. Cela très tôt ; en juillet 1940. Trapu, regard clair, cheveux blonds, Vildé a lancé son entreprise avec l'aide d'un autre chercheur du musée, Anatole Lewitzky, chef du département de technologie comparée. D'origine russe tous deux, naturalisés peu avant le second conflit mondial, mobilisés, ils ont combattu jusqu'à l'armistice. Un mois plus tard, ils ont entrepris de faciliter le passage en zone libre des prisonniers français évadés. Ainsi naît leur réseau ; un petit clan, à l'origine, bientôt une collectivité, ensuite une galaxie.

Elle a poussé ses branches du Nord à l'Aisne, des Ardennes à la Moselle, des Vosges jusqu'en Bourgogne, de l'Orléanais jusqu'au Maine et en Bretagne. Avec des contacts dans les milieux les plus divers : universitaires, journalistes, écrivains, pompiers, égoutiers, ingénieurs, ouvriers métallurgistes, prêtres, religieuses, militants de gauche, de droite, monarchistes. Des militaires aussi. Immanquablement, des gendarmes. Parmi eux, Henri-Clotaire Joseph Descamps. Un patriote, bon chrétien. D'abord marqué par une dure entrée dans la vie, par les basses humiliations liées à la pauvreté. Que compensèrent l'accueil fraternel réservé par la gendarmerie, le grade de capitaine à la garde républicaine mobile.

Origine de l'officier ? La Flandre intérieure française. Au sud-ouest de Lille. Le plat pays, coincé entre la région des monts surplombant la Lys et les terrils des mines échelonnées de Béthune à Lens. Une terre lourde, grasse, piquetée de petites propriétés avant la Deuxième Guerre mondiale, jusqu'à ce que s'épanouisse, ponctuée par le remembrement, l'extension niveleuse de l'agriculture moderne.

Cette glaise colla aux pieds d'Henri-Clotaire Descamps dès sa naissance, le 20 avril 1906, à 22 heures. Ses ancêtres paternels cultivaient déjà sous l'Ancien Régime leurs lopins minuscules dans la région, à Aubers. Les Charlet, sa souche maternelle, labouraient la même glèbe à Fromelles, le village voisin. Tout destinait le nouveau-né, qui naquit dans une fermette au Bois Le Val entre ces deux communes, à prendre la suite dans l'un de ces lieux ; précédé par deux sœurs, Marie-Louise, Léontine, il était le garçon de la fratrie. Toutefois l'infortune veillait. Le père, Anaclet Descamps, avait la main verte. Mais s'y entendait peu en gestion. En 1910, il brada ses cinq hectares, replia sa nichée dans une chaumière au hameau du Plouich, dut se louer comme journalier. Le curé de Fromelles lui sauva la mise, l'an suivant ; il le logea avec les siens chez les Dubuquoy, châtelains et gros propriétaires fonciers à Eparcy, entre Hirson et Vervins. Qui l'employèrent comme jardinier, régisseur, cocher.

Vint la Grande Guerre. Et ses croix. Comme les autres Nordistes, Henri-Clotaire connut l'oppression allemande, souffrit du travail forcé — à neuf ans —, des réquisitions, de la faim. Ressentit déjà la phobie de l'occupant. Avec de bonnes raisons : une anémie pernicieuse emporta sa sœur aînée, Marie-Louise ; la même langueur avait dangereusement affaibli la cadette, Léontine, ainsi que Juliette, la mère.

En 1919, les Dubuquoy émigrèrent en Touraine, à Amboise. Mêlée à leur impedimenta, la tribu Descamps, éprouvée. Quelques mois plus tard, rongé par le mal du pays, Anaclet regagna Eparcy, avec son épouse et Léontine. Une parente des Dubuquoy, Mme Landry, garda auprès d'elle le jeune Henri-Clotaire. Goûtant sa vive intelligence, son air réfléchi, sa piété, elle rêvait de préparer son protégé à la prêtrise. Approuvé par ses parents, il devint interne à Saint-Charles, une institution de Chaunay, antichambre du séminaire, se découvrit un vif penchant pour les études. L'abbé Duquesne, son père spirituel, le crut aussi voué au sacerdoce. Sa vocation, sincère, ne résista pas au choc qu'entraîna la mort de sa mère, le 12 mai 1921.

Recueilli par un oncle, Désiré Descamps, fermier au Bois Le Val, l'orphelin replongea en galère. Durant cinq ans, commis puis secrétaire-comptable à Fournes-en-Weppes, il subit les mesquineries et les avanies du monde usinier. Ciel bouché. Le service militaire au 171e RI, en 1926, qui le mena de Soissons à Germersheim, dans le Palatinat, corsa sa destinée, lui ouvrit d'autres horizons. Devenu sergent, il reprit ses études, envisagea de faire carrière dans l'armée. Mis en disponibilité en 1927, il revint au pays, se fiança avec Marguerite Biens, une cousine lointaine aussi démunie que lui, bricola provisoirement comme comptable à Béthune.

L'an 1929 fut pour le jeune Nordiste le premier bon tournant. En janvier, il s'engagea au 8e RI. En mars, il épousa Marguerite qui l'accompagna à Kastel, un faubourg de Mayence, la patrie de Gutenberg. En décembre, sa femme lui donna un fils, Pierre. Elan pris, il prépara le concours d'entrée à Saint-Maixent, redoubla d'efforts pour mener la chasse aux galons. Admis en 1931 à l'école militaire d'infanterie, il fut promu sous-lieutenant en 1932, affecté au 32e RI, basé à Bitche, place-forte mosellane commandant l'accès des Vosges. Marguerite lui donna un deuxième fils, Jean-Michel.

Second virage, décisif cette fois, en 1934. Henri-Clotaire, nommé depuis peu lieutenant, se porta candidat à l'école d'application de la gendarmerie, à Versailles. Formé quelques mois plus tard, confirmé dans son grade sous son nouvel uniforme, il passa à la garde républicaine mobile ; le 6e escadron, cantonné au Quesnoy, dans le Nord. En 1936, on le muta à Valenciennes, où il commanda le peloton mobile 452, à la caserne Battesti. Marguerite donna le jour à Bernard, leur troisième garçon. Promu capitaine en mars 1939, Henri-Clotaire Descamps paraissait enfin comblé.

De taille moyenne, ramassé, robuste, exemplaire dans son service, ce Nordiste tirait fierté de son appartenance à la garde. Une autre vraie famille à ses yeux. Une chance, que la France offrait parfois à quelques déshérités. Aussi ne tergiversa-t-il pas quand le pays appela au combat, en septembre 1939. Il se porta volontaire, servit dans les corps francs, ces unités d'élite chargées d'ouvrir les voies, d'éclairer les troupes régulières. Et fit ce que l'on appelait une belle guerre. Sa petite compagnie barouda en Moselle, dans les Vosges, au Jura, de mai 1940 jusqu'à la déroute des armées, en juin. L'armistice sonné, il rejoignit la garde.

Après l'intervention de Sérignan pour rétablir la gendarmerie en zone occupée, on retrouve le capitaine Henri-Clotaire Descamps et sa famille à Soissons, à la tête de la section locale. Bénéficiant d'un appartement à la caserne du corps, rue des Francs-Boisiers, il fait venir son père auprès des siens dans la sous-préfecture de l'Aisne. Mais les Allemands sont dans la ville. Et omniprésents partout au nord de la Loire. Il perçoit cette nouvelle occupation du pays comme une souillure, physiquement et moralement insupportable. Dès la fin du mois de juillet 1940, il commence spontanément à battre les environs, recueille les armes qu'abandonnèrent les troupes françaises lors de la débâcle, les dissimule chez des paysans complices. Simultanément, il fait filer en zone libre des prisonniers de guerre évadés.

Opérant avec précaution, l'officier leurre les unités de la Wehrmacht et la police allemande. Toutefois, ses activités occultes n'échappent pas à Daniel Douay, un entrepreneur de transports, qui habite 6 avenue de Reims, à Soissons, et se lance lui-même en secret dans la constitution d'un embryon de réseau. Les deux furtifs se flairent, s'abordent avec circonspection. Finalement rassurés, ils décident d'unir leurs faibles moyens. Ne pas oublier la date de leur rencontre — août 1940. Ni le fait qu'elle se déroule sous le nez des Allemands, fort nombreux dans la région. Ils ont tout à perdre dans cette aventure qu'ils esquissent.

L'historien Henri Michel dira des premiers opposants choisissant l'ombre en ce temps qu'ils « étaient purs de tout intérêt, qu'ils étaient pauvres. La cause qu'ils défendaient ne pouvait provoquer que des souffrances et des déboires. Ils ne cherchaient pas une raison d'espérer. Uniquement une justification à vivre... Ils avaient la foi ».

D'expérience, de raison, par croyance, Henri-Clotaire Descamps sait que la foi doit porter les fidèles à agir. Aussi pousse-t-il les feux, pressant son compagnon de l'imiter. Le 1er septembre 1940, Daniel Douay fonde son antenne à Soissons, appelée « Vérité française ». Et son premier agent engagé le jour même, dont l'attestation d'appartenance indiquera plus tard qu'il fut catalogué P2, c'est-à-dire agent permanent, puis chef de mission de 2e classe, autrement dit chef de réseau, est le capitaine Descamps. Il deviendra en tout état de cause l'âme et l'inspirateur de ce groupuscule dans la région soissonnaise. Seize autres affiliés dans les rangs de ce peloton : Eugène Delhaye, Aimé Dufour, Gilbert Jordana, Louis Leseigneur, Jean Vogel, Mme Pierre Suray, Coquel, Leroy, Emile Louys, Maurice Moreau, Pluche, Pierre et Paul Debruyère, André Meurghe, Moulin, ainsi qu'Achille Vanuxem, lieutenant gendarme en retraite, ami personnel de Descamps, originaire comme lui des Flandres.

Douay n'a pas choisi le nom de ce clan par hasard. « Vérité française » est aussi le titre d'un journal clandestin paru depuis peu, que publie à Paris le groupe d'action « Honneur et Patrie ». Une petite unité autonome, comme beaucoup de mouvements résistants à cette époque, à laquelle Douay a uni son cercle. A sa tête, deux officiers de carrière passés à la réserve, le colonel de La Rochère et le colonel Paul Hauet. Des condisciples ; ils s'étaient connus à Polytechnique. La Rochère servit ensuite à la colonie, longtemps. Notamment au Soudan — le futur Mali —, au Niger puis en Haute-Volta. Un ciment patriotique le soudait à Hauet, la haine de l'occupant, qu'ils développèrent durant la Première Guerre mondiale. Comme Descamps, la nouvelle installation des Allemands en France les révulsa, en juin 1940. Comme lui, ils ont décidé de résister. Mieux formés à la stratégie, ils ont multiplié des sous-réseaux dans le sillage de leur groupe parisien. Ainsi, celui de Douay et de Descamps à Soissons. Mais d'autres aussi, portant ce même patronyme, « Vérité française », un label. Principales bases à Compiègne, Villers-Cotterêts, Châlons-sur-Marne, Blois et Azay-sur-Cher.

Animateur majeur de l'entreprise souterraine, La Rochère, né à Versailles le 9 mai 1870, monarchiste convaincu durant l'entre-deux-guerres — un tempérament attiédi depuis 1940 —, se garde pourtant de militer pour ses idées dans son engagement clandestin. Le choix des éléments qui constituent son réseau le montre. Des militaires qui ne partagent pas ses opinions passées l'ont rallié. Tels les commandants Guet et Coqueugnot, qui rencontreront souvent Henri-Clotaire Descamps dans sa gendarmerie. Des civils, aussi. Notamment le docteur Delort, Pierre Stumm, le comte Jehan de Launay, Louis Mandin et son épouse, Le Dantec, Lehmann, André Taurin, Louis Beysson. Ainsi que Madeleine et Geneviève de Gaulle, parentes du général, qui font leurs débuts dans la résistance. L'antenne « Vérité française » assemble on le voit des individualités qui tranchent. Cependant, tous mettent en sourdine leurs doctrines, leurs croyances. Mobilisés dans le but unique de survivre au fond du gouffre.

La Rochère le prouvera en alliant son cénacle et celui de Paul Hauet au groupe « Musée de l'Homme », qu'animent Boris Vildé et Anatole Lewitzky. Une nébuleuse riche déjà en personnalités issues également de tous les horizons politiques : conservateurs, religieux, progressistes, collectivistes et libéraux. Les deux colonels apporteront leur sens du combat, de l'organisation, à ce cercle hétérogène. Leurs agents s'associeront autant avec les écrivains qui rédigent le journal *Résistance*, tels Jean Paulhan, Jean Cassou et Claude Aveline, qu'avec les ingénieurs et métallos des usines Gnome-et-Rhône ou Hispano-Suiza, qu'avec les cheminots de la gare de l'Est, les aumôneries tourangelles, lorraines et champenoises, les Volontaires belges de Paris, la communauté « Manipule », celle d'André Postel-Vinay, ou « France-liberté » de Blois, ou encore les « Bataillons de la mort », un mouvement bourgeois, que mènent le général André Basse, le commandant Marcel Bouet et Albert Dubois, un chirurgien-dentiste.

Le capitaine Descamps, pour sa part, ne se borne plus à butiner dans le Soissonnais les armes récupérables, à faire passer en zone libre des pourchassés. Rendant compte directement au colonel La Rochère par l'entremise de Daniel Douay, il collecte à présent avec méthode des renseignements sur les unités ennemies qui cantonnent dans l'Aisne et les départements voisins, diffuse la presse clandestine, sabote dans la région les voies de communication allemandes, surtout le téléphone. Et recherche également des écarts, les aménage afin que les Britanniques puissent y effectuer prochainement des parachutages de matériel et d'agents.

Le 2 janvier 1941, un vif chagrin suspend momentanément ses activités secrètes. Une congestion cérébrale a emporté Anaclet, son père, qui rêva tant de grands espaces lointains, mais ne trouva jamais l'audace de s'arracher à son argile natale, sans parvenir pour autant à améliorer son modeste destin. Sa disparition affecte Henri-Clotaire, au-delà de ce qu'il attendait. A trente-cinq ans, malgré les bonheurs intenses que lui procure la famille qu'il a fondée, il se sent coupé de ses racines enfantines, pressent que le temps des épreuves va le rattraper.

En ce début de l'an 1941, une secousse tellurique lézarde l'édifice hétéroclite qu'a constitué Vildé. Trop enclin par nature à croire en la bonté native chez l'homme, le jeune ethnologue a, sans le savoir, introduit depuis quelques semaines un virus mortel au cœur de son réseau. En la personne d'un présumé volontaire : Albert Gaveau. Qui affiche avec ostentation son désir de se rendre utile à la cause.

S'il avait réellement vérifié le passé de l'impétrant, Vildé aurait tremblé. Dans la trentaine, démarche chaloupée et roulant les épaules à la façon des marins, le buste tordu par une légère scoliose, teint pâle, regard insaisissable, Gaveau, qui se dit mécanicien, a surtout beaucoup traîné à Pigalle et fréquenté le milieu. Lui aussi, comme Gaessler et Mullemann, est garrotté par une « bretelle » que tiennent serrée les Allemands, travaille pour eux. Son officier traitant à la Sipo est le capitaine Doering. Après quelques semaines, Vildé le présente à l'un de ses adjoints, André Weil-Curiel, un avocat, chargé de noyauter ses confrères du barreau parisien. D'emblée, Weil-Curiel se défie. Pourtant, Vildé, survolté comme à son habitude, insiste : « Acceptez-le. Je l'ai choisi pour vous accompagner. Il veillera à ce que tout se passe bien. »

Gaveau s'emploiera en effet à régler le sort de ce robin, de ses collègues, du « Musée de l'Homme ». Il est payé pour cela, s'est fait admettre dans la place pour espionner, renseigner ses vrais maîtres, déclencher l'hallali. En peu de temps, il se procure l'organigramme du secteur Vildé, la tête du réseau, et passe le dossier à son employeur, le capitaine Doering. La Sipo intervient, le 10 février 1941.

Première victime ? Un juriste, bien entendu, Me Jubineau, arrêté chez lui à l'aube. D'autres sont pris, aussitôt. Des conseils encore. C'est tout le groupe dit du Palais, noyau surnommé « les avocats socialistes », que les Allemands veulent maîtriser. Ils réussissent. Parmi les victimes, Léon-Maurice Nordmann, René-Georges Etienne et l'étudiant en droit J.-P. Carrier.

Le 12 février, deuxième lame de fond. Les brigades en manteau de cuir noir bloquent avec leurs cars le carrefour du Trocadéro, cernent le bâtiment qui abrite le musée de l'Homme. Anatole Lewitzky est interpellé. Avec lui, une trentaine d'autres résistants. Le professeur Paul Rivet, directeur du centre scientifique, qui a échappé à la rafle, se précipite en zone libre, alerte Vildé en mission à Toulouse. L'ethnologue, conscient cette fois du risque qu'il court, regagne quand même Paris, où la Sipo le cueille sans coup férir, le 26 mars. La tornade répressive s'étend à la province, notamment en Bretagne, où Gaveau, qui s'est pris de passion pour la Cornouaille, sévira durant quelques mois.

L'explosion du creuset de l'organisation atterre les survivants. La Rochère, l'un des héritiers présomptifs de Vildé depuis la capture de celui-ci, tente bien de tirer les leçons du désastre. L'impute à l'ampleur prise par le réseau, devenu galactique. Trop d'agents. Trop d'intergroupes. Trop de liaisons distendues faisant pièce aux contrôles sécuritaires. Et trop d'inexpérience, voire de négligences, chez un bon nombre d'adhérents. Trop tard, aussi, pour envisager de refondre la centrale. Malgré ses consignes impératives pour accroître et renforcer le cloisonnement, pour isoler son propre secteur où se distingue l'équipe du capitaine Descamps, il admet que les périls se multiplieront.

De leur côté, les hommes de Knochen savent qu'il leur faut presser le pas. Après la voie ouverte par Gaveau, qui a entrevu l'importance de la sphère « Musée de l'Homme », signalé quelques nouvelles pistes à exploiter, notamment à Paris, à Blois et à Soissons, ils songent à rééditer leur manœuvre d'intoxication. Et choisissent un autre agent infectant dans le vivier interlope qu'ils entretiennent à grands frais. Leur bactérie, cette fois, s'appelle Jacques Desoubries. Un vénal grand teint façon Gaveau, qui vendrait aussi père et mère. La Sipo lui tisse une légende supposée blindée, plausible en tout cas. Il se fera passer pour un prisonnier de guerre évadé en quête d'un refuge, désirant forcer la ligne de démarcation. Les hommes en cuir noir le véhiculent jusqu'à Reims. A lui de se débrouiller ensuite. Sans traîner.

Chez Douay et Descamps, à Soissons, trace confirmée du passage de Desoubries. Escorté par un agent de liaison de leur antenne, il joint le secteur que tient Tony Ricoux à Paris, intermédiaire habituel auquel recourt le capitaine Descamps pour correspondre avec La Rochère. Le bacille infiltre ensuite le groupe où œuvrent Le Dantec, Stumm et Madeleine de Gaulle, qui l'abritent, puis l'expédient sur Blois. A la mi-novembre 1941, cabas empli, charrette prête, il alerte la Sipo. Elle estime qu'elle possède assez d'éléments pour passer à l'action. Date arrêtée : le 25, ce mois-là.

Interpellé le premier, le colonel de La Rochère revendique son entière responsabilité. Prenant tout sur lui, il escompte détourner l'appétit des nazis. Ces derniers, n'ayant que faire du panache, vont le broyer. C'est la totalité du réseau qu'ils guignent. Ils interviennent simultanément dans la capitale et la préfecture du Loir-et-Cher, ainsi que dans la sous-préfecture de l'Aisne.

A 7 heures du matin, ce 25 novembre, la Sipo encercle la caserne de la gendarmerie de Soissons, rue des Francs-

Boisiers. En la circonstance, la Feldpolizei l'assiste. Ce sont les agents de cette police militaire de campagne qui sonnent à la porte de l'appartement personnel du capitaine Henri-Clotaire Descamps. L'huis à peine entrouvert, comprenant ce qui l'attend, il essaie de s'enfuir, de gagner une autre issue au fond de son logement, en claquant sur ses talons les portes des pièces qu'il traverse au galop, espérant retarder la meute. Tentative vaine. Roué de coups, blessé, il est jeté dans une voiture qui l'emmène à la caserne Charpentier occupée par les Allemands, où se trouvent déjà encaqués les autres membres de son antenne. Marguerite, sa femme, appréhendée aussi, ne sera relâchée que tardivement le soir. Durant toute la journée, la Feldpolizei a gardé les trois enfants du couple, otages possibles. La nuit venue, Descamps est transféré à Fresnes, en autocar, avec les autres prisonniers.

A douze reprises, les agents de la Sipo interrogent le capitaine. Et lui réservent le grand jeu en matière de tourments. Il ne dit rien. Les magistrats nazis accumulent des charges dans le dossier qu'ils constituent, à propos de « Vérité française » et du « Musée de l'Homme ». Cependant, leurs tortionnaires ne parviennent pas à tirer un seul mot de ce gendarme, pourtant régulièrement tabassé.

Peu avant la Noël 1941, ils jettent Descamps dans une cellule du quartier des otages. Au secret. Son sort n'est pas encore décidé. Mais il n'est pas de ceux qui s'illusionnent.

C'est un effrayant calvaire qui l'attend.

Comme le « Saint-Jacques », le « Musée de l'Homme » et ses annexes résistantes reconnues par Londres paieront très lourd l'honneur d'avoir montré le chemin menant à la liberté. Deux cent soixante-dix arrestations dans ses rangs, sur un effectif global de six cents adhérents. A terme, cent douze agents seront exécutés, cent soixante-huit subiront l'emprisonnement puis la déportation en Allemagne. Ne survivront, en piètre état, que soixante-quatre rescapés.

4

Un puzzle à fédérer

Implanter un réseau de résistance dans un pays passé sous la férule des nazis, gouverné en partie par des autocrates complices de ces derniers, ne s'improvise pas. Les activités ténébreuses, forcément illégales, ingrates, appellent un recrutement d'affiliés sûrs, efficaces. Or, si grande et si noble soit la cause à défendre, les gens disponibles, à la fois méthodiques, ordonnés, prudents, discrets, ne pullulent pas. Par surcroît, la mise sur pied d'un système de recueil d'informations, avec liaisons, boîtes aux lettres et coupe-circuit destinés à assurer la sécurité de tous, est ardue.

Que dire du tri des renseignements, de leur envoi chez un allié apte à les utiliser, toujours difficile à atteindre... Un exercice de bénédictin ! Qu'ajouter à propos des opérations « action », exemptes de tout romantisme, qu'il s'agisse de sabotages, d'évasions, de récupérations de parachutages, d'éventuels coups de main... La galère ! Le simple choix d'un refuge pour amis en cavale, une question d'intendance pourtant très banale, se révèle, en milieu toujours hostile, aussi complexe qu'un rébus chinois ! Cela explique que les organisations clandestines n'aient pas pullulé lorsque sont venus les temps noirs.

Lors des premiers mois du marasme, tandis qu'un petit nombre de patriotes ont essuyé les plâtres en zone occupée, au nom du gaullisme ou d'autres convictions, quelques mouvements ont quand même percé puis levé en zone libre, moins soumise encore. Des naissances spontanées.

Premier en lice, Henri Frenay. Un Lyonnais, trente-cinq ans en 1940. Capitaine pendant la guerre, prisonnier, évadé, major de garnison à Marseille dans l'Armée de l'armistice, il exècre l'oppression, songe à poursuivre la lutte d'une autre façon. L'idée naît de sa rencontre avec Maurice Chevance-Bertin, lieutenant de la Coloniale récemment démobilisé. Avec Bertie Albrecht, protestante de « grande tente », épouse d'un banquier hollandais. Des amis les rejoignent, menés par le commandant Robert Guédon, camarade d'école de Frenay. Ce clan fonde « Combat ». Un réseau qui s'étendra à Nice, à Lyon, à Toulouse, à Paris, en Savoie, en Bretagne, partout.

A Lyon, qui bénéficiera bientôt d'un statut éminent — capitale de la résistance —, Eugène Petit, alias Claudius, qui s'appellera plus tard Claudius-Petit en politique, lance à son tour son propre mouvement, « France Liberté ». Qui se métamorphose en « Franc-Tireur » quand Antoine Avinin et Jean-Pierre Lévy entrent dans la famille. Elle pousse ses radicelles vers le Massif central, gagne Toulouse, prend du corps. Bientôt une entreprise majeure, aussi.

A Cannes, la fièvre clandestine atteint à son tour Emmanuel d'Astier de la Vigerie, ancien officier de marine. L'un de ses frères, François, aviateur, mène une escadrille dans les Forces aériennes françaises libres. Un autre, Henri, milite avec les royalistes en Algérie. La tribu a dans le sang la passion de la politique. En décembre 1940, Emmanuel, lié à Albert Kohan, à Edouard Corniglion-Molinier, donne dans le pamphlet, édite *La Dernière Colonne*. Puis il coiffe le heaume de guerre, crée « Libération ». Le réseau campe à Clermont-Ferrand, s'étale au sud de la démarcation et gagne le Nord. Vite prépondérant, à son tour.

De son côté, Gilbert Renault, alias Rémy, a signalé à Passy, patron du BCRA à Londres, l'existence de plusieurs officiers démobilisés en Bretagne qui brûlent de servir ; il les aspirera dans « Confrérie Notre-Dame ».

Au même moment, un professeur de droit, François de Menthon, Pierre-Henri Teitgen et René Capitant, les frères Paul et Alfred Coste-Floret fondent une association qui recrute à l'université, dans la bourgeoisie, de Montpellier à Brive, de Limoges à Lyon. Voici « Liberté ». On y cultive la propagande. Jacques Renouvin, à Montpellier, lance bientôt des groupes francs en son nom. Tous rallieront « Combat ».

Des galonnés de haut vol de l'Armée de l'armistice entrent pareillement en lice. Tel le général Aubert Frère. Respecté au Gotha. Ce Nordiste, cinquante-neuf ans en 1940, fit ses armes en Afrique, dans le sillage de Lyautey, qui le dressa. Héros de 14-18, il commanda ensuite Saint-Cyr, puis laissa sa marque en Alsace ; gouverneur de Strasbourg. Vint le second conflit mondial. Il mena la VIIe armée, hérita des fronts sur la Somme, sur l'Oise. Comme d'autres, alors, il plia.

On le suppose d'abord enjôlé par Pétain : il siège parmi les juges du tribunal militaire qui condamne de Gaulle à mort par contumace. Un leurre ? Frère tourne en effet insoumis. Du sérieux. Mandaté par le service de renseignements français, qui vire lui-même clandestin, associé au général Jean Verneau, technicien du Génie, il crée l'ORA, Organisation de résistance de l'armée. Ce cartel va fédérer plusieurs sous-réseaux de choc. Parmi eux, le corps franc Pommiès, fondé par André Pommiès, un Bordelais qui va mobiliser dès novembre 1942, dans le Béarn, les Landes, la Bigorre, le Gers, le Lot-et-Garonne, jusqu'au Lot, constituant la plus importante unité clandestine du Sud-Ouest, qui assemblera jusqu'à huit mille huit cents volontaires, dont cinq mille en compagnies organisées. Frère et Verneau dirigeront conjointement l'ORA — Verneau la ralliera à de Gaulle. Puis ils disparaîtront, à quelques mois d'intervalle. Frère au Struthof, camp nazi en France, à l'écart de la commune de Natzwiller, Bas-Rhin ; Verneau, dans un autre enfer concentrationnaire en Allemagne.

Les années 1940 et 1941 voient aussi croître des petites coteries — locales, départementales, parfois régionales. Certaines, précaires, s'éteignent promptement tels les insectes éphémérides. D'autres, bricolées à l'origine, se structurant au fil du temps, braveront tel du bronze les nuées.

Par exemple, le mouvement « Lorraine », à Nancy. Dont la paternité a été imputée au colonel Gilbert Granval ; il le gèrera de loin sur le tard, peu avant l'insurrection finale. Elle a été aussi attribuée à un instituteur, Marcel Leroy ; lui interviendra après 1942, sera arrêté l'an suivant. Le vrai géniteur ? Nicolas Hobam, un Nancéen, vingt-quatre ans en 1940, préparateur et chef de rayon dans une épicerie industrielle, la Sanal.

Du culot et des idées. Premier acte : recueil des prisonniers de guerre évadés dès l'été 1940. Six mille fileront par son agence. Que renforcent des amis, dont Marcel Galliot, brigadier-chef à la police nancéenne, et le capitaine Desbrosse, à la gendarmerie de Lunéville. Hobam monte également une officine de faussaire à Malzéville, abritée dans la mairie. Ses faux papiers et ses passeurs sauvent les prisonniers de guerre en cavale mais aussi d'autres traqués, des Luxembourgeois, des Alsaciens et des Lorrains, des juifs. Ouvrant large l'éventail de ses aptitudes, il donne aussi dans l'intendance, ravitaille en vivres et armes des résistants voisins moins nantis. Il édite de même un factum, *La Lorraine libre*. On le verra enfin devenir saboteur, aidé par Armand Thomas, rédacteur à la préfecture de Nancy, et Pierre Mathy, cafetier à Ecrouves, près de Toul, artificiers autodidactes mais doués. Et sauteront les voies ferrées, les ouvrages routiers, les machines-outils et les stocks précieux aux aciéries de Pompey. Epopée ardente. Ecourtée par la Sipo. Hobam devra chercher refuge à Lyon avec sa famille. Il sonnera chez Claudius-Petit, remilitera à la base. La paix venue, oublié, sacqué par son employeur nancéen, il finira bûcheron.

Autre cas éloquent : « Brutus ». Un petit astéroïde au début, qui s'affirmera nébuleuse spirale de taille. Certains historiens avancent que ce réseau doit la vie à André Boyer, juriste d'origine marseillaise. D'autres ont vu la patte de

Pierre Fourcaud, l'agent gaulliste, dans sa conception. Là encore, un fait avéré ; « Brutus », contrôlé par le BCRA, que rejoignent le colonel Groussard et Jacques-Henri Pigeonneau, ex-consul à Madrid révoqué par Vichy en 1941, a pris du souffle. Présent en Provence, au sud-ouest, à Lyon, à l'est, il absorbera d'autres réseaux nationaux, tel « Alibi », des antennes régionales, comme « Cigogne » en Alsace.

Le parti communiste français entre dans la partie sur le tard, traînant le boulet de l'alliance germano-soviétique signée le 23 août 1939. Sacré handicap. Décrété interdit le 26 septembre, par le gouvernement que présidait alors Edouard Daladier, il a frôlé le collapsus, abandonné pour moitié par ses adhérents durant la campagne de France, honni par l'Etat vichyste qui incarcéra dix-huit mille de ses membres en 1940. C'est l'antinazisme viscéral des militants de la base profonde restés à son bord qui a maintenu à flot sa barque. Puis l'invasion de l'URSS par la Wehrmacht, en juin 1941, qui a redoré son drapeau.

Dès lors, sous l'impulsion de Charles Tillon qui gère en premier lieu l'OS, Organisation spéciale, avec un noyau d'anciens combattants des brigades internationales qui participèrent à la guerre civile en Espagne, le PC lancera « Front national ». Ce mouvement étiqueté œcuménique ratissera large. En réalité, en coulisse, au combat, Tillon tiendra toujours la barre. Son OS parrainera ensuite les FTP, « Francs-Tireurs et Partisans », en 1942. Elle encadrera de même les commandos que fournira la MOI, Main d'œuvre immigrée, association de réfugiés et de naturalisés de frais, dirigée entre autres par Jacques Kaminski, Henri Krasucki, Joseph Epstein, Missak Manouchian. Troupe de choc, mue par un grand sens du sacrifice, cette MOI restera en tout état de cause corvéable à merci.

Ample palette. Un puzzle de sensibilités diverses. Allant des droites radicales aux gauches extrémistes, sans primauté d'aucune sorte, au contraire de ce que certains avanceront quand le conflit cessera. Mais sans ciment réel, du moins au début. La plupart des chefs d'antennes connaissent peu ou prou l'existence des autres mouvements. Toutefois, chacun se claquemure, jaloux de son autonomie, de ses différences.

Il arrive que certains résistants volettent d'un clan à l'autre. L'abbé Louis Raymondis s'est fait remarquer de la sorte. Inscrit à « Liberté-Egalité-Fraternité » qu'il contribue à lancer à Toulouse, il passe au réseau « Bertaux », fondé dans sa cité par le normalien germaniste Pierre Bertaux. Croisant Frenay, il flirte ensuite avec « Combat », dans sa région. Le temps de reprendre haleine, parce qu'il signe peu après à « Libération », mais toujours à Toulouse. Il se pose enfin à « Franc-Tireur », qu'il ne quittera plus. Un efficace et sûr compagnon, au demeurant. Occitan de cœur, lié viscéralement à sa ville, à son département, il ne s'emploie que chez lui, indifférent aux étiquettes.

Le général de Gaulle, qui était entré en politique dès 1935, conseillant Paul Reynaud avant de participer au dernier gouvernement de celui-ci, savait combien ses compatriotes se complaisaient dans des disparités hargneuses immanquablement stériles. Dès son installation à Londres, il a redouté par principe leur singularisme, l'estimant préjudiciable à la certaine idée qu'il se fait de la France, qu'il voudrait unifiée, tendue d'emblée vers la victoire. Il a souhaité par conséquent une entente sans partage au sein de la résistance. Ce sera la mission qu'il confiera à l'ex-préfet Jean Moulin lors du premier voyage clandestin de celui-ci à Londres, dès la fin décembre 1941. Dessein irréaliste. Les faits le montreront.

Les seuls que ces dissemblances n'émeuvent point, de l'autre côté du Channel, sont les stratèges de l'IS, les gentlemen que dirige un clan de caciques oxfordiens, dont Sir Claude Dansey. Semer la zizanie fait même partie de leurs tactiques favorites. Ne manquant ni d'argent, ni d'armes, ni d'entregent, ils pimenteront la sauce en jouant leur propre solo résistant, ouvriront des antennes subversives en France, autant au nord qu'au sud. Une mission confiée à leur SOE, Special Operations Executive, branche des services spéciaux. Sa section française sera attribuée à un major, Maurice Buckmaster. Un incorrigible manœuvrier.

On le voit, les citoyens qui ne s'accommodaient pas de l'ordre nouveau instauré par les Allemands et leurs alliés vichystes avaient le choix si, d'aventure, ils envisageaient de donner de l'ergot. Un certain nombre sauteront dans l'arène. Parmi eux, cela aussi était prévisible, des gendarmes.

Des soldats de la loi ont adhéré individuellement à toutes ces antennes secrètes citées ci-dessus, quand elles ont commencé à émailler le pays. Même au « Front », d'obédience communiste. Processus de basculement classique : flair, écoute, estimation de l'efficacité des mouvements approchés, et plongeon à leur tour. Pas d'exclusive politicienne à propos de leur détermination. Motivation prioritaire pour ces partisans réfléchis : la nation, à cette heure, avait besoin de toutes les énergies.

Claude Cazals, colonel de gendarmerie retraité, a témoigné de la façon dont se sont manifestées ces prises de conscience dans son ouvrage, *La Gendarmerie sous l'occupation.* Son père, Marcellin Cazals, gendarme avant lui, commandait une brigade dans l'Aveyron. N'appréciant pas l'Etat français et l'ayant montré dès 1940, il avait essuyé une sanction disciplinaire l'an suivant, muté en Lozère. Parmi d'autres collègues, des opposants pour motifs idéologiques comme lui. Menant leur train, il était spontanément entré en rébellion larvée, observant les rares réseaux qui levaient alors dans la région. Et trouva finalement celui qui convenait le mieux à leurs convictions. Quand les occupants envahiront la zone libre, tous serviront déjà comme clandestins dans l'Armée secrète.

Les responsables de ces antennes en voie de constitution dès 1941 ont systématiquement recherché pour leur part des gendarmes « disponibles », des recrues précieuses à plus d'un titre pour leurs entreprises occultes.

Ainsi, Claude Arnould, alias Ollivier, dit également « le Colonel ». Un Nordiste originaire de Merville, quarante-deux ans en 1941. Militaire d'active, il avait tâté aussi du renseignement au 2e Bureau avant 1939. Replié à Cazèressur-l'Adour, Landes, il a pris la tête du réseau « Jade », né à Bordeaux, une émanation du SR. Il le fusionnera en 1942 avec le groupe « Amicol », qui a œuvré, de même, pour le SOE britannique. Devenu « Jade-Amicol », ce cartel de l'ombre couvrira un vaste territoire, de Paris à Nantes, jusqu'en Espagne. Auparavant, Arnoult, que l'on n'appellera plus qu'Ollivier, aura aussi engagé des gendarmes dans le Sud-Ouest. Des assistants selon lui essentiels. Parmi eux, le capitaine Peytou, commandant la section de gendarmerie à Mont-de-Marsan, en zone occupée. Et l'adjudant-chef Arsène Le Bars, de la brigade d'Aire-sur-Adour, de l'autre côté de la démarcation, en zone libre. Peytou et Le Bars organiseront de concert, avec certains de leurs hommes, un franchissement de cette ligne au travers des Landes ; de même, celui de la frontière avec l'Espagne. Puis Le Bars, promu lieutenant et muté dans la capitale, deviendra l'un des principaux adjoints du chef de « Jade-Amicol ».

Ce SOE, présent sur tout le territoire, a particulièrement infiltré l'Aquitaine et le Sud-Ouest. Il a donc recruté très tôt à la brigade du Bouscat, en Gironde. Les gendarmes Gros, Batbedat et Bouthonnier, suivant leur chef, Robevieux, sont entrés sur ses talons en résistance. Spécialités : boîtes aux lettres, « hôtellerie » provisoire pour pilotes alliés en détresse, transit sur la démarcation, routage vers l'Espagne. Les Anglais jugent avec raison que cette Gironde constitue une place stratégique. La ligne étant fortement gardée à Langon, c'est donc dans la région de Bazas, plus au sud, que les brigadistes du Bouscat iront la percer plus souvent. Grâce à la complicité et au dévouement de leurs collègues de la brigade de Bouglon, Lot-et-Garonne, en zone libre. Le chef de ce dernier poste, l'adjudant Riu, ses gendarmes, Jean-Pierre Bidart, Goualouic et Bounichou, y exerceront de surcroît la réception de parachutages et les transports d'armes.

Une pratique qui se répandra partout à partir de 1941. A Saint-Amand-Montrond, dans le Cher, toujours pour le compte des Britanniques, les gendarmes Lamy, René Vitoux et Satin ont loué un local à usage de bûcher près de Sancoins. Ils y dissimulent périodiquement les containers que la RAF parachute à proximité, dans la région de Givardon. Puis, tels des facteurs un peu spéciaux, ils distribuent leur contenu — armes, munitions, explosifs — aux destinataires concernés.

Dans sa zone d'action, large, et cette fois pour lui-même, le corps franc Pommiès ralliera pareillement un bon nombre de gendarmes. Le sous-officier Mareau à Thèze, Basses-Pyrénées. Le lieutenant Maurice Keller, à Saint-Girons, Ariège. Le capitaine Dulaurier, à Saint-Gaudens, Haute-Garonne. Le capitaine Guillochon, à Agen. Les lieutenants Rivoalan et Gauthier, le médecin capitaine Bourcart, à Gourdon, Lot. L'adjudant-chef Rougolle et la plupart des gendarmes de Muret. La brigade de Miélan, conduite par le chef Perrin, par Jacquemin et Lafforgue, ses adjoints. Ceux de Mirande, Roger Lacaze, Doumer, Labrasset, Maisonneuve, Nurdin, Beaumont, Poisson, Robert, Miegeville, Gehrard et Pierre Garmandia. Jules Pol, à Aire-sur-Adour. Jean Besnier, à Pau. l'adjudant-chef Duplan, avec sa section, à Mauléon. D'autres encore. Une force de frappe très recherchée par Pommiès, expérimentée.

Le réseau de renseignements « Centurie » a pareillement recruté des gendarmes dans la région de Saumur. Onze d'entre eux, casernés dans cette sous-préfecture, serviront longtemps cette antenne. Parmi eux, le chef d'escadron Caron, le capitaine Royer, l'adjudant Estève Boisse et le gendarme Octave Boulme. Outre leurs actions d'infiltration des bases de l'ennemi, ils contribueront également à réceptionner et cacher des armes de guerre, des explosifs.

A Confolens, chef-lieu d'arrondissement charentais en zone libre, couvrant soixante-six communes, important marché agricole, le lieutenant Derommelaerre, qui commande la section de gendarmerie, appartient à l'OCM, et s'est signalé dès 1940 en faisant franchir la ligne de démarcation à plusieurs milliers de prisonniers évadés et de civils. Passages privilégiés ? Les alentours de Benest, le pays dit des terres froides, mamelonné, couvert de genêts et de bruyères ; et, plus au sud, les abords de La Rochefoucauld, sur les rives de la Tardoire. Lui-même a personnellement récupéré et convoyé quarante militaires, qui ont pu rejoindre les FFL, à Londres.

C'est un aspect insolite de la résistance profonde, jusqu'à présent peu connu, qui transparaît de la sorte. Puisant ses sources dans les brigades cantonales, les sections de la gendarmerie aux chefs-lieux d'arrondissements, elle va s'organiser, s'étendre, prospérer. Un apport qu'apprécieront les puissances alliées.

A Cahors, le chef d'escadron André Vessières, commandant la compagnie du Lot, paiera de sa vie en déportation son engagement individuel dans la résistance. De même, la protection qu'il dispensera à tout le personnel de ses brigades, enrôlé dans le même combat. Ainsi, les gendarmes de Sousceyrac et de Latronquière, à l'est du département. Tous militeront de concert, sous la houlette de l'Armée secrète, des groupes Vény. Le chef Vergnes dirige ceux de Sousceyrac. Son collègue André Bernardin ceux de Latronquière. Parmi eux, René Bailly, Boutin, Hugon, Teyssié, Mompontet, Armand Carles, Daspas et Emile Blondet. Ils opèreront souvent ensemble. A leur actif, de nombreux sabotages, la couverture de la plus vaste zone de parachutages en catimini au sud de la démarcation, l'acheminement du courrier occulte vers l'Espagne, des filières d'évasion pour les juifs, les réfractaires, les évadés. Ainsi qu'une exclusivité : la protection d'une usine clandestine de montage d'auto-mitrailleuses ; elle produira cent vingt-cinq engins, destinés dans un premier temps à l'Armée de l'armistice, fort utiles quand sonnera l'heure de l'insurrection.

En poste à la brigade de Reims, le gendarme Edouard Charlot, dont le sort sera évoqué plus loin, servira activement le réseau de renseignements « Kléber-Uranus », créé à l'instigation du colonel Louis Rivet, alias Kléber en résistance, le chef célèbre des services secrets français.

A Amiens, dans la Somme, le gendarme Maxime Garin est également entré en résistance au sein du réseau « Saint-

Jacques », dans le sillage du colonel Emile Boillin, chef de la légion Picardie, qui a étendu son recrutement dans sa région.

A Vitry-en-Artois, Pas-de-Calais, zone dangereuse pour les résistants à cause de la densité de l'occupation allemande, trois sous-officiers gendarmes, Emile Delefosse, Louis Defontaine et Pierre Seneuze, appartenant à la brigade locale, contactés dès 1940 par des agents du colonel Albert Heurteaux, militeront longtemps au sein de son réseau « Hector » puis de l'OCM, Organisation civile et militaire.

A Sées, dans l'Orne, des gendarmes œuvrent clandestinement depuis 1940. Notamment ceux qui ont travaillé pour le « Saint-Jacques ». L'un d'eux, Berthy Bouyer, affilié ensuite au réseau « Vengeance », l'anime dans sa circonscription, lui permettant de devenir l'un des plus actifs du département.

Nommé à la brigade de Navarrenx, Basses-Pyrénées, le maréchal des logis-chef Pierre Cazemajor a opté pour la résistance dès 1940. Originaire d'Abitain, près de Sauveterre-de-Béarn, où demeure sa famille, il entre au groupe « Joseph » de l'Armée secrète, relié à la « Base Espagne », dont le Q.G. siège à Madrid, dirigé par Jacques-Henri Pigeonneau, le consul de France, une centrale de régulation qui sert une trentaine de réseaux et dispose de dix-huit filières de passages sur la frontière. Cazemajor servira aussi à l'ORA après 1942, section « Chaudronnier », aux ordres du capitaine Baucaire. Insaisissable dans cette région dont il connaît les moindres recoins, apprécié pour l'aide qu'il apporte à ceux qui luttent et doivent se tapir, ou sauter la frontière, il bénéficie d'un blanc-seing permanent de ses chefs pour courir les monts. Ainsi que de l'appui secret des lieutenants Herbelot et Tamise, à la compagnie de gendarmerie de Mauléon, liés pareillement à l'ORA.

La participation des gendarmes à la lutte clandestine exclut tout ostracisme, cela vaut d'être répété ; concernés dès le début, ils n'ont pas tardé à se manifester partout.

Jusqu'au sein de la formation chargée d'assurer la sécurité et le service d'honneur de Pétain, à Vichy. Quatre cent soixante hommes, soigneusement sélectionnés, très bien notés, de belle prestance, décorés pour la plupart. Cette troupe, issue de l'ancienne garde républicaine mobile, qui a arboré l'aigle impériale des armées napoléoniennes — un vœu du maréchal —, a, dès sa création en 1940, fait l'objet d'infiltrations. « Des officiers et des sous-officiers de cette légion ont participé à la résistance », a confirmé Claude Cazals. Parmi eux, en effet, le lieutenant Robert Frumin, un Ardennais, affilié au réseau « Alliance » comme agent de renseignements ; par ailleurs le chef d'escadron Hurtel et le lieutenant Gabriel Bertrand, membres de l'ORA.

Frumin paiera cette contribution occulte. De sa peau. Arrêté en pleine action le 6 septembre 1943, par le SD à Vichy, il mourra le 30, après avoir enduré des sévices durant ces vingt-quatre jours, sans livrer aucun des secrets qu'il détenait. De même, Pierre Cazemajor, sauveur de centaines de traqués, une évaluation que confirmeront ses chefs, subira aussi le martyre, sera ensuite fusillé. La plupart des gendarmes cités ci-dessus partageront ce sort.

Roger Challieux-Mathis, ancien fonctionnaire du ministère de l'Air, chargé de mission dès le début de 1941 par les services secrets du colonel Rivet, a apprécié lui aussi le patriotisme des militaires de la maréchaussée. Cela l'a porté à toujours s'entourer de gendarmes pour mener à bien ses besognes clandestines. Ayant choisi pour adjoint André Hubert, un adjudant-chef de la garde en retraite, il aménage d'abord en zone libre un point de passage de la ligne de démarcation, au nord de Tournus, en Saône-et-Loire, aidé par les brigades locales. Puis il passe dans la Sarthe. Sollicité par le SOE de Buckmaster, il coordonnera longtemps la réception de parachutages d'agents et d'armes pour l'antenne « Athos » — un pseudo décidément cher aux Britanniques ; cinq, au moins, seront répertoriés dès 1941. Ses nouveaux assistants ? En premier lieu René Duval, adjudant-chef à la brigade du Lude, près de La Flèche. Renforcé par l'adjudant-chef Racois, dirigeant la brigade d'Aubigné-Racan, dans le même arrondissement. Tous deux participeront à ses missions, mettront à contribution leurs hommes, l'aideront en outre à faire pièce aux traques serrées de la Sipo et de la Feldgendarmerie du Mans.

On l'a vu plus haut, l'ORA a recruté chez les gendarmes pour ses propres besoins. Elle a aussi recherché dans leurs rangs des « honorables correspondants » pour les services secrets, notamment pour le contre-espionnage dirigé par Paul Paillole, capitaine en ce temps. Lui-même servit dans la gendarmerie à sa sortie de Saint-Cyr, puis à la garde républicaine mobile, à Lyon, avant de rejoindre les services spéciaux. Il n'a donc pas reculé à battre du tambour recruteur dans son ancien corps, s'en ouvrant toutefois au préalable à Fossier, devenu général, qui appartient toujours à la direction générale de l'arme, dans le sillage du conseiller Chasserat. Fossier l'a encouragé, en précisant : « Si l'un de mes officiers vous manifeste un scrupule de conscience, engagez-le à venir s'en ouvrir à moi ! » Depuis lors, fort de ce patronage stimulant, Paillole a engagé.

Rémi Robelin, un de ses condisciples à Saint-Cyr, que nous retrouverons plus loin, l'a assisté dans cette tâche. Un appui facilité par sa propre fonction. Entré après Paillole en gendarmerie, ayant fait carrière parmi les soldats bleus, à la garde républicaine à Paris, puis devenu chef d'escadron à l'état-major de l'arme, Robelin est également passé très tôt à la résistance. C'est donc autant par devoir envers Fossier que par conviction et patriotisme qu'à l'instigation de ses chefs clandestins, par amitié personnelle aussi, il aide Paillole. En le renseignant sur les collègues du corps susceptibles de le suivre. En organisant souvent les rencontres avec ces volontaires.

Ainsi, parmi d'autres, le capitaine André Hugon, de la gendarmerie lyonnaise. Doté d'un pseudo, Hurel, mis au service des chasseurs d'espions, Hugon dirigera un poste de renseignements dans la capitale des Gaules, qui finira par couvrir tout le nord-est de la France. Spécialisé de surcroît dans la traque des agents nazis, il manifestera en ce domaine une perspicacité et un rendement redoutables.

Le lieutenant Darme, commandant la section de la gendarmerie départementale à Poligny, Jura, appartenant à la même base secrète, lèvera dans son secteur et acheminera sur Alger des recrues désireuses de servir dans l'armée française basée en Afrique du Nord. Mille six cent soixante-douze postulants. Confiés à ses passeurs, ils transiteront de Mont-sous-Vaudrey à Champagnole, gagneront ensuite Lons-le-Saunier, puis Marseille, afin de traverser la Méditerranée.

Le capitaine Jean Delmas, appartenant à la gendarmerie toulousaine, assurera une mission similaire dans sa région, avec passages cette fois par l'Espagne. Cette activité entraînera son arrestation, suivie d'une déportation à Dachau.

Le capitaine François Kerhervé, commandant la gendarmerie à Issoire, le maréchal des logis-chef Herrmann, un Alsacien, caserné à Clermont-Ferrand, son collègue Saint-Jean, à Ledenon, Gard, engagés tous trois par Paillole, participeront à la recherche et à la protection de terrains de parachutages et d'atterrissages en zone libre, accueilleront de nombreux agents, effectueront de multiples opérations de liaison avec Alger et Londres.

Jusqu'en 1944, des gendarmes assureront toutes les liaisons de la station SR de Toulouse, organisée par Paillole. Le lieutenant Getten, alias Sermont, officier traitant du contre-espionnage, en porte témoignage : « Sans l'appui du commandant Baggio, à Perpignan, de l'adjudant Poncet, à Banyuls, du lieutenant Kermadec, du commandant Chaignaud, du chef Pradier, notre poste aurait probablement sombré. Ils ont déjoué sans cesse les tracasseries des autorités vichystes, détourné la répression allemande, protégé nos réseaux de passage clandestin, sauvegardé nos agents. »

L'adjudant-chef Botet, dirigeant la brigade de Saillagouse, Pyrénées-Orientales, en bout de la départementale montant de Prades, a établi jusqu'aux crêtes dominant son canton un point de passage de la frontière espagnole particulièrement recherché par le SR. Les sentes clandestines traversant la Cerdagne escaladent les flancs du Puigmal culminant à 2 900 mètres. Les gendarmes Escola, Petit, Vidal et Beig, qui partagent les activités occultes de Botet, organisent et préservent les convois menés par des passeurs catalans. Un haut lieu, qu'empruntent occasionnellement de nombreux civils traqués, mais que fréquentent très régulièrement les courriers des services spéciaux, ainsi que des membres influents de la résistance.

Le capitaine Abadie, de la légion de Gascogne, est devenu dès 1941 un expert en collecte de renseignements sur les menées des commissions allemandes d'armistice. Il trappera aussi les groupes collaborationnistes. Mais, avant tout, les espions de l'Abwehr, du Sicherheitsdienst et de la Sipo, qui croyaient pouvoir infiltrer impunément la zone libre.

A Agen, siège de cette légion Gascogne, le colonel Cabanié, le chef d'escadron Demoyen, le capitaine Guillochon, le chef Foucrit, le gendarme Belot défendront le réseau « Morhange » de la même façon. Des dizaines de sous-officiers effectueront de surcroît des missions de renseignements pour le compte de Paillole, abriteront ses agents.

Pierre Charles Sérignan, à Paris, n'oublie pas davantage qu'il a appartenu à l'état-major des services secrets avant la Deuxième Guerre mondiale. Aussi continue-t-il, avec l'agrément de Fossier et de Chasserat, son directeur général, à entretenir des relations suivies avec son ancienne centrale. Il fournit régulièrement au colonel d'Alès, l'un des adjoints de Louis Rivet, des rapports sur les troupes allemandes, sur leurs défenses côtières, depuis le nord de la France jusqu'à Saint-Jean-de-Luz. Les brigades départementales des zones interdites concernées collectent ces informations pour lui. Il les centralise, rédige les synthèses, les transmet à Royat, base du SR, par l'entremise de ses passeurs personnels sur la ligne de démarcation, basés aux portes sud de Bourges.

« Sa connaissance de la langue allemande, nous dit encore Claude Cazals, les contacts de service qu'il est dans l'obligation d'assurer avec les autorités allemandes, lui permettent de recueillir aussi de précieuses informations. » Elles feront le bonheur de Paillole, de l'ORA, des Britanniques, jusqu'au printemps 1942. Percevant à ce moment une tension chez ses interlocuteurs nazis, Sérignan redoutera qu'ils ne soient partiellement renseignés sur les rapports qu'il cultive avec le 2e Bureau. Soupçons confirmés, peu après. Aussi suspendra-t-il cette activité, choisissant dès lors un autre registre pour continuer à servir son arme, couvrant, entre autres, ses collègues engagés dans la lutte clandestine.

Notamment, le margi-chef Paul Joyeux. Comme beaucoup d'autres, un garde républicain mobile. De ceux qui participèrent avec détermination à la campagne de France. Ce qui lui valut deux citations pour son attitude au combat. Fait prisonnier en juin 1940 dans les Vosges, son département d'origine, il s'évade. Repincé quelques jours plus tard, il obtient son élargissement en juillet, en se prétendant agriculteur, catégorie sociale bénéficiant à ce moment d'une mansuétude relative des vainqueurs, à cause des moissons. En août, il compte parmi les premiers gardes que Sérignan parvient à intégrer dans la gendarmerie départementale. Et entre en brigade à Remiremont, canton de l'arrondissement d'Epinal. Peu après, il obtient sa mutation dans cette préfecture. Une cité où son activité souterraine se révèlera fructueuse. Recherchant des contacts parmi les patriotes, contacté peu après par les recruteurs du 2e Bureau, il a, en effet, passé la casaque des services spéciaux. Enregistré agent P2, le voici enrôlé dans le réseau « Kléber-Uranus ».

A cette heure, Epinal ne tire plus sa célébrité de ses céramiques et filatures, de son musée international de l'Imagerie populaire voué aux œuvres qu'imprimèrent Jean-Charles Pellerin et son fils Nicolas au XIXe siècle. La ville a trop souffert de la guerre. En particulier de l'incendie irrépressible du 19 juin 1940. Depuis lors, les occupants la garrottent. Certains Vosgiens commencent cependant à se rebeller. Toutefois, la riposte de la Feldpolizei et de la Sipo est brutale. La caserne de la Vierge transformée en centre de rétention, gardée par des SS, devenue antichambre des camps nazis, l'atteste. Aussi les Spinaliens évitent-ils soigneusement les abords des hôtels qui abritent les bureaux et les cantonnements des oppresseurs.

C'est pourtant la cible que vise Paul Joyeux. Depuis sa nomination à Epinal, il participe, mêlé à d'autres, au sauvetage des prisonniers évadés, des Lorrains et des Alsaciens traqués, des juifs en fuite, tout en collectant pour son SR des renseignements militaires sur les unités de la Wehrmacht. Mais il considère ces trames comme ordinaires, brûle de les compléter par l'infiltration des antres de la Sipo. Du grand sport, cette fois. Maîtrisant couramment la langue allemande, servi par son uniforme qui lui ouvre bien des portes, par son audace masquée sous une placidité blindée, il parvient à ses fins. De la sorte, il découvre pour son réseau la programmation des agissements de ce service de répression dans les Vosges, désamorce certaines des opérations qu'élaborent les nazis. Notamment Arthur Borchard. Cet avocat, originaire de Brême — deuxième port allemand après Hambourg —, a, jusqu'alors, abusé et arrêté bien des Spinaliens.

Conséquence inévitable ; malgré les précautions prises par le gendarme pour voiler au sein de sa compagnie ses activités parallèles, l'écho de ses menées filtre jusqu'aux oreilles de son supérieur, le commandant Rémy. Celui-ci a vu en effet les nazis s'agiter dans la ville, irrités par les fuites émanant de leurs services. Ils aiguillonnent la police locale, ont menacé le préfet. La double vie de son margi-chef lui a alors sauté aux yeux. Il ne résiste pas, personnellement. Mais il n'est pas non plus de ces officiers maréchalistes qui appliquent avec rigueur le règlement, sabrant leurs subordonnés quand ils décèlent leurs activités clandestines, allant parfois jusqu'à les livrer à l'ennemi. En l'occurrence, le commandant Rémy manifeste au contraire une neutralité bienveillante envers Joyeux, lui conseille cependant d'user de la pédale douce.

Le propre patron de ce commandant, le colonel Boutillon, chef de la légion à Nancy, avisé par obligation, réagit de façon identique. Recevant Joyeux, il lui propose une affectation « dans une brigade perdue au fond du terroir », afin de le protéger mieux des rets SS. Refus poli du margichef. Suivi d'un déballage partiel et calculé de ses secrets : il ne peut quitter Epinal, il sert un service de renseignements de la France en guerre ; tant pis s'il y reste.

Avec la recommandation de Sérignan, le dilemme monte discrètement jusqu'au commandant Piqueton, ex-adjoint du chef de la Section gendarmerie des territoires occupés à Paris, qui vient d'être muté à Vichy, où il assure la gestion des personnels à la direction générale de la gendarmerie. Piqueton propose une solution. Joyeux restera à Epinal. Mais invisible. Il se fera porter malade. Un médecin du corps établira et renouvellera les certificats nécessaires.

Administrativement couvert, Paul Joyeux se consacre entièrement à son réseau. Le « Kléber-Uranus » entrant en sommeil quelques semaines plus tard, il informe le BCRA à Londres et lance dans les Vosges une antenne de renseignements pour le réseau « Mithridate », rattaché aux Forces françaises libres. Immergé en clandestinité totale, immatriculé E.865, devenu Camille pour ses mandants auprès du colonel Passy, il mène une cinquantaine d'agents. « Via sa centrale de Nancy, précise encore Cazals, il fournit à Londres des informations inestimables, concourt directement à la destruction d'objectifs stratégiques, sauve de l'arrestation et d'une mort certaine des dizaines de personnes menacées. »

Aux citations que lui valut sa conduite au feu en 1940, Paul Joyeux ajoutera plus tard la médaille de la Résistance, la Légion d'honneur pour services de guerre exceptionnels, la médaille des Passeurs, l'Ordre national du mérite. Et sa promotion au grade d'adjudant-chef, adjoint au commandant de compagnie. Toujours à Epinal.

Remarque, au passage : aux côtés des gendarmes qui ont apporté leur concours aux réseaux fondés auparavant par des résistants, ou qui, tel Jean Vérines, ont contribué à enfanter ces groupements avec leurs hommes et d'autres rebelles, il s'en est trouvé aussi qui ont créé leur propre antenne, cela au sein même de leur arme. Puis qui ont recruté des civils pour étendre mieux leurs actions. Et couplé enfin leur formation à d'autres mouvements secrets, par souci d'efficacité et sur conseil de Londres. Un cas notoire, édifiant : celui du commandant Maurice Guillaudot.

Origine ? Le Nivernais, région d'élevage et forestière entre le massif du Morvan et la vallée de la Loire. Beau pays pour les châtelains, les fermiers cossus, dur aux journaliers voués à louer leurs bras, aux artisans qui en suaient dans leurs échoppes miteuses. Cela explique le dépeuplement rural qui saigna cette province d'une bonne moitié de ses travailleurs à la fin du XIXe siècle. Les Guillaudot pour leur part gagnèrent Paris, le père entra à la garde républicaine mobile, devint clairon. La mère cousait. L'enfance de leur progéniture, Maurice et sa sœur Germaine, se passa à la caserne de la garde, boulevard Henri-IV. Cela imprègne.

Mis au travail à seize ans au Paris-Orléans, société ferroviaire en pointe à l'époque, Maurice y dépérit durant deux années. En 1911, rail plaqué, il choisit l'armée. Pas pour la sécurité d'emploi ; celle des cheminots, déjà meilleure, était garantie à vie. Par atavisme, pour servir mieux la République. Quitte à le payer lourd de bosses et de plaies. Par surcroît, il eut le bruit ; il avait opté, à Bourges, pour le 1er d'Artillerie.

Quand fusa la Grande Guerre, Guillaudot, sous-officier canonnier, l'entama comme observateur et régleur de tirs. Mais il usa vite de la mutation pour approcher de plus près les lignes. On le vit aux mitrailleuses, dans les tranchées de tête. Il finit aux corps francs. Impossible de coller plus à l'ennemi ; il était tout contre chaque jour, le chassait souvent loin dans ses abris. Valeureux, décoré, six fois cité, quatre fois blessé, il sortit de la tourmente galonné lieutenant, chevalier de la Légion d'honneur, invalide à 60 %. Marié aussi à Hélène, épousée lors d'une permission, le 3 janvier 1918. Avec une cerise dans la corbeille de noces : la maréchaussée s'engageait à lui ouvrir son école à Versailles, sitôt l'armistice signé.

Troisième de sa promotion, Maurice Guillaudot étrenna son titre de lieutenant gendarme à Luçon, en 1920. Que les Vendéens attachés à leur bocage et au chapitre de cet évêché où Richelieu fut prélat durant quatorze ans pardonnent la précision, il s'y ennuya. « Un bled », disait-il. Forcément, il avait brigué Cannes ! De nouveau, il recourut à la sergent-major, belle plume d'acier, pour prier sa hiérarchie de le muter, Côte d'Azur de préférence. Il obtint Paris et la garde républicaine. Comme son père.

On la lui offrirait plus tard, la Riviera : il y exercerait durant six ans comme capitaine. Mais ne lui trouverait plus d'attraits. Changé, Maurice Guillaudot. Les Années folles qui avaient suivi la fin des hostilités, puis la dégradation des mœurs politiques qu'elles entraînèrent, les scandales et les crises qui marquèrent ensuite les années 30 l'avaient accablé. Comme beaucoup de vétérans de 14-18, il s'en exaspéra. Mais, en vertu de l'obligation de réserve, ne l'exprima qu'à ses proches. Ses chefs l'estimaient, appréciaient sa droiture, jugeaient toutefois son caractère roide, difficile. Peu avant 1939, promu commandant, il piaffait en poste à Guéret, dans la Creuse. Evoquant souvent la situation avec sa femme, Hélène, et leur fils aîné, Georges, engagé volontaire depuis octobre 1937 — Jean, le cadet, était encore adolescent —, il présageait que le conflit qui approchait à grands pas serait infiniment plus étendu, meurtrier et détestable que la Der des der, qu'il prendrait de court la majorité des Français. Que le pays s'effondrerait.

Augures confirmés. Les 5 et 6 juin 1940, les défenses cèdent sur la Somme. La Wehrmacht tourne largement par l'ouest la ligne Maginot. Le 7, Paul Reynaud, qui veut continuer le combat, suggère à l'état-major de constituer deux pôles de résistance, au Jura et en Bretagne, celle-ci pouvant être ravitaillée à loisir par l'Angleterre. Une idée qui émane d'un cercle de jeunes officiers. Que le généralissime Maxime Weygand réfute avec dédain. Le 9, les Allemands approchent de Paris, soixante kilomètres à peine. Le 10, Reynaud revient à la charge, évoque de nouveau son réduit breton, approuvé par de Gaulle. Weygand ricane, déjà résigné à la défaite, sonné debout, tel un boxeur rossé. Le 11 juin, la République et son train abandonnent la capitale. Et la fortune consulaire commence à sourire à Pétain.

Ces réactions de Paul Reynaud ont concerné en partie le commandant Guillaudot. Muté à Vitré, Ille-et-Vilaine, il dirige la garde républicaine mobile dans l'Ouest. Quand naît le concept de cette forteresse en Armorique, on le charge d'en préparer et défendre les accès. Son PC installé au camp de la Lande d'Ouée, aux abords de Saint-Aubin-du-Cormier, il organise avec ses unités la protection de la péninsule, des routes qui mènent à la montagne Noire et aux monts d'Arrée, à Quimper et à Brest. Les contrordres de Weygand l'écœurent. On le replie sur Rennes, lui suggérant par surcroît de lever la crosse. Durant cette reculade qui le révulse, il a croisé un colonel anglais, Harold Williamson, avec lequel il a sympathisé, évoqué William Shakespeare, *Hamlet*, le monologue qui ouvre l'acte III, *Être ou ne pas être*. « La question s'imposera bientôt aux Français, a ajouté Guillaudot, ils devront alors bien réfléchir, choisir une issue. » Williamson lui demande son adresse, en vue d'un contact ultérieur. Réponse lapidaire : « Rennes, la gendarmerie. »

Moroses, les premiers mois du chef d'escadron dans l'ancienne capitale. La garde républicaine ayant été dissoute, il est passé à la départementale avec d'autres, après l'intervention de Sérignan, protecteur du corps en zone occupée. Depuis lors, il habite près de sa caserne, en appartement, avenue Aristide-Briand, avec sa femme et leur cadet, Jean, étudiant. A cause de la démarcation, ils ont peu de nouvelles de l'aîné ; Georges, sous-officier dans un corps franc divisionnaire, pris au feu par la Wehrmacht le 20 juin 1940, s'est évadé en novembre, a repris du service en zone libre dans l'Armée de l'armistice. Soudain un rai dissipe la grisaille. Un soir, un inconnu frappe à la porte des Guillaudot, usant d'un sésame lumineux : « Je suis envoyé par Shakespeare ». A Londres, Williamson travaille pour l'IS, est en relation avec Passy et son SR. Il en informe son ami gendarme, qu'il convie à recoiffer le casque : « Il faut être, en être. » Message clair ; l'heure de résister a sonné.

Guillaudot n'a pas tergiversé. Au début, il s'est cantonné à sonder le personnel de son arme, à Rennes. Puis il monte au créneau, en juin 1941. Au terme d'un événement qui l'a poussé d'instinct à prendre publiquement position, à marquer délibérément son camp.

Le 10, ce mois-là, François Ripert, préfet vichyste, le convoque, ainsi que le commissaire central Nicouleau, chef de la police, et Château, le maire. Des indicateurs autonomistes — ces séparatistes sont pro-allemands à l'époque — ont signalé que les Rennais s'apprêtent à commémorer le premier anniversaire du bombardement de leur ville par la Luftwaffe, le 17 juin 1940. « Ils veulent manifester en masse sur les tombes des deux mille victimes civiles, précise Ripert. Nous devons fermer le cimetière de l'Est. » Le maire refuse, appuyé par Guillaudot. Le préfet requiert alors la mobilisation de tous les représentants de l'ordre, ce jour-là. Et informe la population, par l'entremise du journal *Ouest-Eclair*, qu'il interdit les rassemblements et défilés.

Le 16 juin, bravant la consigne, quelques autonomistes se déploient devant le cimetière en conspuant de Gaulle, glorifiant le IIIe Reich. Des Rennais approchent aussitôt, prêts à en découdre. Guillaudot intervient, calme à grand-peine les esprits. Félicité peu après par Ripert mystérieusement avisé, il réplique : « Demain sera peut-être plus chaud ! »

Le 17, quelques-uns de ses gardes contrôlent l'accès de la nécropole. Une centaine de policiers les appuient, commandés par le commissaire Dives, lui-même fils de gendarme. A 13 h 30, les manifestants s'assemblent ; quatre cents, au plus. Après une minute de silence observée sur le trottoir, ils déposent leurs gerbes aux pieds des gardes, entonnent *La Marseillaise*. Cousin, secrétaire général du préfet, somme Guillaudot d'intervenir. En vain. Dives et sa police ne bougent pas davantage. Un défilé s'organise, met le cap sur la préfecture. Guillaudot le devance, alerte ses barrages dressés au préalable autour du bâtiment. Ripert exige la dispersion par la force de ceux qu'il traite de séditieux, manœuvre que Guillaudot rejette derechef. Les Allemands, dans les parages, affichent une indifférente apparence, mais avec les fusils chargés. Après quelques huées visant le préfet, la petite foule se disperse.

Les sanctions tombent le soir même. D'abord des rafles au sein des quartiers populeux de Rennes. Visés ? Des jeunes ouvriers, quelques étudiants, internés sur l'heure à Châteaubriant, dans un camp implanté sur l'ancien champ de courses, confié à la garde d'un geôlier bien zélé, un lieutenant de gendarmerie... Ripert a de même obtenu sur l'instant la révocation du commissaire central Nicouleau. Dives, rétrogradé, est exilé dans un chef-lieu perdu. Le préfet a aussi réclamé la tête de Guillaudot. Au vu de son dossier, sur intercession aussi de Sérignan auprès de la direction générale, le commandant Piqueton, gérant du personnel, heureusement bien placé, se borne à le transférer à Vannes, au Morbihan. Le 19 juin, petit bagage au poing, Guillaudot change de département. Nuque rasée, démarche raidie, moustache hérissée, il toise au passage les fonctionnaires vichystes qui paieront l'avanie. Au même titre que les nazis. Il repart en guerre. Comme au temps des corps francs.

En réalité Piqueton lui a fait part belle. Guillaudot, séparé des siens, pourra revoir son épouse et leur cadet, son appartement familial à Rennes, chaque fin de semaine ; cent kilomètres à peine séparent les deux villes. De surcroît, le commandant ne pourra que bien s'entendre avec son équipe morbihannaise. Du moins, la troupe. Informé secrètement par Sérignan, bien renseigné sur les effectifs du corps en zone occupée, Piqueton sait qu'elle n'est pas collaborationniste et encore moins favorable aux occupants.

Elle ne le montre pourtant pas quand Guillaudot débarque au QG de la gendarmerie sur la grand-place carrée de Vannes : accueil façon banquise. Le commandant, qui vient d'en voir d'autres, n'en a cure. Pour se loger, il loue un petit meublé sur la Rabine, quartier longeant le canal qui mène à l'océan. Comme adjoint, il choisit l'adjudant Leroy, attiré par son air bourru. Pour chauffeur ? Le gendarme Constant Hulot ; celui-ci parcourt depuis vingt ans les chemins du Morbihan et connaît tout le personnel de la compagnie.

Guillaudot met Hulot sur-le-champ à l'épreuve en visitant les cinquante-cinq brigades de sa circonscription, afin de jauger les gendarmes passés sous ses ordres. Au long de sa tournée, il frappe un premier coup en incitant chacun des chefs de brigade à détruire le carnet B — la liste des habitants de chacune des communes connus pour leurs opinions politiques ou leur appartenance à un parti. Argument : ce document peut servir aux vichystes pour arrêter ces gens, aux nazis pour les déporter. Sa décision ne passe pas inaperçue ! Les gendarmes se dégèlent. En outre, le téléphone arabe du corps a fonctionné depuis son arrivée : son attitude lors des événements rennais, motif de sa mutation, est commentée, prisée. Bref, il rassure. Rien de commun avec son prédécesseur, catalogué partisan farouche du maréchal.

Au volant de sa vieille traction-avant bringuebalante, Hulot se métamorphose au fil de ce circuit. Devenant subitement loquace, il explique sa réserve des premiers jours, une retenue que partageait son épouse : leur fils est passé à Londres en juin 1940, avec leur assentiment, combat depuis lors chez de Gaulle. Puis il s'engage plus avant en confiance : « Vous pourrez compter sur moi, toujours. De même que sur Leroy, votre adjoint, un très bon choix ; il obéira de jour, de nuit, officiellement et secrètement. » Ainsi commence le recrutement du futur réseau de Guillaudot.

Les gendarmes vont suivre Hulot et Leroy, emballés. Et le premier cadre qui bascule à leurs côtés est l'adjudant Jean Louarn, chef de brigade à Josselin. Qui sait depuis longtemps que le Morbihan, terre des chouans, a la guérilla dans les globules. Fréquentant les ruraux du cru, Louarn connaît leurs idées, a mérité leur respect, a ses entrées partout. Son aura chez ses collègues est grande aussi, et son comportement contagieux. Il fait des émules sur l'instant. A Plouay, l'adjudant Le Cam. A Locminé, le lieutenant Le Roch, le chef de brigade Milès et l'adjudant Pageaud. A Baud, le lieutenant Favreau. L'adjudant-chef Théophile Quer rallie également sans barguigner à Rochefort-sur-Terre. A Lorient, c'est Méen Le Merdy, adjudant-chef, qui adhère. Au total, ils seront plus de trois cents, soldats de la loi et encadrement mêlés. Un succès sans précédent, unique dans toute la France occupée. Cela en moins d'un mois.

Imitant Louarn, tous brûlent le carnet B. Sur leur demande les secrétaires de mairie font prestement disparaître les registres des chasseurs dans leurs communes. Partout, à leur instigation, on s'oppose de façon grandissante aux exigences périodiques des occupants, pour ce qui concerne les réquisitions de vivres, de bétail sur pied, de bicyclettes, en plaidant « l'absence d'ordres supérieurs ». Ainsi se propage la désobéissance, ferment initial de la résistance.

Avec les officiers de son état-major, Guillaudot a moins de chance. Un seul a épousé sa cause d'emblée, déterminé à servir dans l'ombre ; le lieutenant Guillo, en poste à Ploërmel. Les autres, du genre service-service, aveugles ou timorés, font la sourde oreille. Il se passera d'eux.

A l'automne 1941, le réseau Guillaudot enfin charpenté assemble exclusivement des gendarmes. Williamson, alias Shakespeare, a invité son commandant à attribuer un nom à son antenne ; Guillaudot a opté pour « Action ». Londres l'a rattaché au mouvement « France combattante », émanation des Forces françaises libres. De même, incité à user lui-même d'un pseudo, il a choisi Yodi. Un phonème en guise de surnom qui supplantera bientôt l'appellation de son mouvement, tant son renom grandira.

Ses liaisons avec l'état-major interallié sont encore épisodiques à ce moment, uniquement assurées par des courriers passant par mer ou par l'Espagne. De même, ses affiliés résistent encore par inertie, le propre de tous les réseaux à leurs débuts. En tournant les ordres des occupants et des vichystes. En entravant la traque des prisonniers évadés, des jeunes soupçonnés de terrorisme, des premiers trafiquants du marché noir. En sabordant le ramassage des fusils de chasse. Un apprentissage, en quelque sorte. En novembre, cette année-là, les Allemands offriront à Guillaudot l'occasion d'entrer plus avant en activité clandestine.

Passant le congé de la Toussaint à Rennes avec les siens, il reçoit un appel téléphonique de son assistant, l'adjudant Leroy. Un drame s'est produit au camp de Coëtquidan, à la lisière sud de la forêt de Paimpont. Un officier allemand, Josef Eisenbach, juché sur un mirador, a été tué durant la nuit précédente. Le colonel Vogel, commandant la troupe cantonnée en ce lieu, croit sur-le-champ à un crime terroriste — deux de ses soldats assurent avoir entendu l'officier crier avant d'être abattu. Il a donc déjà promis une récompense d'un million de francs à qui dénoncera le meurtrier.

Dès son arrivée à Coëtquidan, Guillaudot apprend aussi que Vogel a également pris quatre-vingts otages parmi la population aux alentours... Ce qui l'enrage. Assisté par le lieutenant Guillo, de Ploërmel, juridiction concernée, il mène une enquête judiciaire dans les règles. Et grande célérité.

Premier constat : il s'étonne que ce Josef Eisenbach ait été abattu sur une tour de guet, à minuit ; même chez les Allemands, cette place, à cette heure, est en général dévolue aux hommes de troupe, non aux officiers. Puis il prouve que les témoins auditifs cités par Vogel ont menti ; du cantonnement qu'ils occupaient, on ne pouvait entendre un cri émanant du mirador concerné.

Guillaudot établit ensuite que cet Eisenbach employait décidément bien ses nuits. Il entretenait deux maîtresses à Guer, à dix kilomètres. Et se livrait fréquemment à la chasse nocturne, avec tir à l'affût, secondé par des compères. Ultime démonstration, appuyée par un médecin légiste : l'officier a été tué au petit plomb ; probablement un accident provoqué par des complices, lors du rabat d'un gibier qu'il guettait depuis le mirador. Un rapport circonstancié de dix pages appuie la version du gendarme. A Vogel de découvrir ceux qui, dans son unité, trappaient avec Eisenbach ; aucun Breton n'étant assez fou pour tirer à la pétoire aux abords d'un camp aussi fortement armé. Cette thèse finalement retenue, le colonel Vogel, contrit, doit se résoudre à libérer ses quatre-vingts otages.

L'Allemand a cependant obtenu que l'affaire, montée jusqu'à la direction de la délégation vichyste à Paris, attire une réprimande à Guillaudot : Fernand de Brinon lui reproche son zèle, d'en avoir trop fait. L'ombrageux officier prend la mouche, conteste la semonce. Il rappelle qu'il a sauvé quatre-vingts civils innocents, en mettant seulement en pratique les consignes qu'il donne quotidiennement à ses hommes : « Se conduire en Français, en ne faisant rien contre des Français, mais au contraire en les aidant, en les défendant, souvent même à leur insu. »

Il complète en aparté cette prescription par un ajout martial, qu'il réserve encore en privé à ses gens, mais qu'il proclamera bientôt haut et fort : « Se conduire en soldat, en ne faillant pas à l'honneur militaire. En se préparant également à reprendre les armes pour libérer le pays. »

Car cet incident, qui aurait pu tourner au drame pour quatre-vingts familles, l'a déterminé. Cette fois, il va réellement combattre. En fin de compte, après quelques péripéties, rebuffades et maturation nécessaire, il l'établira et le défendra, son réduit breton.

5

L'année noire

Durant les dernières semaines de 1941, Maurice Guillaudot élabore sa stratégie. Menu classique : recherche de renseignements militaires, observation de la Wehrmacht, de ses bases et mouvements jusque dans l'arrière-pays breton. De même, investigations visant le fonctionnement de l'administration allemande à Rennes, celui des services de sécurité nazis et de leurs complices vichystes. Chacun de ses gendarmes deviendra agent secret. Certains chasseront en équipes. Avec cloisonnement, afin de réduire les risques.

Assisté par le lieutenant Guillo, alias Chuais désormais, le commandant tisse sa toile. Elle cerne la nationale 166, qui traverse la Bretagne du nord au sud, de Dinard à Vannes, joignant la Manche à l'Atlantique. Une voie stratégique pour l'adversaire. Ses propres forces tiendront aux alentours le lacis des départementales qui irriguent le bocage, l'écheveau des chemins vicinaux qui desservent le puzzle armoricain morcelé à l'infini : cent pays, cent guises, cent paroisses, cent églises. Un terrain labyrinthique pour l'envahisseur, familier au contraire pour ses gardes, où se déplaceront à couvert ses courriers, où se terreront ceux que ses hommes sauveront des serres de l'ennemi.

A l'instigation de l'officier gendarme, ses chefs de brigade, stimulés par Jean Louarn, à Josselin, battent le Morbihan que perce cette N 166. Ils contactent des collègues basés aux Côtes-du-Nord, et des citoyens, pour renforcer leur compagnie. En priorité, ceux qui exercent des professions les autorisant à circuler légalement partout, depuis le domaine Gallo, aux basses terres, jusqu'aux zones décrétées interdites sur les côtes ; commerçants, enseignants, postiers, médecins et infirmières, prêtres, transporteurs. Parmi ces derniers, les époux Pansard, qui tiennent pignon sur rue à La Buzardière, près de Paramé, aux portes de Saint-Malo. Et Jean Morin, à Dinan, déjà lié par ailleurs au réseau « Centurie ». Puis Emile Guimard, au Roc-Saint-André, à dix kilomètres de Ploërmel. Pareillement, les frères Marcel et Francis Le Drogo, à Josselin. Et Jean Garin, Julien Leport, le capitaine Caro. En outre, en écho à la méthode mise au point par le chef d'escadron Vérines, avec le « Saint-Jacques », des relations suivies sont nouées avec des gens de confiance, aptes à les métamorphoser ultérieurement en recrues.

Dès le début de 1942, le réseau, encore novice, se fait la main en portant secours aux aviateurs alliés en détresse dans l'ouest du pays. Mussés chez des fermiers complices, ils attendront l'opportunité d'un rapatriement en Angleterre. Certains seront convoyés jusqu'aux criques du Morbihan, moins densément gardées que celles de la Manche, embarqueront sur des barcasses de pêcheurs qui servent à la dérobée la France libre, voire sur un sous-marin de la Navy dérouté pour l'occasion. Des guides escorteront les autres rescapés jusqu'aux Pyrénées. Les passeurs les mèneront en Espagne, ultime transit vers le salut. Cent quatre-vingt-douze navigants de la RAF, de l'US Air Force, plus tard, devront la vie à Guillaudot, alias Yodi, à ses soldats bleus.

Londres immatricule ces disciples volontaires comme combattants de l'armée secrète, expédie en cadeau de bienvenue un lot d'armes par un appareil de la RAF. Lieu choisi pour le parachutage, une propriété privée, près de Ploërmel, disposant d'une pièce d'eau de cinq kilomètres, l'étang au Duc. Peu après, c'est un agent de choc qui descend du ciel, au même endroit ; Jean Cholet, surnommé Pelos chez le colonel Passy. Un instructeur de tir.

Pelos commence par roder le personnel de Guillaudot au maniement du matériel méconnu que produisent les arsenaux anglo-saxons : mitraillettes Sten et Thompson, fusils mitrailleurs Brenn et Charlton, grenades Mills et mines antipersonnel. Il les initiera même dans un futur proche à l'utilisation d'une nouveauté américaine, le bazooka, lance-roquettes antichar. Escorté par des gardes en uniforme, que sélectionne l'adjudant Leroy, Pelos entreprend à bicyclette la tournée des cinquante-cinq brigades du secteur, transporte son matériel de démonstration emballé à la diable sur le porte-bagage de sa machine. Logé, nourri par les chefs de cantons, il dispense en continu sa pédagogie guerrière. Sous sa houlette, les gendarmes deviendront bientôt à leur tour des prosélytes patentés. Ils enseigneront l'emploi de ces engins étrangers, ainsi que l'art de la guérilla, aux futurs insurgés levés dans leur province.

Tandis que Pelos s'affaire au nez et à la barbe des Allemands, deux parachutistes le rejoignent. Ils ont, comme lui, sauté de nuit. Toujours sur le même site, les abords accueillants de l'étang au Duc. Ces nouveaux furtifs, Guy Lenfant et André Rapin, également mandatés par Passy, viennent représenter en Bretagne le BOA, Bureau des opérations aériennes. Une compagnie très particulière montée à l'initiative de Jean Moulin ; en quelque sorte, une agence de voyages, qui ne dessert qu'un client unique, la résistance.

Ce BOA, compartimenté en sections, couvre la zone occupée. Il doit y coordonner le parachutage d'armes, d'agents. Et organiser le posé nocturne d'avions légers à grand rayon d'action — Lysander monomoteurs ou Hudson bimoteurs. Attachés aux escadrilles de la RAF basées à Tempsford et à Tangmere, conçus pour utiliser des terrains occasionnels très courts, ils transporteront des clandestins. Jumelle du BOA, la SAP, Section d'atterrissage et de parachutage, lancée également par Moulin, assumera des fonctions similaires en zone libre.

Guy Lenfant vient collaborer aussi avec Guillaudot. Sollicitant son appui, il doit implanter la MAB, Mission aérienne

Bretagne, dans le Morbihan ; un sous-réseau, que les Anglais ont baptisé « Cockle ». Son rôle ? Entreposer des armes parachutées. Elles serviront lors de l'insurrection finale. Lenfant semble l'agent idéal, autant pour Passy qu'aux yeux de l'IS. Ayant vécu longtemps à Ploërmel, il a déjà œuvré pour Rémy et « Confrérie-Notre-Dame » en 1941, dans cette région. Il y connaît beaucoup de monde, et les moindres recoins.

André Rapin, son agent radio pour le compte du BOA, devra assurer de même les liaisons personnelles de Guillaudot avec Londres. Il installe son poste à Ploërmel, avec une cache de secours préparée à Pontivy. De surcroît, il enseignera le maniement de l'émetteur à quelques gendarmes de la compagnie du Morbihan, aptes à le remplacer en cas de coup dur.

Dès son arrivée, Lenfant se mue en prospecteur, explore les cercles que fréquentent des notables, sonde leurs opinions. L'un d'eux, Paul Chenailler, capitaine de frégate entré à regret en négoce depuis 1940, semblait attendre cette conjoncture, s'empresse de rallier. Il révélera un talent apprécié d'organisateur. Agréé par Passy, il deviendra le bras droit de Guillaudot ; son éventuel successeur.

Renforcé de la sorte, branché en direct sur Londres, le réseau des gendarmes morbihannais développe sa logistique. Les parachutages d'armes s'intensifieront ; vingt-neuf en six mois. Graissé, le matériel est dissimulé dans des fermes locales. La maréchaussée résistante répond de l'acheminement, toujours préoccupant, utilisant deux fourgonnettes poussives, mais présumées protégées puisqu'elles appartiennent au service. Emile Guimard, déjà chargé de la récupération et de l'hébergement provisoire des aviateurs abattus, assure la responsabilité du stockage de ces dépôts.

Dans le même temps, d'autres gendarmes, munis de faux ordres de mission, battent le cordon littoral interdit que gardent les occupants. Ils étudient le dispositif défensif allemand régional, l'implantation des garnisons, leurs armements, les blockhaus en construction. En particulier l'édification d'une ligne de fortifications sur le chapelet des îles qui cadenassent la baie de Quiberon, notamment Houat, Hoëdic et Belle-Ile-en-Mer. Ils surveillent surtout trois objectifs majeurs : l'île de Groix, qui garde l'estuaire du Blavet où niche Lorient, le chantier de l'arsenal de cette préfecture maritime, la nouvelle base sous-marine de Keroman en voie d'achèvement mais déjà en service, tout au bout du bassin de pêche du grand port.

Que la montée en puissance de cette antenne ait pu à ce moment échapper aux occupants, aux autorités vichystes, à la vigilance des officiers gendarmes hostiles aux Alliés, atteste la sagacité de Guillaudot, s'explique par le respect permanent des consignes de prudence que le commandant impose à ses fidèles. A ce prix, « Action » — que l'on n'appelle déjà plus que « Yodi » à Londres — prend du muscle, multipliera davantage ses interventions. Puis pèsera d'un poids déterminant sur la libération de la Bretagne.

Pas d'équivoque. D'autres associations résistantes animées par des Bretons, des militaires et des ex-fonctionnaires en disponibilité, ont vu le jour dans cette péninsule. Certaines, dès 1941. D'autres plus largement en 1942, en 1943. Elles ont pareillement pratiqué le renseignement pour le compte des Alliés, assisté des traqués. Comme d'autres ailleurs, elles feront de même parler la poudre, durant l'été 1944 surtout. Leurs participations à la lutte secrète, à l'affrontement final, seront reconnues en 1945, souvent louées, parfois revendiquées. Au contraire des actions du réseau de Guillaudot, de celles de tous les autres gendarmes dissidents. La retenue de ces derniers résulte de l'obligation de réserve imposée à son personnel par la gendarmerie. Laquelle, en vertu du même principe, a scellé jusqu'à présent ses archives, au moins pour ce qui concerne sa contribution à la résistance. En Bretagne comme dans tout le pays.

Excentrée par la géographie, négligée longtemps par les financiers et les économistes, cette province n'avait guère suscité l'intérêt des beaux esprits nationaux, avant 1939.

Aussi les pétainistes se trompèrent-ils à son endroit quand fut instauré l'Etat français. Ils la considérèrent d'emblée comme entièrement acquise à leur cause.

N'était-elle pas imprégnée jusqu'à l'os par son histoire et ses coutumes ? Un clergé catholique militant, voire rigoriste, n'encadrait-il pas de près son peuple de pêcheurs côtiers et hauturiers, d'agriculteurs vivriers, d'artisans dociles, de sardinières à coiffe, de dentellières drapées dans leurs costumes séculaires ? Ces particularités, que chantaient à l'envi les bardes et autonomistes locaux, plaisaient tant à l'auguste maréchal. Vernis trompeur, clichés surannés. L'effet rétroactif des terribles saignées qui éprouvèrent tant les familles celtes, durant la Grande Guerre, fut sous-estimé de la sorte. Aussi, l'été 1940, un bon nombre de Bretons reçurent-ils en trauma outrageant l'irruption des occupants teutons dans leurs paroisses. Et n'apprécièrent pas davantage l'installation dans leurs préfectures des collabos.

Cela s'est mesuré dans quelques-uns des lycées armoricains lors de la rentrée en septembre, cette année-là. Des comportements anti-allemands, anti-vichystes, ont fusé parmi les élèves, approuvés par des enseignants. Cela s'est largement concrétisé dans les chaumières par l'écoute pourtant interdite des émissions de la BBC britannique, concurrente de la radio officielle du pouvoir pétainiste. Par l'extension provocatrice du leitmotiv que chantonnait à Londres, sur l'air de la *Cucaracha*, l'équipe des « Français parlent aux Français » : « Radio-Paris ment, Radio-Paris ment, Radio-Paris est allemand. » Ce terreau ne pouvait que favoriser et développer la germination de petits groupes clandestins.

Edifiante, à Quimper, celle d'un clan de professeurs menés par André Monteil, secondé par Xavier Trellu, gloire locale, ancien joueur de foot au Stella, le club de Douarnenez. Ils recruteront les premiers éléments de leur troupe au lycée La-Tour-D'Auvergne, l'étofferont dans le département et rejoindront le mouvement « Libération Nord », dirigé en ce lieu par un architecte, Colin, alias capitaine Martin.

Exemplaire, le réseau « Marceau », créé aussi avec des étudiants, des jeunes ouvriers bretonnants. Il sera conduit par Bourrières, ingénieur de fabrication des poudres, alias colonel Berthaud, le futur leader des FFI, Forces françaises de l'intérieur, pour tout le Finistère.

Efficace, la petite ruche structurée dans cette même circonscription par le gendarme Jean-François Derrien, attaché à la brigade de Lannilis. Il la fondra dans des mouvements plus influents, « Défense de la France » et « Jade-Fitzroy », qui l'emploieront comme agent P1 quand il s'immergera en clandestinité totale.

Déterminés, pareillement, les autres réfractaires et résistants celtes. Qui courront la lande, les forêts, les arrière-pays, les ruelles des ports, les faubourgs usiniers des cités industrielles. Têtus, coriaces, présents partout tels des feux follets.

Parlant, ainsi, le cas du réseau « Johnny ». Basé en Cornouaille par Robert Alaterre, Marcel Le Roy et Jean Le Roux, il ne demandait qu'à accroître son rayonnement, paraissait bien armé pour durer parmi ces collectifs secrets. Ses actions soutenues ont déchaîné une fureur urticante chez l'occupant. La Sipo fera donner ses sycophantes, afin de le localiser puis de l'abattre. Avec retour sur scène d'Albert Gaveau, celui qui permit d'anéantir le « Musée de l'Homme » de Lewitzky et Vildé. Ce sournois, pourtant versé en manigances, ratera son infiltration au cœur de la nouvelle cible. L'échec irritera Doering, son officier traitant. Qui sortira de sa manche un renégat plus intrigant encore : Jean Lamandé. Un Breton, originaire de Carhaix. Celui-là avait servi dans la Royale comme radio, à bord du sous-marin *Casabianca*. Mais la Sipo, à Brest, l'avait ensuite ferré et enregistré sous le pseudo de Fulla. Il en avait déjà trompé plus d'un avec son visage d'angelot et son phrasé patriotique d'opposant marron. C'est lui qui infectera « Johnny ». Sous la pression de Doering et de ses sbires, en 1942, les responsables du réseau seront contraints à la dispersion en catastrophe. Malgré une tentative salvatrice de mise en sommeil, leur antenne sombrera corps et biens.

Constat, encore : tel Jean-François Derrien, qu'assistait son collègue, le brigadier Mathurin Carré, avec lequel il organisera un bataillon FFI de cinq cents combattants, un bon nombre de gendarmes du Finistère ont servi ces réseaux bretons, ont combattu dans leurs rangs. Certains l'ont payé de leur vie.

Le lieutenant Jean Louis Jamet et son chauffeur, le gendarme Pierre Mourisset, attachés à la compagnie de Quimperlé, ont constitué un embryon résistant dès le début de 1941. Renforcés peu après par Jean Jézéquel, un héros de 14-18, par le docteur Gasne et Alain Le Louédec, ils le noueront au réseau « Johnny », un temps. Lamandé les dénoncera, leur tour venu, ce qui entraînera leur mort. A Ploudalmézeau, le chef de brigade Grannec entrera comme eux en insubordination. Le gendarme Gallic suivra, à Gouesnou. A Pont-l'Abbé, l'adjudant Jaffray, épaulé par le gendarme Abgrall, œuvrera pour le colonel Rémy et sa « Confrérie Notre-Dame », assisté par Pierre Dréau, ancien terre-neuvier bigouden de Lesconil, capitaine de la marine marchande. A Taulé, le chef de brigade Jean Le Guellec, d'abord sympathisant, passera de même chez les gaullistes, appuyé par le gendarme Gallou. A Châteauneuf-du-Faou, le chef de brigade Keribin les imitera. De même, les gendarmes Hervé et Guéguen, à Carhaix ; Segalen, à Brest ; Caurant, à Plabennec. Ainsi que l'adjudant-chef Robert Ricco, à Rosporden, qui fera de sa brigade une antenne toujours disponible pour le réseau « Castille ». Des décisions radicales toutes pesées au préalable avec minutie.

Et pour cause ! De 1940 à 1942, époque durant laquelle la puissance du Reich atteint son zénith, qui a vu sur tous les fronts plier momentanément ses opposants, résonner les talons ferrés de sa Wehrmacht sur les pays déjà conquis, où le sort du monde libre paraît dangereusement compromis, l'idée seule de refuser ce qui semble inéluctable, la soumission, tient de la gageure. Et résister, de la pure folie.

La population française, en tout cas, le murmure. Refusant toujours de se poser beaucoup de questions, elle travaille en rangs serrés pour le compte des occupants. Les écumeurs la rançonnent pourtant, pillent les biens publics, commencent à s'en prendre à ceux des juifs. Avec la complicité tacite des nouveaux dirigeants nationaux, autocrates parvenus au pinacle sans légitimité consacrée au préalable par les urnes. Un régime qu'elle soutient malgré tout encore. Elle végète, dans son immense majorité. Préservant sa peau, ménageant son charbon, ses tickets de ravitaillement, d'habillement. Astreinte à la diète topinambour-rutabaga. Vêtue de rayonne et de fibranne. Chaussée de carton bouilli sur semelles en bois.

Cet Etat, il convient de le préciser, bâillonne quiconque grogne si peu que ce soit. De nombreuses forces battent l'estrade au nom de son ordre moral, qu'ils protègent manu militari. A la façon du nazisme, du fascisme mussolinien, lorsqu'ils percèrent, il entretient des sections d'assaut, des vigiles spéciaux, des prétoriens parallèles. Un ensemble très composite. Certains de ces essaims opèrent au grand jour, en formations drues, d'autres le font en tapinois. Points communs : tous usent d'une brutalité souvent terrifiante, tous collaborent avec l'ennemi.

Ces cohortes dépendent des féodaux satellisés en orbites autour de Pétain. Les unes, la majorité, exercent d'abord à Paris et en zone occupée. D'autres en zone sud, depuis Vichy. Puis elles coordonneront partout leurs actions après novembre 1942, quand les Allemands occuperont l'ensemble du pays. La plupart de leurs chefs sont des vétérans de 14-18. Tous, ou presque, ont allumé des brasiers aux basques de la Troisième pendant l'entre-deux-guerres ; les ultras avec l'extrême droite, les révolutionnaires avec l'extrême gauche. L'effondrement républicain et le maréchalisme les ont unis malgré eux. Depuis lors, ils se surveillent. Se disputent les prébendes quêtées à Berlin, à Rome, ou arrachées aux argentiers du grand consul qui règne à l'Hôtel du Parc, à Vichy. Chacun entretenant ombrageusement ses archers, ses condottieres, ses coutiliers et ses estradiots. Chacun cultivant sa petite doctrine personnelle, dans l'ombre tutélaire du grand sachem.

Xavier-Joseph Vallat, par exemple. Le dixième d'une fratrie de onze enfants, fils d'instituteur, député de l'Ardèche sous la Troisième. Un grand mutilé de 14-18. Son œil et sa jambe perdus au front lui permirent de jouer un rôle prépondérant chez les anciens combattants. De même, son antisémitisme le fit remarquer à la Fédération nationale catholique que régentait le général Edouard de Curières de Castelnau. La débâcle de 40 consommée, ses militances, récompensées par l'appui des maurrassiens, lui ont ouvert les portes de l'Etat français.

Vallat a institué la Légion française des combattants, le 30 août cette année-là. Elle a attiré une multitude, en quelques semaines : huit cent mille adhérents. Un million deux cent mille, en 1941. Au début, des naïfs se sont égarés dans leurs rangs. Soldats et officiers de bonne foi, sitôt dessillés, ils ont décampé. D'autres, comme Georges Groussard et Albert Heurteaux, ou Georges Loustaunau-Lacau, ont infiltré le mouvement pour l'infecter, puis ont renoncé, gagnant en douce la résistance en gestation. L'entreprise devient un vivier pétainiste. Beaucoup de bavards, de velléitaires dans ce réservoir. Toutefois, il alimente aussi en hommes de main un bon nombre de corpuscules dangereux ; parmi d'autres, la Légion tricolore, les groupes légionnaires d'entreprises, la Jeunesse de France et d'outre-mer, les Comités de rassemblement pour la révolution nationale.

Vallat, prêtre de haute curie à Vichy, nationaliste éperdu, prosélyte acharné, a lancé également le Commissariat général aux questions juives, le 29 mars 1941. Un office pernicieux. Au sommet duquel il a malgré lui chauffé le trône pour un procureur plus fanatique encore, Louis Darquier, dit de Pellepoix, que lui préfèreront les Allemands, le 6 mai 1942. Ils connaissent bien ce nouveau pope. Homme d'affaires raté, journaliste marginal, vénal, il émarge aux fonds secrets de Berlin depuis 1937.

Comme Vallat, Jacques Doriot, le Grand Jacques — 1,86 m —, compte au pandémonium pétainiste. D'origine italienne, fils de forgeron, né dans l'Oise, lui est entré dans la vie active comme ouvrier métallurgiste. Et en politique par la filière internationaliste, dès la création du parti communiste français, en 1920. Devenu secrétaire général des jeunesses rouges, député de la Seine et maire de Saint-Denis, il aurait fait carrière longtemps sous cette bannière s'il avait limité ses appétits à ces grades. Il osa se poser en rival de Maurice Thorez, premier secrétaire général. Tempête force 12, au comité central. Doriot fut exclu, révoqué de ses fonctions civiques. Restait la vendetta. Il mit la barre à tribord toute, avec son PPF, Parti populaire français. Admis chez Pétain en 1940, troupe renforcée, muée en unité répressive parallèle, avec bottes, uniforme et buffleterie, polémiste enragé à la tête de son journal, *Le Cri du Peuple*, Doriot, comme Laval, appelle la victoire de l'Allemagne.

Déjà, d'autres concurrents sont dans la place. Notamment Marcel Déat. Petit prof nivernais, combattant de choc en 14-18, agrégé de philosophie, ex-député socialiste, lui aussi a embrassé le régime vichyste. « Pour tailler des croupières aux réacs, qui pullulent autour du maréchal » ! Son credo a séduit Otto Abetz, ambassadeur nazi à Paris. Qui a noué des relations suivies avec ce croisé auquel il réserve un sort privilégié : chef des gauches germanophiles... Déat, dès lors bien placé sous la goulotte aux menses, fonde le RNP, Rassemblement national populaire, en février 1941. Et lève des militants enrégimentés comme mercenaires du guet. Plus fort, le 7 juillet, il inspire et crée la LVF, Légion des volontaires français. Elle engagera six mille cinq cents recrues, qui combattront sous uniforme allemand aux côtés de la SS. Comme Déat, Doriot courra sous cette casaque, sergent au début, sera promu oberleutnant sur le front de l'Est, en Russie.

Fruit dissolu de la Légion des combattants de Vallat, le SOL, Service d'ordre légionnaire, voit également le jour à la fin de 1940. Trois pères putatifs à son berceau. Le premier, Marcel Gombert, un Varois, riche par sa femme, est un bohème. Un vrai spadassin aussi. Les autres ? Jean Bassompierre et Pierre Gallet. Des ultras. Ils phagocytent le mouvement de Vallat, réunissent des mercenaires qu'ils chargent de missions d'ordre, de protection. Le clan prospère. Trente mille volontaires en août 1941, résolus à « aller plus avant ». C'est alors que le trio géniteur pousse à sa tête celui pour lequel il a jusqu'alors roulé en sous-main, l'ami qui s'ennuie ferme dans les Alpes-Maritimes, leur gourou : Darnand.

Joseph Darnand. Un Bressan, né à Coligny, chef-lieu de canton de l'Ain. Il semblait voué à l'ébénisterie. Mais le goût des armes lui est venu en 14-18, épreuve durant laquelle il s'est comporté en brave. Reconverti transporteur à Nice, il a croisé un temps la route de Doriot et de son PPF, puis celle de l'Action française, préférant la Cagoule d'Eugène Deloncle, plus vibrionnante. Rengagé en 1939 et promu lieutenant, lui aussi a rejoint Pétain. Depuis lors, il chemine botte à botte avec des disponibles aux aventures. Déjà entouré par un état-major ; Pierre Cance, Noël de Tissot et Francis Bout de l'An.

Sa première mine sera ce SOL. Qu'il transformera dès le début de 1943 en milice française. Du sérieux, cette fois. Au point que Laval, désirant contrôler cette arme, s'en nommera le patron. Mais pour tous les miliciens, le vrai khédive restera Darnand, leur secrétaire général. Trente-cinq mille engagés sous l'insigne gamma. Parmi eux, quinze mille francs-gardes permanents, encasernés, en uniforme bleu foncé, copié sur celui des chasseurs alpins, béret compris. Spécialités : basse police, répression tous azimuts, guerre à la résistance, aux maquisards. Horreur, déchirements garantis. Par surcroît, membre du comité directeur de la LVF, officier des Waffen-SS, Darnand ajoutera encore deux titres sur sa carte de visite : secrétaire général au maintien de l'ordre, le 13 décembre 1943, ministre de l'Intérieur, le 13 juin 1944.

De quoi rendre jaloux Pierre Costantini. Bonapartiste irréductible, antisémite viscéral, anti-franc-maçon par conviction, cet ancien aviateur fou d'acrobatie brille surtout chez les ultras par sa mégalomanie. Elle le conduira sur le tard à l'asile. Cette pathologie n'a pas inquiété Abetz, le

Méphistophélès de Berlin. Les largesses, là encore, ont plu dès 1940 sur Costantini. Nanti, il a mitonné son propre escadron : la Ligue française d'épuration, d'entraide sociale et de collaboration. Un titre bien pompeux. De nombreux adhérents, tout de même. Plus une brigade en civil, qui opère en catimini dans les cités provinciales de quelque importance.

Marcel Bucard, ultime parangon dans la galerie. Droitier convaincu, il n'a pour sa part jamais varié. Il a bien cherché son grain avant la guerre au silo de Benito Mussolini. Mais parce qu'il aime l'Italie. Et son idole romaine, qui avait créé le fascisme en novembre 1921. Le duce, enjôlé, lui a permis de lancer sa propre phalange ; les Francistes. Ils ont participé aux assauts contre la République, aux côtés de Deloncle et de sa Cagoule. Cultivant sans désemparer ses liens privilégiés avec le duce après 1940, Bucart a mis sa légion au service de Pétain. Elle rivalisera avec le Front Franc, de Jean Boissel, avec le MSE, Mouvement social européen, elle dominera le Parti national, de Clémenti. Et quand sonnera le glas pour les pétainistes, en 1945, c'est en Italie bien entendu que Bucard filera. Comme Déat.

Les effectifs globaux de ces formations témoignent de la fascination exercée par l'extrémisme national-socialiste allemand sur de nombreux Français. Par surcroît, ils suffiront pour soutenir le régime vichyste, garantir son ordre, combattre les dissidents. Du moins, jusqu'en 1944. Un fait constaté par le Reich. Rassuré sur ce point, ce dernier ne massera de nouveau des éléments de choc de sa Wehrmacht en France qu'à ce moment, quand il redoutera le débarquement des Alliés.

En marge de l'Etat pétainiste et de ses forces de sûreté, les services de sécurité nazis ont assuré leurs propres missions coercitives, dès 1940. Précision, toutefois : ils n'ont pu le faire qu'avec l'appui de nombreux auxiliaires français. Quelques contraints parmi ces derniers. Pour le plus grand nombre, des volontaires.

Le personnel allemand servant le Sicherheitsdienst et la Sipo en France n'a en effet réuni que deux mille cinq cents agents, et ne dépassera qu'occasionnellement ce total durant toute l'occupation. L'un des chefs, le colonel Bickler, d'origine alsacienne, chargé d'espionner les Français, de pénétrer et d'anéantir les réseaux qui œuvrent pour les Alliés, l'attestera lors de son procès, après 1945. Ajoutant : « Il fallait malgré tout trente-deux mille assujettis pour nous aider à quadriller ce pays. Or nous avions ces agents ; des indigènes (sic). »

Détail, en prime : Bickler, qui a commandé aussi la Section IV de la police de sécurité, a dirigé une école spéciale pour former ces auxiliaires. Ses révélations, depuis lors oubliées, avaient gêné. Des plongées récentes en archives — les Allemands paperassaient avec minutie — les confirment, montrent aussi que ces supplétifs ont été plus nombreux. Beaucoup de stipendiés parmi eux, titularisés. Egalement des occasionnels, tous méticuleusement inscrits.

Dès 1941, on les appelle les gestapistes. Certains bénéficient d'un autre surnom, « ces messieurs de la carlingue » ; des truands. Car, dans cette phalange, la pègre est aux premières loges. Avec, pour chefs de file, les gros pardessus du milieu ; Henri Chamberlin, alias Henri Lafont, Pierre Bonny, ex-policier, Georges Delfanne, alias Christian Masuy, Abel Danos et Frédéric Martin, dit Rudy de Mérode, Paul Bonaventure Carbone et François Spirito. Avec ses apaches experts en vol, hold-up, extorsions de fonds, tortures, assassinats. Tous poussés par l'esprit de lucre, la certitude de l'impunité. Encensés par l'occupant, opérant au grand jour.

Dans leurs pas suit une horde dense, plus sulfureuse parce qu'elle avance masquée sous les habits ordinaires du menu peuple. Sous l'apparence banalisée, des individus hors normes. Des laissés-pour-compte de la vie, des minables jusqu'à l'invisible, des pervers, voire des désaxés, des bloqués. Tous avides de considération, que Bickler et ses magisters débrident, en les invitant aux carnages. Qui s'épanouissent dans l'indicible. Parce qu'ils terrifient.

Le prototype ? Francis André. Trente ans en 1939, un Lyonnais. Famille catho, petite bourgeoisie, études ratées.

Un handicap le pétrifie, qui date de l'adolescence : à la suite d'un accident automobile, la rupture d'un nerf a paralysé la moitié droite du visage, tiré les muscles faciaux et la bouche vers la tempe. Défiguré à jamais, Francis André a été surnommé Gueule tordue par ses condisciples. La blessure lui donne une expression féroce. Il l'est devenu, naturellement. Son destin a basculé. Petits boulots, galères mineures, délits multiples. Et grande haine envers le genre humain. Il a flirté un moment avec les communistes, filé au PPF de Doriot, occupé un emploi provisoire aux Groupes de protection du maréchal après la campagne de France. Albert Beugras, rabatteur œuvrant pour l'occupant, l'a fait entrer comme auxiliaire au Sicherheitsdienst. Quand le tortionnaire nazi Klaus Barbie prendra poste à Lyon, avec quatre cents supplétifs de ce calibre à son service, Gueule tordue fera son ravissement. Sera son molosse favori. Au tableau de chasse effrayant ; cent vingt victimes tuées de sa main.

Comme Francis André, les suppôts gestapistes laminent autant la province que Paris. Bourges tremble sous la botte de Pierre Paoli, ex-commis de perception, appelé l'Inquisiteur, qui donne la leçon de mort à ses nombreux assistants. A Toulouse, Georges Pujol, ancien des corps francs, règne sur un gang d'écorcheurs. Pierre Goupil, qui a débuté comme chasseur de têtes — 2 000 francs par résistant vendu au Reich —, le concurrence à Bordeaux. A Saint-Etienne, Freddy Gugenheim, Wadis Novach, Aupetit, Karcher, Baron et trois cents séides, payés par la Sipo campant au Nouvel Hôtel, emplissent par fournées la prison des Desnoettes, tuent sans état d'âme. Ailleurs, des gagés de même acabit exercent leur office de bourreaux.

L'un des pires : Pierre Marty. Ancien administrateur de bord dans la marine marchande, versé en trafics illicites, il a été recruté à titre provisoire comme commissaire par la police pétainiste à Bizerte, le 7 octobre 1940. Dès l'irruption de l'Afrikakorps à proximité — en Libye, en février 1941 —, il a pris contact avec l'Abwehr véhiculée dans les fourgons du général Erwin Rommel, est entré au service de l'ordre brun. Qui l'a rapatrié peu après afin qu'il déploie ses talents de sicaire en métropole. Avec une brigade opérant en trois équipes — renseignement, opérations, exécuteurs —, il sévira à Montpellier, à Nîmes, passera en Lozère, à Toulouse, où il supplantera les bouchers de Pujol.

D'autres Français servent aussi les nazis sans être enrégimentés pour autant ; les sociétaires de l'impérissable secte des délateurs. Les sentinelles du diable. Jamais, auparavant, elles n'ont vécu une pareille fête. Durant quatre ans, elles vont submerger de dénonciations l'occupant. Il les lira, écoutera. Trois millions de mouchardages, dira-t-on en 1987, au palais de justice à Lyon, lors du procès de Barbie. Conséquence : des victimes par dizaines de milliers. Des résistants, mais beaucoup de présumés tels le plus souvent.

Cette blessure ne s'est jamais refermée. Malaise collectif devant l'ordure. Parce que tous les milieux sociaux du pays se sont ainsi compromis. Ruraux, citadins, gens du peuple et petits-bourgeois, notables, commerçants, industriels, gens de robe, de plume, médecins, prêtres même. Tous ont donné. Quand s'effondrera le règne hitlérien, cent vingt-cinq mille de ces indics identifiés feront l'objet d'informations judiciaires. Les tribunaux prononceront dix mille condamnations à mort, quatre-vingt mille peines de prison assorties d'indignité nationale, six mille sept cents acquittements. Combien furent-ils, en réalité ? Quatre cent mille ? Plus, c'est probable. Dossier refermé trop tôt. Ces moutons, les balances comme on dit à présent, ont agi en vrais criminels. Une participation à porter aussi au débit de l'époque vichyste. Un âge qui n'a toujours pas été exorcisé.

Parmi les institutions de la Troisième République supplantée en juillet 1940, l'Etat français pensait aussi compter sur deux services qui avaient servi la démocratie défunte : les fonctionnaires d'autorité, c'est-à-dire la police, et les soldats de la loi, la gendarmerie. Deux bastions. Exposés aux dangers d'un temps pour le moins troublé. Le maintien de l'ordre et la défense du nouveau pouvoir leur incombaient, en principe. De surcroît, ils devaient aussi répondre à la pression que ne manquerait pas d'exercer l'occupant — l'article 3 de la convention d'armistice, que signa le général Huntziger au nom de la France, l'impliquait formellement. Ce chapitre commandait de même à ce personnel servant le droit et la justice l'obligation de collaborer avec le Reich. Une iniquité, sanctifiée par Huntziger, au nom du maréchal. Aussi, par précaution, les nouveaux princes vichystes sentirent sur-le-champ qu'ils devraient se défier.

N'ont-ils pas épuré dès l'automne 1940 le premier de ces corps, la police ? Ils ont frappé en priorité ses syndicats et ses amicales, avec mise à la retraite d'office des agents tenus pour suspects. Après filtrage, cette administration assemble donc quelque cinquante-six mille hommes, au début de 1941, répartis en divisions — préfecture de police à Paris, sûreté nationale, polices municipales en province. Elle dépend du ministre de l'Intérieur. Pierre Pucheu, à dater du 18 juillet 1941. Qu'elle ne regrettera pas, quand il cèdera la place au printemps 1942. Industriel avant la guerre, il avait présidé le Comptoir sidérurgique, les usines Japy, forgé aussi les Volontaires nationaux, un club droitier. Il déploie une rigueur sélective à ce ministère. Ame damnée de l'amiral François Darlan devenu le dauphin du maréchal, il dit aimer peu les Allemands. Pourtant il montre qu'il déteste plus les humanistes, les francs-maçons, les gauchistes de toute obédience, la « lèpre juive » — son terme — et les dissidents, autant ceux de Londres qu'à l'intérieur du pays. A son actif, vingt-six mille arrestations, six mille prévenus traduits devant les tribunaux, douze mille cinq cents perquisitions. Et dix mille juifs raflés, en quatre vagues, internés, de mai 1941 à mars 1942. C'est lui qui a donné les premiers otages aux nazis. Qui a créé, en octobre 1941, un triptyque de supplétifs pour éliminer ceux qu'il nomme les déviants : un service de police anticommuniste, des brigades spéciales expertes en violences, et une brigade antijuive.

Auparavant, le 28 avril, le gouvernement vichyste a aussi activé préventivement un contingent dit national tiré des oubliettes, les GMR, Groupes mobiles de réserve, souvent confondus avec les anciens gardes mobiles républicains. En fait, ce sont des policiers, liés à l'Intérieur, enrégimentés, entraînés et armés pour assurer l'ordre, combattre les factieux et les auteurs de menées antinationales, appellations couvrant tout ce qui est hostile au nouveau régime. Quelque sept mille hommes, à l'origine, onze mille en 1942. Leurs unités seront dissoutes au lendemain de la libération, à cause des fréquents excès auxquels certains d'entre eux se livreront lors de leurs missions. Sur les cendres de ces GMR pousseront les CRS, Compagnies républicaines de sécurité.

Le second corps issu de la Troisième, la gendarmerie, aux traditions plus anciennes que celles de la police, réunit quelque quarante mille soldats répartis en zone occupée et en zone libre. A leurs côtés, les six mille anciens gardes républicains mobiles composant la garde, qui servent avec l'Armée de l'armistice en zone libre. D'organisation, de hiérarchie et de statut militaires, cette maréchaussée dépend, on l'a déjà noté, d'un directeur général provenant de la magistrature, le conseiller d'Etat Chasserat depuis juillet 1940, sous la tutelle du ministère de la Défense. Ces garanties légales délimitent bien ses attributions, ses charges — le maintien de la paix civile, la protection du pays, de sa population.

Comme la police, elle a essuyé la purification vichyste en 1940. Premiers sanctionnés, ceux qui manifestent ouvertement leur attachement à la démocratie, leur hostilité aux idées nouvelles. Le capitaine Guillon, qui commandait la section de Villefranche-de-Rouergue, Aveyron, est de ceux-là. Révoqué, il optera pour la résistance, sera pincé, déporté. Il en ira de même, aussitôt, avec les gendarmes francs-maçons. Le colonel Tubert, le chef d'escadron Meunier, le commandant Favre compteront parmi les premiers radiés, suivis par des dizaines d'officiers et de sous-officiers, dont beaucoup seront internés puis déportés. En octobre 1940, vient le tour des gendarmes de confession juive ; leur traque se poursuivra jusqu'en mai 1944. La lecture des journaux officiels, de 1945 à 1947, permet d'apprécier l'ampleur prise par cette curée générale. Les décrets portant réparation du préjudice de carrière subi par les victimes de ces ostracismes l'attestent, quatre mille officiers et sous-officiers furent renvoyés abusivement de la gendarmerie par l'Etat français.

Par nature, par fonctions, ces gendarmes et ces policiers étaient auparavant depuis longtemps immergés au sein du peuple des villes, des campagnes. Mieux placés que quiconque, ils le connaissaient bien. L'Etat français leur a vite signifié qu'il les utiliserait pour mater la communauté nationale, au nom de sa propre idéologie. De fait, il leur a imposé des tâches léonines, déshonorantes — répression politique, réquisitions abusives, contraintes fallacieuses, livraison de compatriotes aux tribunaux d'exception. Pire ; à l'ennemi.

D'emblée, certains policiers et gendarmes se sont accommodés de la situation. Par conviction politique, goût du pouvoir, par mollesse, « parce qu'il fallait bien obéir ». D'aucuns se sont résignés avec peine, décidant qu'ils s'efforceraient d'en adoucir les périls par des actions personnelles discrètes, « couvrant de leurs devoirs officiels l'aide silencieuse qu'ils apporteraient aux opprimés ». D'autres encore, les plus déterminés, ne pouvaient que transgresser ces injonctions, ont choisi délibérément la voie du refus, l'illégalité camouflée.

Ainsi, des policiers, tels Piani, Theus, Reverbel et Rutali, rejoignent très tôt le réseau « Alliance ». D'autres filent au corps franc Pommiès, ou servent la « Base Espagne ». D'autres ont créé leur propre réseau, « Ajax ». Roger Priou, ex-secrétaire général du syndicat général de la police, a monté son antenne en Bretagne, ralliera « Libération Nord ». Arsène Poncey, brigadier parisien, assisté par Adrien Peltier, aidé par le commissaire André Godin, est devenu le chef du réseau « Valmy-Armée volontaire », disparaîtra à Mauthausen, lager concentrationnaire en Haute-Autriche. Son successeur, le commissaire Dubent, qui prendra contact avec un nouvel organisme clandestin, le NAP, Noyautage des administrations publiques, connaîtra un sort similaire. Arthur Airaud, responsable du « Front national de la police », également torturé, transporté à la salle Cusco de l'Hôtel-Dieu, hôpital parisien, sera enlevé, mis en sûreté par un commando.

Ce fut l'honneur de ces policiers que de s'opposer de la sorte aux occupants avant 1942, de contester la collaboration imposée par les vichystes. D'autres, dans leurs rangs, et en nombre, ont outrepassé sans retenue ni remords les exigences de leurs charges.

Avec la gendarmerie, moins d'équivoque : les faits l'attestent. Certes, une minorité parmi son personnel a plié avec empressement devant le nouveau pouvoir. En majorité, les autres ont traîné des jambières, et le feront davantage au fil des mois suivants. Un quart, enfin, regimbent déjà.

Le capitaine Auguste Rivalland, un Vendéen entré en gendarmerie à vingt ans en 1923, père de cinq enfants, blanchi sous le harnais en Normandie, dans la Meuse, puis en Tunisie, a commencé par exemple à résister à Sainte-Menehould, sous-préfecture de la Marne, dès la fin de la campagne de France, en 1940. Muté au Raincy, Ile-de-France, l'année suivante, il y poursuit son œuvre de sape et deviendra l'un des responsables locaux du « Front national gendarmerie », assisté par le lieutenant Bernard Marcel, le gendarme Charles Hilaire.

Dans la même région, l'adjudant gendarme Henri Rouyer, ses collègues Armand Billard et Marceau Piot, Robert Prévost et Charles Ponthieux, Alphonse Joyaux et Marcel Charpentier, l'adjudant-chef Emile Mouton, les margis-chefs Jean-Marie Rivoal, René Bié, Paul Orignac, René Parquet, Edmond Laudy, Léon Grandclément et Maurice Berthou, les gendarmes Georges Terrien, Jean Schweiger et Francis Surplie militent pareillement en secret depuis la même époque.

L'adjudant-chef Roland Motot, dit Rocambole, dirige le réseau de la caserne des Minimes, à Paris, appuyé par le gendarme Léonard Demaison. D'autres, comme Le Goux et Guyard, appartiennent au mouvement « Valmy ». Dès 1941, toute la brigade de Joinville est passée pareillement en résistance sur les talons de son chef, l'adjudant Paul Vercelot. A Beaumont, dans l'arrondissement de Pontoise, les gendarmes sont soutenus dans leurs actions par leur capitaine, Martin Morice, résistant de choc, qui les a déliés du serment d'allégeance au maréchal, prononcé dès la naissance de l'Etat français, arguant qu'on ne se lie jamais de la sorte à un homme.

Engagés dans l'antenne « Jean-Marie », petit sous-réseau Buckmaster, les margis-chefs Bernard Denus et André Vergne, les gendarmes Claudius Combe, Jean Hernot, François Legallou et Paul Loupret fournissent aux Alliés des informations sur le potentiel militaire allemand. Ils participent de même à la réception des parachutages de matériel. Et livrent à d'autres groupes occultes des émetteurs radio, afin que puisse être maintenu le contact avec la France libre.

Tous savaient ce qu'ils risquaient. Ils connaîtront les tragédies par brassées. Comme d'ailleurs l'ensemble des résistants.

Dès la fin de l'hiver 1941-1942, une rumeur grandit dans toutes les brigades. Elle concerne cette fois tout le corps. Leur arme vivra bientôt une période noire. Elle sera directement menacée par le retour aux affaires de celui qui avait ouvert la voie du pouvoir au maréchal ; Pierre Laval.

Pétain-Laval ? Un tandem de circonstance. De ceux que rompent en général les séparations, les divorces. Dans ce cas, il restera soudé sans recours, au regard de l'histoire. Au cinquième mois de son intronisation, Pétain avait bien cru, pourtant, s'être débarrassé pour toujours de ce compère peu présentable, dont il détestait les origines, le passé politique. Auquel il devait trop. Qui connaissait trop ses défauts.

Le couperet consulaire était tombé le vendredi 13 décembre 1940, en plein conseil des ministres. Comme prévu Laval, rageur, avait aussitôt insulté le maréchal : « Fantoche, baudruche, girouette ! » Ce crime de lèse-majesté, attendu, devait également mener au trou le furieux. Otto Abetz avait épargné la prison à Laval, l'avait récupéré à Paris, lui avait fait attribuer un hochet, le maroquin de la Production industrielle. Les barons du vichysme, persuadés que sa disgrâce perdurerait, s'étaient empressés de le lâcher. Mâchonnant son emportement, brûlant sa moustache avec ses cigarettes, il avait attendu sa résurrection.

Avec François Darlan institué dauphin et chef de son gouvernement, Pétain put souffler pendant une bonne année. L'amiral sut lui plaire, le flatter. En outre, il haïssait les Anglais, brûlait d'en découdre avec leur Navy, de la chasser de la Méditerranée, de s'en prendre aux gaullistes en Afrique. De grands rêves hégémoniques le hantaient, partagés par le vieux guerrier. Ne promettait-il pas au maréchal qu'il arracherait au Reich ce traité de paix qui permettrait à l'Etat français de traiter ensuite d'égal à égal avec Hitler ?

Déjà, en oblation, il avait porté à son degré le plus haut la collaboration active avec l'occupant. Grâce à ses amiraux glissés en escadres aux postes d'honneur, à ses amis sérieux tenant en réalité les commandes — des fonctionnaires, des industriels, des ingénieurs, des agitateurs ténébreux. Il espérait bien convaincre l'Allemagne que l'Etat français l'aiderait à triompher plus vite sur tous les fronts. « La prolongation de la guerre ne peut qu'entraîner une expansion du communisme », plaidait-il. Alors que Hitler escomptait encore réussir là où Napoléon avait échoué : prendre Moscou !

Malgré sa pugnacité, Darlan a fait chou blanc. Il n'avait cependant pas lésiné sur les gages donnés au führer — lutte ouverte contre les résistants, décrets anti-juifs, création des sections spéciales dans les cours martiales départementales, instauration d'un appareil de répression implacable, ouverture des ports tunisiens à l'Afrikakorps de Rommel. Rien n'y a fait. Hitler déteste trop ces galonnés aplatis par sa Wehrmacht, qui osent bomber le torse de nouveau. Qui ont cru parvenir à le pousser à la table des négociations.

La cote de l'amiral s'est effondrée quand les Etats-Unis sont entrés en guerre, après le raid aérien japonais sur Pearl Harbor, le 7 décembre 1941 ; incité à rompre les relations diplomatiques de Vichy avec Washington, Darlan a cru bon de temporiser. Parce qu'il pensait trop aux possessions françaises à portée des Yankees dans les Caraïbes, à l'or de la Banque de France qui dort dans les coffres américains depuis 1940. A ce moment, il a scellé son propre sort.

Pressé par les Allemands de rappeler Laval, Pétain a pourtant rechigné, acceptant à contrecœur de le rencontrer en secret dans la forêt de Randan, au Puy-de-Dôme, au sud de Vichy. Entrevue négative ; l'Arverne donnait trop du caquet. Le maréchal a alors tenté de doubler tout le monde en constituant un cabinet avec ses vieux amis de droite, quelques cléricaux affichés, qui bénissent ouvertement sa révolution nationale. La pesée d'Otto Abetz s'est accrue, le Reich a donné de la voix, exigé le retour de l'Auvergnat. Pétain a donc dû capituler. Et renommer le rival, le 18 avril 1942.

On n'agresse pas sans risque un roué de cette envergure. Laval s'est dédommagé sur-le-champ, tenant désormais la cour militaire du maréchal à distance et mettant en veilleuse la révolution nationale. Il préfère s'appuyer exclusivement sur l'administration, en particulier la préfectorale, qu'il connaît bien, toujours truffée de radicaux de la vieille école, roublards et finassiers. Sa propre marque. Réintronisé chef du gouvernement, trois ministères essentiels passent aussi directement dans sa poigne. Avec les Affaires étrangères, il intensifiera à sa guise la politique de collaboration qu'il entend développer avec le Reich. Grâce à l'Information, il contrôlera en personne la radio, les journaux, la propagande. Avec l'Intérieur, il renforcera l'autorité du régime, c'est-à-dire la sienne, disposera des milices des féodaux pétainistes. Restaient deux arêtes, la police et la gendarmerie.

La première décision de Laval, immédiate, atteste sa pugnacité. Il désigne un nouveau secrétaire général à la tête du premier de ces corps — le préfet René Bousquet, qu'assistera un autre représentant de la préfectorale, Jean Leguay. Tous deux dirigeront les policiers, collaboreront à merci avec les services de sécurité nazis.

Présenté par certains historiens comme l'héritier d'Aristide Briand, un des plus grands ministres français des Affaires étrangères au début du XXe siècle, considéré lui-même comme un diplomate de grand gabarit lors des années 30, l'Auvergnat ne va en revanche guère user de doigté, quand il s'en prendra au dossier gendarmerie. Il balaie tout bonnement le statut antérieur de cette arme.

Gelée, en effet, la subordination de la maréchaussée aux autorités militaires. Ce qui annonce la suppression prochaine de cette tutelle. Gommés, les liens de la maréchaussée avec la magistrature et la nation. Elle sera autonome, comme peut l'être une milice. De la sorte, elle sera entièrement à sa botte, lui, le nouveau patron.

C'est d'ailleurs ce qu'indiquera sans ambages la loi qu'édictera l'Arverne le 2 juin 1942. Elle commencera ainsi : « En raison de la nature de son service, la Gendarmerie est placée sous les ordres directs du chef du gouvernement. » Le décret n° 1919 du 24 juin le confirmera à loisir au long de cinquante-deux articles. Et ce ne sera pas une litote. Laval entend exercer en personne son autorité. Il déléguera seulement l'application de ses ordres à Jean Leguay, son homme lige à l'Intérieur, qui se fera assister aussitôt par un expert, Thomas Sauts, commandant gendarme.

Pour la forme, Laval conservera encore durant quelques semaines le conseiller d'Etat Chasserat comme directeur général de la maréchaussée. Mais le rôle du magistrat sera rogné, limité à la liquidation des affaires courantes, ce qui présagera une éjection rapide. En un trait de plume, Laval réalisera ce que le général Otto von Stülpnagel avait rêvé mais n'avait pu réussir, contré chaque fois par Pierre Charles Sérignan, le nonce du corps en zone occupée : décapiter une institution éprouvée, que l'on croyait bien conçue pour résister aux ambitions des potentats et dynastes.

6

Le temps des épreuves

Le 20 avril 1942, deux jours après son retour aux commandes, Laval s'est adressé au pays, un discours retransmis par toutes les radios. Réflexe ordinaire de politicien, il a bien entendu proposé une bataille, qui serait gagnée « avec la participation de tous ». Et formulé, en supplément, un souhait : que tous partagent les responsabilités qui l'attendaient, qu'il assumerait. Crainte prémonitoire ? Un adage assure que les paroles d'or sont souvent suivies d'actes de plomb. En l'occurrence, ses décisions, prises durant le second semestre 1942, puis jusqu'au terme du conflit, susciteront l'opprobre. A en souiller sa mémoire. Elles marqueront de même l'Etat français et cette époque.

La première de ses résolutions a paru vénielle, comparée à celles qui suivront bientôt. Il l'a tout de même camouflée sous un gros mensonge. Dès la fin avril 1942, il invite les Français à accepter comme un devoir patriotique « l'entente » qu'il entend lier avec l'Allemagne ; celle-ci, insiste-t-il, « tient de son côté une telle association pour acquise ». Il connaît pourtant les desseins de l'occupant, ne tentera rien pour les contrecarrer : piller le pays. A Berlin, Hermann Goering, n° 2 hitlérien, ne le cache pas : « Si la France fournit tout de bon gré, jusqu'à ce qu'elle n'en puisse plus, alors je veux bien collaborer. »

Deux SS sont chargés de coordonner à Paris la mise à sac : Theodor Dannecker, adjoint d'Adolf Eichmann et responsable de la question juive au Bureau IV ; Fritz Sauckel, plénipotentiaire général à l'Emploi de la main-d'œuvre. Ils tiennent le même langage que le feldmarschall : « La collaboration ne peut s'effectuer qu'en sens unique : vers nous. »

De surcroît, la SS supplante désormais la Wehrmacht comme autorité occupante. Sur ordre d'Heinrich Himmler, n° 3 à Berlin, Karl Oberg a été nommé chef de toutes les polices allemandes en France, le 5 mai 1942. De fait, il représente l'autorité suprême nazie. René Bousquet, secrétaire général à la police française, a été prié aussitôt par Reinhard Heydrich, maître de l'espionnage brun, de faire allégeance. Une vassalité imposée publiquement à Paris, dans les bureaux de la Sipo-SD au 72, avenue Foch. Un petit Montoire personnel pour le fringant préfet.

Plus grave, le 29 mai. Laval entérine sans broncher une injonction de Karl Heinrich von Stülpnagel, qui a succédé depuis vingt jours à son cousin Otto comme commandant en chef en France occupée. Tous les juifs de plus de six ans sont astreints au port de l'étoile jaune. Chacun est prié de retirer au commissariat proche de son domicile la flétrissure gothique à six pointes ; trois exemplaires par personne, à coudre impérativement sur les vêtements à hauteur de poitrine, de façon robuste, ostensible.

Début juin 1942. Cette fois, Laval verse dans la félonie. Au titre de la collaboration policière avec le Reich, il autorise une unité allemande à franchir la ligne de démarcation. Cette mission Donar, constituée par des techniciens de l'Abwehr, du SD et de la Sipo, pilotée par le capitaine français Pierre Desloges, expert en repérage radio, vient traquer en zone libre avec ses gonios les pianistes des réseaux résistants. Elle saisira une douzaine de postes. Une trentaine de spécialistes hertziens clandestins seront déportés en Allemagne. L'équipe nazie a discrètement préparé aussi l'envahissement prochain de la zone sud.

Juin derechef, le 16. Laval mue en négrier. Il noue avec Sauckel le principe de la « relève ». La France fournira deux cent cinquante mille ouvriers qualifiés. Ils iront travailler dans les usines du Reich. Des volontaires, qui seront rémunérés. En échange, Berlin libérera cent mille prisonniers de guerre mais exclusivement des paysans. Deux mois pour conclure le troc. La négociation atterre le patronat français ; que deviendra l'économie nationale, privée d'une part de ses éléments productifs ?

L'ignominie, ce même mois. Laval valide une nouvelle sommation, présentée par Theodor Dannecker. Le Reich attend de la France qu'elle livre au plus vite cent mille juifs au Reich, prélevés dans les deux zones. Et par préférence des immigrés. Une opération que Dannecker a déjà baptisée Vent de printemps. Corollaire indispensable : Karl Oberg a obtenu que le fichier national des juifs, établi dès 1939 à Paris et complété depuis juillet 1940, soit mis à sa disposition.

Au fil de ces soumissions, un fonctionnaire de haut rang a secondé Laval : Bousquet. Natif du Tarn-et-Garonne, formé dans le giron radical-socialiste, il cultive le goût des cabales. Des clubistes indéfectibles l'ont poussé lors de ses débuts dans la carrière et le protégeront longtemps encore. Présentement, il observe à la lettre les ordres de son patron, les anticipe quelquefois afin d'améliorer le rendement. Luimême est assisté par Jean Leguay, autre primat de la nouvelle préfectorale. Et par leur ombre commune, Joseph Léger, administrateur public éminent.

En juillet, la collusion qui associe Laval aux nazis passe en vitesse surmultipliée. Le 2, Oberg l'informe, ainsi que Bousquet, qu'il aura besoin très bientôt de toute la police parisienne. Elle devra opérer une grande rafle dans la capitale, visant les juifs. Première du genre, elle a été mitonnée par Dannecker et Darquier de Pellepoix.

Le 16, les initiateurs piaffent dès l'aube. A leurs côtés, Bousquet et Leguay, Amédée Bussière, préfet de police, l'inévitable Joseph Léger. Aux ordres de Bousquet, neuf mille policiers. Pour assembler une meute pareille, celui-ci a pompé tous les services, même la police judiciaire, les scribouillards des renseignements généraux, jusqu'aux stagiaires en cours à l'école de formation. Il a requis également quelques pelotons de gendarmes. Trois cents PPF de Doriot, en chemises bleues et bottés, brûlant de participer à l'affaire, se sont spontanément joints à sa troupe.

Morcelée en neuf cents équipes, elle entame les descentes dans les quartiers où sont concentrées les « cibles » — les 3e, 4e, 10e, 12e, 18e et 20e arrondissements. En quelques heures, les autobus de la TCRP, Transports en commun de la région parisienne, ont empli le vélodrome d'hiver, rue Nélaton, dans le 15e : neuf mille victimes enregistrées. Bousquet en espère autant le lendemain. Mais la traque supplémentaire le décevra. De beaucoup. En tout, douze mille huit cent quatre-vingt-quatre juifs arrêtés pendant ces deux journées. Parmi eux, cinq mille huit cent deux femmes et quatre mille cinquante et un enfants. Transitant par les camps de Drancy, de Beaune-la-Rolande et de Pithiviers, tous partiront en convois vers Auschwitz, centre de gazage, au cœur d'une lointaine plaine marécageuse en Pologne.

Dannecker juge la « récolte » insuffisante. Parcourant au trot la zone sud avec l'accord de Laval, il explore les camps d'internement vichystes, cache mal sa déconvenue. Ces cantonnements semblent peu peuplés. Les effectifs juifs sont également réduits. Seulement deux mille six cents détenus à Gurs, dans les Basses-Pyrénées, pas tous déportables pour l'heure, la proportion des goys étant forte parmi eux. Il exige vingt mille proies. Laval lui en promet quatorze mille cinq cents. Et René Bousquet en réunira trois mille, quelques jours plus tard, toutes piégées en zone sud.

L'Allemand n'ignore pas que la France compte cent quatre-vingt mille juifs nationaux, dont soixante-dix mille naturalisés de frais, qu'elle abrite par surcroît cent vingt mille juifs étrangers et apatrides depuis 1939. Il promet de sérieuses sanctions. Bousquet remobilise. Toutes les forces officielles sur le pont : police, gendarmerie, ex-garde républicaine, pompiers, unités de l'Armée d'armistice. Surtout les GMR, ses chouchous. Les rafles se succèdent, étendues cette fois aux deux zones. Quarante mille juifs seront livrés, au fil de l'année 1942. La chasse perdurera jusqu'en 1945. Au total, parmi beaucoup de déportés pour racisme, résistance ou autres causes, le Reich aura happé soixante-seize mille israélites, dont six mille cinq cents sujets français.

Pas de confusion. Au contraire de ce qui a été parfois avancé ces dernières années, ni Laval, ni Bousquet, ni Leguay n'ont limité la portée des captures juives. Point de clémence, de leur part. Pas davantage chez leurs assistants, les galonnés de la préfectorale. Les documents accessibles depuis la libération le montrent. Ils indiquent clairement en revanche que l'effort d'assistance a émané surtout des organisations juives, ayant encore pignon sur rue en zone libre, et des émissaires clandestins en zone occupée. Elles dissimuleront ainsi jusqu'à la fin du conflit huit mille enfants présumés orphelins ; parents arrêtés, déportés ou disparus. La résistance juive, active depuis la fin 1941, a également participé aux sauvetages. Elle a pu, en particulier, soustraire dix mille autres enfants aux battues. La compassion manifestée par quelques associations catholiques et protestantes, par des citoyens miséricordieux, a fait le reste.

Comme certains des gendarmes réquisitionnés pour participer aux rafles, ou garder les camps. A Paris, peu avant l'opération des 16 et 17 juillet 1942, le capitaine Quivaux, qui dirigeait la section d'Exelmans, a chargé ses hommes les plus sûrs d'informer de nombreux juifs recensés du danger qui les menaçait. Dans d'autres quartiers de la capitale, les gendarmes Lefourn, Omnès, Darolles, d'autres encore, ont divulgué la même information, incitant beaucoup de familles à filer. La veille de la curée, d'autres sous-officiers et hommes du rang ont multiplié aux alentours les mêmes avertissements. En traînée de poudre l'alerte a fusé. Le nombre de ceux qui ont pu décamper ces jours-là, passer en zone libre, est mal connu, a probablement dépassé les six mille.

Gendarme au camp de Drancy, Camille Mathieu a secouru des internés, fournissant furtivement de la nourriture, acheminant en secret leur courrier. Inscrivant certains d'entre eux sur la liste des malades graves, parvenant de la sorte à les faire libérer. Munis de faux papiers, obtenus par l'épouse du gendarme, ils ont pu passer en zone libre. Des actions multipliées. Dénoncé, Camille Mathieu a été révoqué, ne revêtira jamais plus l'uniforme.

De la même façon clandestine, d'autres gendarmes ont limité le retentissement des descentes similaires effectuées peu après en province. Par exemple à Guéret et la plupart des bourgs creusois. En Gironde, notamment à Bordeaux et Lacanau. A Tende, Haute-Loire. A Lodève, Hérault. A Pons, Charente-Maritime. Dans l'Aveyron, l'Aude, en Haute-Savoie, en Dordogne. Partout.

A Richelieu, Indre-et-Loire, les gendarmes de la brigade ont assisté l'abbé Louis Macé pour l'aider à évacuer les familles juives qu'il cachait dans son presbytère. Ils ont organisé à plusieurs reprises le forcement de la démarcation à Pleumartin, afin d'abriter les fugitifs en zone libre.

Le personnel de la brigade d'Argenton-sur-Creuse, au sud de Châteauroux, ligué à l'abbé Pierre Perreau, passeur et résistant, a procédé à des opérations de secours de même nature. Ce prêtre entretenait plusieurs « colonies de vacances », notamment à Paumiers, près du barrage d'Eguzon. En réalité, des abris provisoires pour des enfants juifs évacués en hâte.

Au Malzieu-Ville, en Lozère, l'adjudant Marcellin Cazals, mué en samaritain, a caché et tiré d'affaire deux cent neuf juifs réfugiés dans son canton.

A Gaillac, Tarn, le gendarme Raymond Rigaud a pareillement sauvé plusieurs familles juives réfugiées dans la région, les avertissant avant toutes les rafles.

Alain Bonneau l'a imité dans le canton couvert par sa brigade, à Chauvigny, Vienne. Comme Camille Thibault, à la brigade de Pleumartin, même département. Ou Etienne Roch, attaché à la brigade de Mont-Saint-Martin, Meurthe-et-Moselle.

A Riom, Puy-de-Dôme, c'est le chef d'escadron Maurice Berger, quarante-trois ans, un ex-garde républicain sorti du rang, membre du réseau militaire ORA, en liaison constante avec les chefs de la résistance régionale, qui a protégé de nombreux juifs étrangers réfugiés dans la sous-préfecture. Dénoncé, il sera déporté ; Auschwitz, Buchenwald, Flossenburg et Cheponice, en Bohême-Moravie, où il périra. « Par centaines, précise le colonel Claude Cazals, dans son ouvrage cité plus haut, des gendarmes ont contribué de la sorte à la sauvegarde de ces pourchassés. »

D'autres, c'est vrai, ont accepté sans état d'âme de les garder dans les camps d'internement — tel Drancy — où l'Etat français regroupait déjà ceux qu'il tenait pour « indésirables » : étrangers, ressortissants du Reich, républicains espagnols, tziganes, communistes, gaullistes, trafiquants du marché noir et proxénètes.

Ces cantonnements dépendaient tous du ministère de l'Intérieur, qui avait constitué un corps spécial afin d'assurer leur surveillance, en novembre 1940. Il dut ensuite, pour renforcer cette unité, recourir en partie à la gendarmerie. L'effectif fourni par l'arme a oscillé entre six cents et huit cents hommes jusqu'en juin 1943, date de l'arrivée en France d'Aloïs Brunner, le SS chargé par Eichmann de diriger le kommando antijuif. Dès ce moment, se défiant de ces soldats, Brunner les a relégués à la garde extérieure des camps. Certains des officiers du corps, certains gendarmes, avaient en effet demandé à ce qu'ils soient relevés de leurs responsabilités, invoquant des raisons de santé, motif dissimulant une répulsion suscitée par les missions imposées. Ceux qui, en revanche, ont appliqué les consignes de façon inhumaine dans l'exercice de leurs fonctions comparaîtront devant la justice, après la libération du pays.

La « relève » a moins marqué les esprits. Sans doute parce qu'elle a fait appel au volontariat. A l'appât du gain chez les partants. Demi-fiasco, mini-succès, difficile de trancher. Une certitude : elle a démarré lentement.

Des industriels français ont traîné des pieds pour licencier ou dégager de leurs obligations une partie de leurs salariés. Des grèves spontanées se sont produites à Oullins, près de

Lyon, gagnant les alentours durant quelques jours. Résultat : seulement trente mille départs en juillet 1942. Et soixante-huit mille, à la fin septembre. En rétorsion, Berlin n'a relâché que mille trois cents prisonniers à ce moment, âgés de plus de quarante ans, malades, inaptes au retour aux champs. Et exigé que le quota des travailleurs bénévoles soit fixé à trois cent cinquante mille. Sentant la colère forcir chez l'occupant, Laval a prêché encore. Sa nouvelle croisade portera mieux ; cent soixante-dix mille départs consentis enregistrés en décembre 1942. Une broutille, jugera Sauckel. En compensation le Reich élabore une nouvelle mesure, contraignante, dont la portée et les répercussions pèseront sur tout le pays : le STO, Service du travail obligatoire.

Evidence, le feu se propageait dans la maison France. Avec la complicité de l'Etat français. Ce qui n'a cependant pas échappé à certains citoyens. En premier lieu, aux machinistes de la TCRP à Paris, aux chauffeurs des autocars en province, associés à leur corps défendant à ces rafles ; à l'ensemble du personnel de la SNCF, concerné par les transports ferrés partant pour le Reich ; de même, aux agents des services officiels requis durant ce semestre.

Dans sa majorité, au contraire, la population est restée longtemps indifférente encore au déroulement de ces événements. Maréchaliste par conviction, ou formalisme, elle s'est plus préoccupée en ce temps des triomphes qu'elle réservait à Pétain lors de ses déplacements officiels. Pourtant, de grandes affiches sur les murs appelaient au labeur civique dans les usines de guerre outre-Rhin. Des razzias de biens, volés par l'occupant et ses séides, commençaient à vider au su de tous des appartements, des immeubles, des musées. Les citadins ont aussi immanquablement croisé dans leurs rues des étoilés. Qui ont empli périodiquement les stades, sous leur nez. Non moins régulièrement, ils ont constaté que des convois surchargés partaient vers *Pitchipoï*, destination imaginaire, probablement inventée à Drancy pour apaiser la terreur des bambins encaqués dans des wagons à bestiaux. Malgré les rumeurs, l'horreur palpable, une bonne part de cette communauté s'est durablement complu en surdité, en cécité.

Se doutait-on, en 1942, de ce que tramaient les nazis dans leurs camps ? Un document, trouvé par Pierre Miquel au Service historique de l'armée à Vincennes, montre que les autorités vichystes n'ont pu l'ignorer : le récit de l'étrange aventure vécue par le gendarme Godignon.

Ce soldat de la loi, attaché à la brigade de Doyet, près de Montluçon, était affecté à la prévôté du 13e corps d'armée. Les Allemands l'ont embarqué par erreur, le 13 janvier 1941, inclus dans un convoi de républicains espagnols déportés. Direction : Mauthausen, en Haute-Autriche. En tenue rayée bleu et blanc, il va durant des mois subir en ce lieu le calvaire concentrationnaire, le travail forcé à la carrière de granit de Linz, essuyer la cruauté des SS, assister à de nombreuses exécutions. Pourtant, admettant leur bévue, les nazis vont le libérer, le 28 octobre 1941...

Au vrai, Godignon doit son élargissement inespéré à Georges Scapini, aveugle de 14-18, ancien député, devenu le tuteur des prisonniers de guerre, l'ambassadeur de Pétain auprès d'eux et des Allemands, à Berlin. C'est Scapini qui a sollicité avec entêtement Himmler et Eichmann, plaidant la cause de Godignon. Très affaibli, le gendarme retrouvera sa brigade. Dès son retour à Doyet, dans l'Allier, il rédigera un rapport circonstancié destiné à son commandement, ne célant rien des sévices qu'il a vécus, de ce qu'il aura noté durant son internement, du sort réservé aux déportés.

Au même moment, d'autres informations ont filtré en Europe. C'est le 21 juin 1941 que la solution finale — extermination des juifs d'Europe de l'Est, à l'origine — a été appliquée en Russie, sur les pas de la Wehrmacht. Le 3 septembre, les premiers recours au gaz zyklon B ont été menés à Auschwitz. Le 7 décembre, même année encore, Hitler a signé un décret éloquent, appelé Nuit et Brouillard : « Tout habitant des territoires occupés de l'Ouest, présumé coupable de crimes contre le Reich ou contre les troupes d'occupation, doit être exécuté ou déporté clandestinement en

Allemagne, pour y disparaître sans qu'aucune information soit donnée à son sujet. » Enfin, le 20 janvier 1942, la SS, présidée par Heydrich, a tenu à Wannsee, près de Berlin, sa conférence sur l'extension de la solution finale à tous les juifs — par contrecoup aux autres sous-hommes, expression en vogue dans l'univers brun, désignant indifféremment les tziganes, les slaves, des résistants, d'autres déportés. Une décision suivie, le 27 mars, par la mise en service des chambres à gaz à Mauthausen. Puis dans d'autres camps.

La Croix-Rouge internationale a su cela. Comme la papauté, à Rome. Comme la Suisse, balcon neutre encerclé. Le danger devenant pressant, les juifs européens se sont rués vers ce dernier havre, présumé salvateur. Ayant au préalable accueilli vingt-cinq mille israélites, elle s'est cadenassée, a refoulé leurs coréligionnaires, ordre que fit appliquer Heinrich Rothmund, le chef de la police fédérale. Quelque trente-cinq mille expulsés, avoueront plus tard les autorités bernoises. Un total largement minoré, dira Carl Ludwig, conseiller fédéral, auteur d'un rapport fracassant montrant que les désespérés repoussés furent livrés aux Allemands.

La gendarmerie française savait, aussi. Du moins ses dirigeants, grâce à Godignon, rescapé miraculeux. De même, le chef d'escadron Sérignan, à la tête de la Section gendarmerie des territoires occupés, à Paris. Servi par sa connaissance de l'allemand, par sa curiosité professionnelle affûtée au sein des services secrets, il avait enquêté sur les méthodes répressives en tous genres des nazis. Un sujet intéressant la direction générale du corps. Depuis le printemps 1941, les Allemands s'en sont pris quasi systématiquement aux soldats de la loi. Motifs divers : inertie devant les exigences journalières de la Wehrmacht, entraves à l'acheminement des renseignements destinés aux polices du Reich, obstruction à l'exercice de l'occupation, aides apportées aux suspects recherchés, main-forte aux organisations clandestines, participation à la résistance active. En rétorsion, les menaces ont plu sur des gendarmes, puis des placements en détention. Venues, aussi, les déportations, les exécutions.

Sur pression de sa hiérarchie, Sérignan a alors reçu une mission officieuse, en marge du mandat qui lui avait été attribué en juillet 1940 : prendre en charge avec son service la défense des intérêts des gendarmes exposés aux actions répressives des Allemands. Durant toute l'occupation, versé en droit germanique, il se portera au secours des officiers, des sous-officiers et des hommes du corps stationnés dans sa zone de compétence. Dans ce but, la direction générale ouvrira des crédits spéciaux destinés à assurer le soutien de ces personnels, pour assister également leurs familles.

Tâche complexe. Aux gendarmes en danger d'arrestation, Sérignan procure des laissez-passer et des fausses identités, afin qu'ils puissent momentanément se dérober aux recherches. Cela jusqu'à ce qu'il parvienne à obtenir leur mutation salvatrice en zone libre ou en Afrique du Nord — du moins jusqu'en décembre 1942. Un collègue d'abord attaché à Paris, le commandant Piqueton, l'a assisté dans cette tâche jusqu'à ce qu'il soit nommé à la gestion des personnels de la gendarmerie, à Vichy. C'est lui qui s'était déjà dévoué, dès la fin de 1940, pour porter secours à ceux que visèrent les lois raciales et la législation concernant les membres des sociétés secrètes. C'est Piqueton encore qui fera passer en zone libre un groupe d'officiers menacés par les Allemands : le lieutenant Fink, les capitaines Caubarrus, Delort, Baiffaud, Pagès, Epinoux, Faverot, Petitdidier et Meurs, les commandants Limousin, Donne et Renard, les lieutenants-colonels Alb et Gondrand, les colonels Tourment, Maujean. Lui, toujours, qui a sauvé la mise à Paul Joyeux et à Maurice Guillaudot, sur demande expresse de Sérignan.

Quand l'armée allemande ou le SD appréhendent des gendarmes, Sérignan entre en scène. Il commence par noyer les instances judiciaires occupantes de procédés dilatoires qui visent à éviter leur comparution devant des tribunaux militaires du Reich. S'il échoue, il change de méthode, tente de minimiser les chefs d'inculpation. C'est alors qu'intervient un groupe d'avocats spécialisés qu'il a constitué. Tous possèdent parfaitement la langue allemande. Me Heanning, un Alsacien attaché au barreau de Paris, juriste rigoureux connu en ce temps, mène ce cabinet. Leurs honoraires sont versés par la direction générale de la gendarmerie. Lorsque les juridictions allemandes ont prononcé des condamnations, Sérignan et ces avocats établissent les recours en grâce au nom des familles concernées. Et s'efforcent d'obtenir la réduction des peines. Ne se bornant pas à ces interventions, la Section de gendarmerie en zone nord visite les personnels incarcérés, afin de les réconforter, les informer des dispositions prises pour assurer leur défense. De la sorte, Sérignan et son service se porteront au secours de plus de cinq cents membres de la gendarmerie « privés de liberté ou sur le point de la perdre », durant ces quatre années.

Cet acharnement du chef d'escadron n'a pu malheureusement sauver tous ses collègues pendant ce temps noir. Le premier gendarme condamné à mort durant l'occupation, Maxime Garin, appartenait à la 2e légion, en Picardie. Il militait en secret au réseau « Saint-Jacques », exerçait son activité occulte dans la Somme. Arrêté en octobre 1941, lors de la rafle au cours de laquelle fut aussi pincé le colonel Emile Boillin, son chef, maintenu au secret à cause de son statut de représentant de l'ordre, Garin a été présenté le 30 décembre 1941 devant le tribunal de guerre de la feldkommandantur d'Amiens. Sentence rendue en quelques minutes : peine capitale. Apprenant la nature du verdict une heure avant l'exécution, Sérignan a tenté une ultime intervention auprès du général Otto von Stülpnagel, encore en poste à ce moment. Cause perdue. Le délai imparti étant trop court. Tandis que Sérignan plaidait encore, Maxime Garin était passé par les armes.

Vains, pareillement, ses efforts pour que soit épargné le capitaine Henri-Clotaire Joseph Descamps. Celui-ci, on s'en souvient, appartenait au groupe de résistance « Vérité française », à Soissons. Il fut trahi par Desoubries, agent passé aux nazis, puis arrêté le 25 novembre 1941. Comme Maxime Garin, Descamps a subi des tortures, ainsi que la mise au secret — pendant cinq mois, dans son cas, à Fresnes. Bien que n'ayant rien dit, il est inculpé d'intelligence avec l'ennemi. Avisé à temps, cette fois, Sérignan arrache l'autorisation de fournir un avocat à l'accusé, le fait assister par Heanning, auquel il donne les éléments aptes à étayer un solide dossier. Dans le même temps, il informe l'épouse de son collègue. Le procès commence le 15 mai 1942, devant le tribunal militaire allemand à Paris. Il sera exceptionnellement long, grâce à la qualité de la défense pratiquée par Heanning, se prolongera jusqu'au 30. Verdict redouté, néanmoins : peine de mort.

Sérignan se débat. Dépose un recours en grâce. Obtient le droit d'une visite de quelques minutes pour la famille, qui se déroule à Fresnes, en cages grillagées, séparées. Il intercède à plusieurs reprises auprès du général Karl Heinrich von Stülpnagel, nommé depuis peu en zone occupée. Et croit gagner : au début de septembre 1942, le haut commandement militaire allemand à Paris lui annonce officiellement que « la peine prononcée visant le capitaine Descamps est commuée en vingt ans d'emprisonnement en forteresse, » qu'elle sera exécutoire en Allemagne. « Votre gendarme partira pour le Reich le 14 de ce mois », a ajouté personnellement Stülpnagel. Soulagement chez la famille, à la Section gendarmerie des territoires occupés.

En réalité, ce Stülpnagel, bien plus redoutable que ne le fut jamais son cousin, s'est déjugé. Il a abusé Sérignan et les proches du capitaine Descamps. Le 22 août 1942, tandis que le chef d'escadron se démenait comme un beau diable sous ses yeux, il avait déjà ratifié en sous-main le jugement initial, qui précisait que le condamné serait exécuté en Allemagne. Décapité. A la hache.

Le capitaine Descamps est d'abord transféré à Karlsruhe le 15 septembre. Le 22, on le conduit à la maison de réclusion de Rheinbach. Puis, quelques jours plus tard, à Sonneberg, au cœur de la forêt de Thuringe. Le 4 décembre, bref saut à Görden, à proximité de Berlin, le temps d'un enregistrement de son passage, puis dernier voyage, tout près, à Brandenburg, district de Potsdam. C'est là qu'il perdra la vie, le lendemain, dans la forteresse dominant la ville.

A 5 heures, ce matin-là, on le mène dans une petite cour, au centre de laquelle se trouve une table recouverte d'un drap noir, qui supporte un crucifix et deux bougies allumées. Auprès de cet autel, alignés par préséance, le procureur de la cité, un juge, le directeur de la prison, un médecin. Au fond, un grand rideau rouge. Henri-Clotaire Descamps est invité à décliner son identité, que le juge note dûment sur un document appelé à devenir certificat de décès. On lui accorde le droit à une prière devant le crucifix. A 5 h 18, trois aides lui lient les mains dans le dos. Le rideau rouge glisse, dévoile une estrade. Au milieu, le billot. Et le bourreau, appuyé sur sa grande cognée. A 5 h 21, les aides poussent Descamps. L'agenouillent devant le bloc de bois. Immobilisent sa tête par un fin lacet de cuir. Durant ces ultimes préparatifs, qui prennent dix-huit secondes — un éclair, une éternité —, Descamps n'a pas cillé.

Ses restes ont été incinérés au crématoire de Brandenburg. Le 23 mars 1943, Marguerite, son épouse, recevra un colis provenant de cette cité : les vêtements qu'il portait, cinq serviettes et trois gants de toilette, deux fragments de pierre d'alun, un morceau de savon à barbe, un peigne, sept livres, des lettres, des photos, un chapelet. Ainsi qu'un message d'adieu, quelques mots écrits en hâte au crayon sur un morceau de papier kraft, qui prendra pour elle valeur de parchemin gratté : « Je pars avant toi. Tu restes avec nos trois fils, encore petits. Quelle charge tu vas avoir. Que de fois, depuis ce jour affreux de mon arrestation, j'ai pensé à cela. J'ai prié. »

La Quatrième République nommera Henri-Clotaire Joseph Descamps chef d'escadron, à titre posthume, le 3 août 1946 ; pour prendre rang du 25 novembre 1942. Distinction chèrement payée.

Un mois après la mort de ce soldat de la loi, un autre gendarme partagera la décapitation teutonique, fin terrible : Edouard Charlot.

Sous-officier attaché à la légion de Champagne, en poste à Reims, Charlot, comme quelques gendarmes de sa section, servait en secret depuis le 1er septembre 1941 la section marnaise du réseau de renseignements « Kléber-Uranus ». Le même qui employa à cette époque un autre margi-chef, Paul Joyeux, dans les Vosges, à Epinal. Trahi par un scélérat infiltré au sein de cette antenne rémoise, Charlot tombe dans les rets de la Sipo le 14 août 1942. Malgré une défense exemplaire assurée par Me Heanning, que parvint à faire nommer une nouvelle fois Sérignan, le tribunal militaire allemand de Châlons-sur-Marne le condamne à mort pour espionnage, le 1er octobre.

Verdict à peine connu, Sérignan introduit un recours en grâce auprès de Karl Heinrich von Stülpnagel. Qui semble accueillir favorablement la demande. Elle n'a pourtant pas été formulée dans les règles, tient plus de l'offre d'un troc que d'un appel à la commisération. Informé par sa direction générale de l'arrestation d'un agent de l'Abwehr en zone libre, le chef d'escadron a, en effet, osé proposer au général allemand un échange des deux détenus. Et Stülpnagel n'a pas explosé. Il n'a pas seulement envisagé une commutation de peine en faveur de Charlot, il a même évoqué sa possible libération. En attendant une décision qui devra être prise à Berlin, Edouard Charlot est transféré en Allemagne, à la prison de Rheinbach, près de la frontière belge, puis à Cologne.

Cette fois, ce n'est pas Stülpnagel qui se jouera de Sérignan. La proposition est montée jusqu'au maréchal Wilhelm Keitel, chef de l'OberKommando de la Wehrmacht. Le 29 octobre 1942, refus brutal : pas de substitution. De surcroît, Sérignan a été fermement prié de renoncer à ce genre de marché. « La peine concernant le gendarme français, formulée par les juges du Reich, sera appliquée à la lettre à l'allemande, par un bourreau allemand », a ajouté Keitel.

Le 4 janvier 1943, le destin d'Edouard Charlot s'achève à 20 heures dans une cour couverte de la prison de Cologne, entourée de hauts murs. Un puits. Même processus préalable que celui qui fut réservé au capitaine Descamps. Même décapitation ensuite, à la cognée. Comme le capitaine Descamps, le gendarme Charlot n'a pas bronché.

L'accablement qui a saisi Sérignan après ces échecs, lorsqu'il a connu les détails de ces exécutions, a frappé ses proches et quelques assistants de son service. Pour avoir approché sur ordre les nazis durant l'entre-deux-guerres, afin d'étudier leurs comportements, leur capacité de malfaisance, il savait pourtant qu'avec eux il ne serait jamais déçu ; qu'ils pratiqueraient toujours en vocation le pire. Il n'ignorait pas davantage qu'il était lui-même exposé, qu'il ne devrait jamais baisser sa garde devant eux, risquant de se faire balayer, mêlé à ceux qu'il tentait de protéger.

Sa plus longue entreprise de sauvegarde a été consacrée aux victimes du réseau « Saint-Jacques ». La chute de cette organisation, lors du second semestre de l'année 1941, l'avait déjà affecté. Parce qu'il s'agissait de la première antenne secrète de la France libre. Qu'il en avait apprécié en connaisseur la structure. Parce que bien des gendarmes en firent partie avant de s'égailler dans d'autres réseaux, après la mise en sommeil forcée de l'entreprise. Notamment le capitaine Aimé Bouillié, qui fila en zone sud, puis se fit muter à la légion du Languedoc, et continua la lutte clandestine. Parmi les nombreux résistants interpellés figuraient aussi des officiers et des sous-officiers du corps. Dont Jean Vérines, chef d'escadron à la garde de Paris, le maître recruteur du « Saint-Jacques », l'un de ses responsables, une figure dans la gendarmerie. Il leur devait une âpre défense.

D'emblée, Sérignan constate qu'au contraire des dossiers jusqu'alors traités par sa Section, celui des membres de ce réseau, touffu, impliquant des responsabilités et des infractions diverses, dépendait pour le moins du ressort de plusieurs juridictions. Néanmoins, les nazis n'ont pas nuancé. Peu après les arrestations, en 1941, ils ont réservé selon leur habitude une parodie de justice à la majorité des nombreux résistants civils et militaires du groupe. C'est-à-dire aucune comparution légale ni procès, avec sentences de déportations collectives aussitôt appliquées. Toutefois, ils ont aussi disjoint vingt et un cas, sept civils et quatorze gendarmes, expédiés pareillement en Allemagne en décembre 1941, mais avec mise au secret dans une prison militaire, à Düsseldorf. Une discrimination inquiétante. L'indice qu'ils préparaient à long terme un sort spécial pour ces hommes. Au titre de l'exemplarité.

Les avocats dirigés par Me Heanning établissent que les charges relevées à l'encontre des sept civils et de quatre gendarmes, Jean Vérines, le colonel Jean Raby, les capitaines Albert Morel et Germain Martin, sont lourdes, en effet. Elles entraîneront immanquablement leur traduction devant un tribunal du Reich, pour intelligence avec l'ennemi. Le verdict sera certainement impitoyable. En revanche, les juristes constatent qu'il n'en va pas de même avec les dix autres gendarmes internés dans le cadre de ladite affaire. Et ils entreprennent de démontrer qu'aucune preuve évidente ne vient formellement corroborer leur activité clandestine. Ils avancent même avec sérieux que ces soldats ont été abusivement dénoncés, arrêtés. Leurs attendus troublent et perturbent les magistrats instructeurs allemands, qui hésitent d'abord puis les suivent à contrecœur. Heanning passe ces dossiers à Sérignan ; à sa Section de continuer à intercéder, afin que ces inculpés soient ramenés en France, pour y être éventuellement jugés selon les lois françaises.

Le chef d'escadron s'y emploie. Il réclame inlassablement pendant des mois le retour de ces hommes aux autorités allemandes à Paris. Fait de même le siège de K.H. von Stülpnagel. Ce dernier finit par céder, en partie. Le capitaine Paul Cyprien Le Flem et le gendarme Le Guern reviennent les premiers en France, en 1942. Après une année de démarches supplémentaires, le colonel Emile Boillin, l'adjudant-chef Legrand, les gendarmes Raymond, Valencelle, Provins et Carette seront rapatriés à leur tour, en septembre 1943. En revanche, le lieutenant Ernest Laurent sera condamné à dix ans de forteresse sur place, pour « aide à l'ennemi », et l'adjudant Henri Pinault n'échappera pas à la déportation. Aux sévices, au travail forcé, à la mort. Seul

Laurent résistera à l'errance de prison en prison, de Düsseldorf à Sonneberg, Wolfenbuttel, Magdeburg et Brandenburg, sera libéré en avril 1945.

Restaient les principaux accusés. Parmi eux, le chef d'escadron Vérines a supporté le moins bien la détention. Un affaiblissement dû à la nourriture médiocre et succincte, aux mauvais traitements. D'abord durant deux mois à Fresnes, pendant l'automne 1941, avec tortures et mise au secret, depuis lors à la prison militaire de Düsseldorf, avec claustration non moins rigoureuse. Sa forme physique a fondu. Considérablement amaigri, cheveux prématurément blanchis, il redresse avec peine sa haute taille. Les coups reçus en 1941 avaient déjà altéré l'acuité visuelle de son œil gauche, seul valide dans son visage couturé. Depuis, elle ne cesse de baisser. Il faut le guider, lors de ses déplacements — quand on lui octroie le droit de se rendre à l'infirmerie. Il deviendra complètement aveugle en juillet 1943. Ces voisins de cellule, notamment le colonel Boillin et le chef Legrand, dès leur retour, le confirmeront.

De même, ils décriront succinctement ce qui filtrera en août 1943, au sein de la prison, du procès collectif intenté aux inculpés : la transformation de la chapelle de l'établissement pénitentiaire en salle d'audience, les juges en noir pressés de bâcler l'ouvrage, les quinze jours de résistance des avocats. Et les sentences ; onze condamnations à mort. Elles tombent en cascade. Le 24 août : celles du colonel Raby et du capitaine Morel. Le 25, celles de Pierre Jamet, d'Yves Ponchel et d'Yvan Chotard. Le 26, celles du capitaine Martin et de Lucien Charpentier. Le 28, celles de l'abbé Roger Derry, de Marc Dufour. Le 30 août, celles de Jean Coustaing et du chef d'escadron Jean Vérines, leur responsable au « Saint-Jacques ».

Les condamnés resteront encore à la prison de Düsseldorf jusqu'au 19 septembre. Ils y apprendront le rapatriement de certains de leurs compagnons de misère, le départ de Laurent vers d'autres prisons et celui de Pinault pour le camp d'Oranienburg-Sachsenhausen, en Allemagne orientale. Le lendemain, devenus des NN, Nacht und Nebel, Nuit et Brouillard — n° 401 pour Vérines, n° 408 pour l'abbé Derry —, on les transférera à Cologne.

Le 9 octobre, le colonel Raby, le capitaine Morel et le capitaine Martin seront passés par les armes, les premiers. Six jours plus tard, le bourreau de la prison — sans doute celui qui décapita au même endroit le gendarme Edouard Charlot — exécutera l'abbé Roger Derry de la même manière ; à la cognée. Aux autres civils, le Reich réservera la mort habituelle en ce temps : la fusillade. Celui qui tombera le dernier, parmi eux, le 19 ? Le plus jeune ; Pierre Jamet, le petit courrier du « Saint-Jacques ». Clôturant la sombre série, le 20 octobre, Jean Vérines sera conduit à son tour devant le peloton. Au stand Gremberger, à Cologne. Point de bandeau sur les yeux, dans son cas. Comme Raby, Morel et Martin, il mourra dans son uniforme de la gendarmerie.

Les corps des quatre gendarmes et celui de l'abbé Derry seront d'abord enterrés à proximité de la prison, au cimetière de l'Ouest, à Cologne. Après l'armistice, la Croix-Rouge française entretiendra les tombes jusqu'en 1948, année du rapatriement des restes. L'église Saint-Germain, à Vitry-sur-Seine, accueillera ceux de Roger Derry, qui avait desservi cette paroisse durant l'entre-deux-guerres. Les cercueils des gendarmes resteront exposés aux Invalides, jusqu'aux obsèques nationales qui se dérouleront en ce lieu le 11 octobre. Rendus aux familles respectives, les quatre officiers reposent désormais dans leurs terres natales : Germain Martin à Bagneux, Albert Morel à Prunay-Cassereau, dans le Vendômois, Jean Baptiste Raby à Angers, et Jean Vérines à Malemort, près de Brive.

La pugnacité de Me Haenning, sa pratique savante du droit, les interventions non moins combatives du chef d'escadron Sérignan — le hasard aussi — ont cependant fait parfois pièce à la rigueur des tribunaux nazis.

Quatre gendarmes de la légion d'Aquitaine ont été sauvés de la sorte : le chef Robevieux, les gendarmes Gros, Batbedat et Bouthonnier, attachés à la brigade du Bouscat.

Dénoncés comme résistants, ils appartenaient à un réseau. Des documents et des armes d'origine anglaise saisis lors d'une perquisition le prouvaient, mettaient surtout en cause Robevieux et Gros. On ne donnait pas cher de leur vie.

De fait, les juges du tribunal militaire allemand, à Bordeaux, n'ont pas fait de quartier envers Robevieux et Gros ; la mort, à l'unanimité. En revanche, ils ont suivi Me Haenning, qui avait démontré l'innocence de Batbedat et Bouthonnier, pourtant engagés dans le même combat, octroyé l'élargissement ; sentence inespérée. Découvrant un vice de forme dans la procédure concernant les condamnés à mort, Sérignan se prend à croire à son tour en l'inattendu, introduit une requête en cassation. Dossier transmis à Berlin pour examen ! Et la bonne fortune veille encore ; l'affaire va traîner. Durant des mois. Les documents ont probablement été égarés. Détenus au fort du Hâ, au secret, oubliés, Robevieux et Gros seront sauvés par le gong : la libération.

Processus différent, mais résultat presque similaire avec les gendarmes Lamy, Vitoux et Satin, de Sancoins, dans le Cher, zone libre jusqu'à la fin 1942. Ils avaient, on l'a noté plus haut, caché dans un bûcher des armes parachutées. Dénonciation, intervention de la Sipo. Lamy échappe à la police nazie, déserte, s'abrite en Franche-Comté. Satin et Vitoux, en revanche, sont pincés. Le tribunal allemand, à Bourges, ne les épargne pas : peine capitale.

Sérignan mise encore sur un heureux sort. Ne se laissant pas rebuter par l'attitude menaçante de Keitel, lors du brutal rejet du troc auquel il avait pensé pour épargner Edouard Charlot, il propose à Karl Oberg un échange d'une autre nature : une commutation de peine en faveur de ses gendarmes, contre un lot important d'armes cachées en zone sud depuis l'armistice de 40, des engins pouvant être retournés contre les troupes d'occupation. Marché accepté. Mais ce matériel récupéré, rouillé, est inutilisable. Colère du SS. Décision immédiate : douze balles pour Vitoux et Satin. La veille de l'exécution, Sérignan intervient auprès du colonel Knochen, argue que les faits reprochés remontent au temps où Sancoins était en zone libre ; la procédure semble discutable. Knochen en convient, promet que les condamnés auront la vie sauve ! Toutefois, cette mesure de clémence ne signifie pas libération. Vitoux et Satin, déportés, partent pour les camps. Seul Satin en réchappera.

Ultime affaire, qui voit encore à l'œuvre le duo Haenning et Sérignan. Cette fois, ce sont des gendarmes de la légion d'Anjou qui viennent sur la sellette : onze officiers, sous-officiers et hommes du rang. Parmi eux, le chef d'escadron Robert Caron. Inculpés d'intelligence avec l'ennemi, ils comparaissent devant un conseil de guerre qui siège à Paris, à l'hôtel Continental. Ils œuvraient en secret pour la centrale de renseignements « Centurie », démantelée par la Sipo d'Angers. Le capitaine Royer, qui dirigeait l'antenne saumuroise de ce réseau, couvre ses dix compagnons : ils ont obéi, certes, mais lui seul commandait et doit endosser seul cette responsabilité. Haenning et Sérignan appuient sa thèse, accumulent les arguments, en appellent à la clémence du tribunal. Celui-ci, les écoutant à demi, prononce sept condamnations à mort, trois peines de réclusion, ainsi qu'un acquittement. En plaidant encore, Sérignan arrache les commutations de peine pour ceux qui viennent d'être promis au poteau. D'abord détenus à Fresnes, les dix condamnés partiront en déportation.

Trois d'entre eux n'en reviendront pas : le chef d'escadron Robert Caron, l'adjudant Estève Boisse, le gendarme Octave Boulme. Les trois membres du réseau « Centurie », pour lesquels Heanning et Sérignan avaient pu décrocher les sanctions les plus légères ; sept ans d'emprisonnement. Ils n'ont pu résister à la dysenterie, la tueuse la plus banale de l'univers concentrationnaire.

7

Le tournant

Novembre. Mois des sacrifices pour les Gaulois, mois des vents pour Charlemagne. Et des premiers déboires sérieux pour Pétain et Laval. Précisément, novembre 1942.

Le 8, les forces anglo-américaines débarquent en Afrique du Nord. Deux cent soixante et onze navires, réunis au préalable à Gibraltar, déploient cent mille soldats sur les plages de Safi, Fedhala et Port-Lyautey au Maroc, sur celles d'Alger, Arzew et Oran en Algérie. L'opération Torch. Avec un stratège nouveau venu à la barre ; Dwight Eisenhower, un général yankee. L'affaire ne traîne pas. Trois jours. Au terme desquels l'armée d'Afrique lève la crosse. Il convient cependant de le préciser ; à l'exception de son état-major, encore vichyste, comme la majorité des fonctionnaires de la colonie, elle était déjà en partie acquise à la cause des Alliés.

L'intervention militaire de ces derniers sur les arrières de la forteresse Europa a semé aussi le désarroi outre-Rhin. Hitler ne décolère pas. Déjà, six jours plus tôt, l'Afrikakorps confiée à Erwin Rommel, stoppée depuis octobre à El-Alamein, Egypte du Nord, a plié devant les troupes commandées par le général britannique Bernard Law Montgomery. Les pertes du Reich témoignent de la violence de la contre-offensive ; quatre mille morts, trente mille prisonniers abandonnés, cinq cent cinquante panzers hors de combat. Par surcroît, les nouvelles du front oriental ne consolent pas. La VIe armée de Friedrich Paulus, piégée à Stalingrad, ne parvient plus à se dégager. Pire, les Soviétiques menacent à présent de la piler. Aussi le führer vient-il de décréter ce qu'il appelle « la guerre totale ».

En clair, pour ce qui concerne la France, cela se traduit par des mesures immédiates de contraintes nouvelles. Le 9 novembre, Laval se rend à Berchtesgaden. La raison de sa convocation transparaît vite : le 11, dès l'aube, les Allemands occupent toute la zone libre. Le même jour, Hitler décide la dissolution de l'Armée de l'armistice. Le 18, Pétain concède les pleins pouvoirs à l'Auvergnat ; une façon maligne de se défausser, de signifier aux Français que Laval portera seul la responsabilité des arias qui montent. Le 27, la Wehrmacht et les SS ratent de peu, à Toulon, la mainmise par surprise sur l'escadre de haute mer basée dans ce port : l'amiral Jean de Laborde a sabordé en rade, sous leurs yeux, les soixante-treize bâtiments de sa flotte.

Quatre sous-marins appartenant à la flottille du vice-amiral Marquis, préfet maritime de la IIIe région, chargé de la défense des côtes du territoire, s'éclipsent sous une canonnade des panzers de la 7e division du général von Funk : le *Casabianca*, commandé par L'Herminier ; le *Marsouin*, commandant Mine ; le *Glorieux*, commandant Meynier ; l'*Iris*, avec l'officier en second Dégé à la barre. L'Herminier et Mine, qui détestent les Anglais mais abominent davantage les Allemands, ont choisi d'emblée de gagner Alger. Meynier les ralliera le surlendemain, après une escale furtive à Oran. Seul Dégé a opté pour l'internement de son navire et de son équipage à Barcelone, pour la durée de la guerre.

Et décembre 1942 abondera autant en pressions, malgré les manifestations de servitude multipliées par Laval.

Le 5, il a offert à l'Axe la collaboration complète de la France. Ribbentrop lui intime aussitôt de développer un peu plus activement chez lui la lutte contre les dissidents. Le 19, mandé derechef en Allemagne, après un long voyage en train pour atteindre la forêt de Goerlitz, au fin fond de la Prusse orientale, il se présente au quartier général du führer.

Et s'entend réclamer un accroissement des frais d'entretien quotidiens de la Wehrmacht, puisqu'elle occupe maintenant tout le territoire. Dans sa corbeille d'offrandes, il apportait pourtant quatre-vingt mille ouvriers de plus, volontaires, au titre de la relève. On lui signifie qu'il en faut davantage. Et pour lui montrer combien il lui faudra se pénétrer du poids des exigences qui l'attendent encore, l'office territorial Ostland expulse des paysans du nord-est de la France, afin de les remplacer par des fermiers du Reich. Des prémices de la colonisation envisagée sur tout le nord du pays.

L'exécution de Darlan, à Alger, le 24 décembre, vient perturber la détermination de Laval à défendre sa politique du renoncement. L'amiral est le premier des grands dignitaires de Pétain qui ait payé son engagement, autant auprès du maréchal que des nazis. Jouant cependant la carte du reniement, il avait cru bon de tenter en novembre une prise personnelle du pouvoir en Algérie, misant sur les Américains, contre de Gaulle, contre le général Henri Giraud, également candidat nouveau à la puissance en Afrique du Nord. Un jeune résistant algérois, Fernand Bonnier, dit de la Chapelle, l'a abattu au palais d'Eté, siège du gouverneur général. Devant la porte de son bureau. Malgré les barrages de la police et l'opposition de sa garde rapprochée.

De quoi donner à penser aux autres sultans vichystes. Laval, déja hanté par la crainte d'un attentat depuis la tentative manquée de Paul Collette, qui l'avait blessé, le 27 août 1941, à Versailles, lors de la cérémonie précédant le départ pour la Russie du premier contingent de la LVF, n'en dort plus. Don Pedro, comme l'appellent les irrévérencieux du régime, tels Louis Ferdinand Céline et Henri du Moulin de Labarthète, s'empresse de décupler les précautions. Il compte plus sur ces mesures que sur la providence.

Cette préoccupation n'a pas été étrangère à son désir de devenir le patron de la milice française, créée par Darnand, qu'il porte à la place de ce dernier sur les fonts baptismaux, le 5 janvier 1943. Comme celle d'avoir désormais à sa botte la gendarmerie. Ainsi, il ne manque pas de gardes. Il ne se déplace plus qu'en voiture blindée, il aime la Delage modèle présidentiel — trois exemplaires dans son garage —, en change au dernier instant. Il lui faut en continu un rideau d'hommes autour de son domicile, le château de Châteldon. Sur la route départementale qui relie son village à Vichy. Devant l'Hôtel du Parc, qui abrite son gouvernement. Dans le couloir conduisant à son secrétariat, jusque dans l'antichambre de son bureau.

La peur fait ouvrir les yeux, dit-on. Sauckel estime, en l'occurrence, que Laval n'ouvre pas assez grandes les oreilles. Le 13 janvier — le jour même où Hitler a reconnu la défaite de sa VIe armée, qui s'est rendue à Stalingrad —, le gauleiter du Reich à Paris a encore réclamé plus d'ouvriers volontaires pour la relève. Vingt jours plus tard, il tonne, annonce que le STO, le fameux Service du travail obligatoire, est enfin institué. Cette fois, par la force si besoin, les Français iront en suer en Allemagne. Quatre cent cinquante-six mille partiront, en 1943. Et quarante-quatre mille autres, en 1944. Avec les volontaires engagés auparavant, on chiffrera à sept cent cinquante mille le nombre de ceux qui iront œuvrer dans les usines nazies.

Ces événements, qui ont marqué la fin de l'année 1942 et le début de l'an suivant, ont changé en France la perception du déroulement de la guerre. L'échec de Rommel en Egypte, celui de Paulus en Russie apprennent à certains que l'invincibilité manifestée jusqu'alors par la Wehrmacht n'est peut-être qu'un leurre. Que l'Etat français est considérablement affaibli. Son régime est aboli en Afrique du Nord, depuis le débarquement allié ; l'abrogation sera officialisée le 15 mars 1943. Il n'a plus de colonies en Afrique, car les gaullistes s'apprêtent à récupérer sa dernière tête de pont, la poche de Dakar. Ni de flotte. Ni d'armée sur son propre territoire. Ni de territoire, d'ailleurs, depuis l'occupation de la zone libre. De surcroît, la soumission à l'Allemagne, dont fait montre quotidiennement Laval, indique à ceux que le doute gagne que la souveraineté nationale est bien morte. Que la société rêvée par Pétain tient du mirage. Réduite à la condition d'une petite principauté carpette. Ils en viendraient à plaindre le vieux maréchal.

Les vrais bénéficiaires de ces péripéties n'ont pas manqué de les apprécier à leur juste valeur. Hors frontières ? Il s'agit des gaullistes et des giraudistes. A l'intérieur ? Des résistants, toutes obédiences confondues. Le pays étant maintenant occupé dans son entier, plus d'ambiguïté ; ils pourront mieux appeler à mobiliser, en vue de le libérer. Désormais, la pioche aux volontaires en sera facilitée. Les petits commandos de l'ombre des premiers temps ne manqueront pas de recruter, en premier lieu au sein de la troupe et de l'état-major de l'ex-Armée d'armistice, un personnel professionnel efficace, dispersé, renvoyé dans ses foyers. Une riche transfusion en perspective.

En outre, la mise en sommeil provisoire de la ligne de démarcation — décision prise à Berlin, communiquée à Paris à Karl Oberg et K.H. von Stülpnagel — constitue un vrai soulagement pour les clandestins. Certes, elle sera compensée par une surveillance plus active de la circulation routière et ferrée sur l'ensemble du territoire. Elle supprime tout de même une barrière intérieure. Dangereuse. Sur laquelle butèrent et furent prises trop de victimes. Ne resteront plus que deux murs à sauter. Le Jura vers la Suisse — peu de candidats — ainsi que les Pyrénées, pour gagner, via l'Espagne, le camp des Alliés.

Sur ce point, un éclaircissement. Les évasions par la péninsule ibérique ont constitué, on l'a remarqué, une activité certaine pour les réseaux depuis 1940. Elles n'ont cependant pas été vraiment dénombrées. Des dizaines de milliers, estime-t-on. Surtout lors de la fuite des juifs devant les rafles. Quarante mille, au total, ont assuré les autorités espagnoles, dont vingt mille durant la seule année 1943. Mais quel crédit accorder aux comptables de Francisco Franco ? Il devait tant lui-même à Hitler pour l'intervention des brigadistes bruns et de la légion aérienne Condor durant le pronunciamiento qu'il organisa en 1936. Le Caudillo a par exemple toujours truqué, en le minorant, le nombre des expulsés sur sa frontière que sa garde civile remit à Vichy avant novembre 1942. De même celui des fugitifs accidentés ou tués en montagne, des internés décédés dans ses trente camps. Notamment à Miranda del Ebro, en Castille ; un cantonnement édifié par les nazis pendant sa guerre civile, primitivement destiné aux républicains. Le Fiancé de la mort, comme l'appelaient ses légionnaires de la Bandera, mentait immanquablement quand il devait évoquer le moindre de ses bilans. Ses phalangistes, ses ministres aussi.

Un dernier élément justifiera l'apparition en France d'une opposition supplémentaire au Reich et aux vichystes : l'instauration du STO. Cette saisie humaine, sous-estimée aujourd'hui, n'était pas anodine. Elle allait toucher les hommes de plus de dix-huit ans, jusqu'à ceux de moins de cinquante ans. Large fourchette. Des muscles, mais aussi des spécialistes. Regimber contre l'aiguillon était déjà un trait qui caractérisait certains Français depuis 1940. En l'occurrence, d'autres, timorés jusqu'alors, ne se feront pas prier pour rejeter cette embauche forcée dans un pays étranger, que l'aviation alliée entreprenait de sévèrement pilonner. Aussi le mouvement des récalcitrants apparaîtra-t-il fort ample dès le début de 1943, quand le décret nazi du 2 février obligera les citoyens visés à s'inscrire dans les mairies en vue du départ vers l'Allemagne.

Les réfractaires, à ce moment, ne sont pas encore au sens strict des insoumis. Juste des fuyards. Qui s'effacent, se terrent. Peu en ville, surtout dans les campagnes. Les plus audacieux optent pour le camping sauvage au creux des grandes forêts, au fond des écarts. Prendre le maquis est un réflexe qui remonte loin, l'histoire le montre. Les jacques le remirent en vogue au XIVe dans le Beauvaisis, les chouans vendéens, bretons, normands et angevins ont suivi, ensuite. En 1943, certains, en petit nombre, mesuré néanmoins, tourneront brigands des grands chemins, comme Mandrin. La majorité fera l'apprentissage de la clandestinité, s'organisera en compagnies armées, en vue de l'affrontement.

Sans la complicité de certains gendarmes, cette coagulation n'aurait jamais pu prendre. Ne pas oublier ces données : ils quadrillaient les cantons, visitaient régulièrement les villages, les hameaux, exploraient périodiquement les lointains, fréquentaient les populations locales, ne pouvaient manquer de repérer les inconnus nouvellement fixés ou itinérants — les allochtones, en jargon officiel, issu du grec. C'était d'ailleurs ce qu'escomptait Laval.

Dès mars 1943, il a mis en garde la maréchaussée contre « toute attitude de complaisance à l'égard des requis ». Les directives adressées au corps l'attestent. De même, il a aussitôt renforcé les prérogatives des préfets, les habilitant à prendre « des arrêtés spéciaux d'internement à l'encontre des factieux, à réquisitionner la force publique, autorisant cette dernière à perquisitionner sans restriction », l'incitant à incarcérer. La gendarmerie a reçu de surcroît des consignes lui imposant de s'attacher « à recueillir des renseignements précis sur le nombre, le lieu de refuge, l'activité, les conditions de vie des réfractaires constitués en groupements illégaux, éventuellement armés, contre lesquels il conviendrait de prévoir des actions de force ».

Comme avec les juifs, au moment des rafles, des gendarmes obéiront sans hésiter aux commandements. En revanche, ceux qui résistaient déjà dans des réseaux, renforcés par d'autres collègues depuis lors, transgresseront tout aussi fermement ces ordres. Ils pratiqueront même avec constance l'assistance aux talonnés. Et cela à tous les niveaux.

Le lieutenant Derommelaerre, à Confolens, jusqu'alors versé en forcement de la ligne de démarcation, va délivrer des faux certificats de travail aux requis du STO afin de les maintenir chez eux en Charente, en enverra de surcroît une bonne centaine aux maquis du Limousin, tout proche. Le commandant Piqueton, à Vichy, auquel Sérignan fait souvent appel lors de ses démêlés avec l'occupant, sabotera les recherches allemandes visant des réfractaires dans son secteur, expédiera deux cents d'entre eux sur les maquis de l'Yonne et de la Côte-d'Or. L'adjudant Mourgues, à Albert, dans la Somme, lui-même rescapé du réseau « Saint-Jacques » et toujours en place, devenu agent de renseignement pour le 2e Bureau dans sa région, alimente aussi en fuyards les chaînes d'évasion des requis. D'autres les imitent, partout. Au point que les traques incomberont le plus souvent aux GMR, à la milice, que le gouvernement vichyste dotera de pouvoirs répressifs de plus en plus meurtriers.

La Bretagne, par exemple, tient vite la tête dans le peloton des régions où l'appel au STO tourne au blocage.

Le Finistère fournira avec peine 5 % des travailleurs recensés. Sans doute en partie grâce au réseau des anciens élèves du lycée La-Tour-d'Auvergne de Quimper, mené par Antoine Le Bris et Laurent Jacq, alias Guezennec, qui a cambriolé la préfecture, volé puis brûlé tous les fichiers constitués en vue de structurer cet organisme esclavagiste. Surtout à cause des gendarmes. Qui quadrillaient avec leurs quarante-trois brigades ce département. Avant chacune des opérations de contrôle ordonnées par le préfet, une bonne part de ce personnel militaire, parfois à l'insu de l'encadrement, alertent les familles armoricaines concernées par le STO, les fermiers qui abritent des fugitifs. Ils invitent de même les sujets en âge de « participer » à filer.

Au contraire des Côtes-du-Nord, de l'Ille-et-Vilaine, plus dociles, le Morbihan disputera ce record de l'absentéisme au Finistère. Grâce au réseau de Yodi — le commandant Maurice Guillaudot et ses gendarmes. Cette fois c'est lui, le patron, qui demande à sa troupe, à toutes ses brigades, de sonner préventivement le branle avant le moindre débuché qu'ordonne le préfet Marage, à Vannes. Les réfractaires abondent. Toutefois, on ne les trouve jamais. Marage s'en étonne, partage l'agacement de Lallemand, son chef de cabinet préposé à la direction du STO local, assisté par soixante fonctionnaires.

Au terme d'une conférence tenue à l'hôtel préfectoral avec ces caciques, consacrée à l'inanité des efforts que déploie sa compagnie, Guillaudot est accusé d'inaction. Contraint à lâcher du lest, il monte une opération embrouille. En éclair, ses gendarmes arrêtent cent cinquante présumés récalcitrants. Marage et Lallemand pavoisent. Peu de temps. Parmi ces emprisonnés, cent vingt travaillaient sur le mur de l'Atlantique, pour le compte de l'organisation Todt, qui les fait promptement libérer, non sans protester. Vingt autres, inaptes, malades, sont également renvoyés chez eux, après contrôle médical. Les dix derniers sont dirigés sur Paris. Pourtant prévenus au préalable, ils auraient dû se cacher. Six s'évaderont pendant ce transfert, avec la complicité des gendarmes d'accompagnement, que Guillaudot sera obligé de punir pour la forme. Quatre, seulement, parviendront en Allemagne. A Vannes, par résonance à Paris et à Vichy, la mystification n'a pas été goûtée. Le dossier de Guillaudot s'alourdit. Les collabos considèrent maintenant ce rétif, déjà mal noté, comme irrécupérable. Ils lui mitonnent un lourd châtiment.

Des cas identiques se produisent ailleurs. Les risques encourus par ces gendarmes ne sont pas minces, pourtant. Les moins sévèrement frappés écopent d'arrêts de rigueur, de suspensions de fonctions, perdent pour longtemps toute chance d'avancement. Par dizaines, ils font le gros dos sous les menaces. Soufflent, un temps. Et les plus coriaces recommencent. Tel le machéchal des logis Nerre, à Saint-Calais, dans la Sarthe. Il a multiplié dans ce canton les actions d'assistance et de protection envers les réfractaires. Déplacé à Saint-Suzanne, Mayenne, afin d'y compléter l'effectif de la brigade, puis de la commander, il persistera. Comme le gendarme Faye, à Nexon, Haute-Vienne. Ou l'adjudant Dussidour, à Lubersac, Corrèze. Ou le chef Amblard, à Niort. Ou les gendarmes Encely, Godefroy, Durant, Raynal, Gaspart et leur lieutenant, à Saint-Sulpice-la-Pointe, dans le Tarn.

D'autres, commençant de la sorte, iront plus avant. Ainsi, l'adjudant-chef Adrien Laspoussas, qui dirigeait la brigade de Rochechouart, à une quarantaine de kilomètres à l'ouest de Limoges. En toute conscience, il décide en novembre 1942 de sauter le pas. De prévenir les juifs et les jeunes de la région requis au STO des opérations de police dirigées contre eux. Les ordres de ses chefs ne lui parviennent que deux heures avant l'exécution ; afin d'accroître son efficacité, il prend contact avec le maquis « Limousin », à proximité, qui l'aide à faire pièce aux chasses commandées. Son activité se développe tant que ses supérieurs et la préfectorale suspectent son rôle occulte. Muté à Brive, il persévère. Et sert par surcroît, toujours en uniforme, l'antenne corrézienne de l'Armée secrète. Devenu résistant en titre.

Des peines autrement sérieuses, aussi nombreuses, pleuvent pareillement alors sur ceux qui, engagés de la sorte, sont pincés. Administrées par les Allemands appelés à la rescousse. Deux cas représentatifs attestent ces sévices.

Le chef de brigade Albert Rigoulet tenait garnison à La Réole, Gironde. En zone libre, avant le 11 novembre 1942. Un lieu chaud, pourtant, à cause de la proximité de la démarcation. Depuis la fin 1940, Rigoulet était enrégimenté en secret au réseau « Scientist », secteur de Cadillac, une dépendance du SOE britannique. Dès le début, il avait organisé le forcement de la ligne avec ses propres passeurs, fourni des cartes d'identité et de ravitaillement aux évadés, grâce à ses amis employés à la mairie. Puis il avait fait convoyer des juifs en Espagne. Et déniché des écarts, sur lesquels il commençait à réceptionner des parachutages avec ses gendarmes. Au début de 1943, il ne pouvait donc que s'atteler à ce nouveau défi, contrer le STO, alerter les réfractaires, les expédier au maquis. Des Réolais le dénonceront. La Sipo l'arrêtera. Les écorcheurs de Pierre Goupil, à Bordeaux, le tortureront. Il finira déporté — Dachau, Allach, Hersbrück. Dans le même convoi, deux gendarmes, Adolphe Delord et l'adjudant Paul Nompeix, attachés à une antenne SOE voisine, la « Grand-Pierre », subiront la déportation pour les mêmes raisons.

Deuxième aperçu. Les affres subies par l'adjudant Jean Lacroix. Il appartient à la brigade de Beaumont, en Dordogne, qu'il dirige. Il est aussi l'un des organisateurs de l'AS, Armée secrète, dans ce département. Longtemps, avec ses hommes, il a préparé la région à recevoir des parachutages, sauvegardé des évadés et des opprimés. Quand pointe le

STO, il détecte et conseille les premiers réfractaires. Puis se spécialise dans leur camouflage, les fournit en faux papiers, les oriente sur les maquis naissants, ravitaille ces exclus. Comme Rigoulet, des corbeaux locaux le dénonceront. Il ne se laissera pas facilement cueillir ; trois heures d'une défense farouche. Au terme de son fort Chabrol, il endurera en torrent les mêmes tourments que Rigoulet. En bout de course, aussi, le camp de concentration.

Certains, autant concernés, échapperont à ce sort. De peu. Tel l'adjudant Marcellin Cazals, déjà cité. Né en Aveyron le 18 juin 1905. Précisément au Puech d'Amans, commune de Quins, canton de Naucelle, arrondissement de Rodez. Un lieu-dit au cœur d'un plateau creusé de vaux sauvages, où cascadent de nombreuses rivières — Lézert, Vayre, Lieux, Liort — collectées par le Viaur, à proximité. Le pays du seigle, de l'avoine et du châtaignier. Une terre de bonne amitié.

Chez les Cazals, on servait depuis longtemps dans la gendarmerie. Par tradition. Et devoir, « une charge plus légère qu'une plume et plus lourde qu'une montagne ». Ainsi, au tout début du XXe, Joseph, le père de Marcellin, passa l'uniforme de gendarme à cheval, avec épaulettes plates, épinglettes de tir sur la poitrine, bottes à l'écuyère, sabre au côté, parfois la carabine modèle 1890 en bandoulière. Claude, le fils de Marcellin, déjà cité aussi, a pour sa part achevé depuis peu son service actif comme colonel, verse actuellement dans l'histoire. Au mitan de cette lignée, chaînon clé, notre sujet. Celui qui a exercé durant le temps des chagrins.

Son journal de marche, document que tenaient bien des militaires jadis, révèle que ce soldat bleu aurait pu mener une vie ardente aux colonies. Engagé à dix-huit ans, il combattit les Druzes en Syrie, avec le 12e Spahis, cantonné à Lattaquié. Transféré ensuite gendarme à cheval, affecté à la brigade montée de Bogni, près de Tizi-Ouzou, en Kabylie, Algérie, il s'apprêtait à participer aux ultimes explorations du Sahara. Sa jeune épouse, qui l'avait suivi, contracta un palu pernicieux. Retour en métropole pour mieux la soigner.

Les éperons remisés au placard, muté en Lozère, Marcellin Cazals allait découvrir, en 1928, la réalité quotidienne des obligations ordinaires du gendarme à pied. Et la décrire avec minutie, jour après jour, dans ses cahiers.

Son domaine ; Massegros, chef-lieu de canton, avec cinq communes agricoles, sur le causse de Sauveterre. Trois cents habitants autour de la brigade. Et mille deux cent quatre-vingt-dix sur la circonscription. Tous connus, en quelques semaines, malgré la faible activité administrative locale. Les contraventions aux lois étaient dérisoires. Au plus, des délits de pêche, de chasse, une centaine par an et par commune. Un poste qui n'était pas de tout repos pour autant ; les petites infractions relevées suscitaient l'inimitié de la plupart des maires, despotes de poche, leur progéniture étant souvent la moins respectueuse des règlements. En quatre ans, il se mithridatisa.

Bûcheur, il alla à Bozouls, toujours l'univers agricole, mais en Aveyron, chez lui. Promu chef de brigade en mai 1938, il hérita du poste de Montbazens, perle du Ségala. La hiérarchie l'appréciait. Il n'était pas seulement l'unique gendarme du département qui utilisait une machine à écrire, la sienne, une Remington portative, pour taper ses rapports ; il assurait la police de la route avec une moto. Et entraînait les jeunes au sein de clubs sportifs qu'il créait. Il développait de même intensément la préparation militaire.

Volontaire comme prévôt, en 1939, il participe à la campagne de France sur la frontière belge. Repli sur l'Angleterre par Dunkerque. Retour à Brest, puis à Angoulême, où la Wehrmacht l'emprisonne. Evadé le 26 juin 1940, il fonce à Ribérac, au PC de la gendarmerie. Cité à l'ordre de l'armée, il regagne l'Aveyron et sa brigade à Montbazens.

Commence alors son évolution. Au vu de ses états de service, les nouveaux chefs ont souhaité l'intégrer à la garde personnelle de Pétain. Refus sec. Ce qui le catalogue républicain et cabochard. Par mesure disciplinaire, on l'expédie en Haute-Lozère en avril 1941. A Malzieu-Ville. Joli nom pour ce trou, au pied du plateau de la Margeride. Climat rude. Et population revêche. Le nouvel Etat assigne à résidence trop d'indésirables aux alentours, dans des « centres de groupements », autre euphémisme. Par principe elle déteste. Autant ces camps que les étrangers. Le siège de la brigade est une souillarde. Cinq gendarmes pour tout effectif — des punis, comme leur adjudant. Au programme, répression de menus larcins. Vols de lapins, de légumes dans les jardins, braconnage, détournement d'électricité avec branchements pirates, ventes d'alcool sans licence. Des bricoles. Ennui garanti.

Marcellin Cazals va pourtant tout chambouler. Il ripoline la brigade. Et persuade le gros des administrés que les gendarmes ne sont pas tous vichystes, que certains appliquent en toute équité la loi, ignorant le passe-droit, les puissants en place. Il ose ainsi coincer pour pédophilie un notable, enseignant, redouté au chef-lieu. Et arrêter un facteur qui, bénéficiant d'une impunité étrange, ponctionnait des pensions de retraite. Culpabilités démontrées, ils sont condamnés. En outre, Cazals ne recense aucun fusil de chasse, ferme les yeux sur les caches abritant des armes de guerre récupérées, ignore les tueries clandestines du bétail familial et les petits trafics qui compensent la raréfaction de la nourriture. De surcroît, il noue des contacts de confiance avec certains paysans, les convainc que les réfugiés déboulant parfois du nord sont des humains en détresse. Ces fermiers constitueront une chaîne d'abris auxquels il recourra le moment venu.

De la sagacité et du cran, à revendre. Il en fallait dans ce pays, dans une grande partie de l'Auvergne plus au nord, particulièrement fliquée. Sans doute à cause de la proximité de Vichy, des édiles souvent aux ordres des nouveaux princes, des fonctionnaires de la préfectorale plus virulents qu'ailleurs. A Marvejols, par exemple, siège de la section de gendarmerie dont dépendait Malzieu-Ville, le capitaine Caubarrus et son secrétaire, le gendarme Grandidier, Lorrain replié, tous deux de cœur avec la résistance locale que menait l'instituteur Henri Cordesse, n'osaient manifester ce sentiment. Il est vrai que depuis Mende, une trentaine de kilomètres, un trio redoutable, le procureur, le commissaire spécial Rispoli et l'inspecteur Grimoux, faisait régner la terreur. Caubarrus n'approchera Cazals qu'au tout début de 1943, averti par Hubert, de l'Armée secrète à Saint-Chély-d'Apcher, que ce collègue aidait depuis longtemps le réseau.

C'est le moment où, l'ex-zone libre étant occupée de frais par les Allemands, des familles juives, jusqu'alors réfugiées dans les villes présumées plus sûres, s'égaillent éperdument vers les campagnes. Certaines arrivent à Malzieu-Ville. C'est aussi l'instant où les requis doivent s'inscrire au recensement, se présenter au STO. Où les ordres « à interpeller » pleuvent sur toutes les brigades de gendarmerie.

Remue-ménage à Malzieu. En conscience, Marcellin a décidé de n'arrêter personne. Ni les juifs, ni les STO, ni les adhérents des partis politiques interdits, ni les chantiers de jeunesse déserteurs. Seulement les auteurs de délits de droit commun. Assisté par Mme Jonoveski, elle-même victime en puissance, il disperse des israélites chez les fermiers complices, déjà avertis. Secondé par Souchon, responsable local de l'Armée secrète, il fait filer ses premiers réfractaires sur des refuges provisoires ; un moulin abandonné et sans chemin d'accès dans les gorges de la Truyère, des burons délaissés à Brassalières, sur les hauts de la Margeride. Il organise aussi le ravitaillement de ce petit monde.

Les bonnes nouvelles ont parfois des ailes. Les juifs savent vite qu'à Malzieu un saint-bernard les protège. Il en sauvera deux cent neuf, on l'a vu. Cela lui vaudra plus tard la reconnaissance de l'Etat d'israël, qui lui décernera sa médaille des Justes. Les réfractaires au STO sauront mystérieusement aussi que, dans ce coin de Haute-Lozère, une porte de sortie leur est ouverte. Au moins deux cent cinquante d'entre eux en profiteront. Harcelé par les autorités préfectorales qui le bombardent d'incitations à intervenir, Cazals répondra chaque fois par un procès-verbal succinct, rédigé dans les règles : « Recherches infructueuses. »

On ne tire pas sur une telle corde sans conséquences. Le 10 mars 1943, Cazals sera dénoncé. Lettre anonyme parvenue à la préfecture, à Mende. Elle émane de Malzieu, cachet de la poste faisant foi. L'enquête confiée au capitaine Caubarrus n'aboutira pas. L'officier « couvre », bien entendu. Conseille cependant la prudence. Un policier allemand traîne un peu plus tard au chef-lieu de canton. Puis six agents de la Sipo déboulent avec des GMR, tentent une rafle. Les juifs, prévenus par Cazals, se sont terrés. Deux tombent quand même aux mains des nazis, Paul Chitelman et Mlle Molteck, vingt ans. La mère de cette dernière, ainsi que sa dernière-née sont abritées chez les Cazals. Il les gardera quinze jours dans son logement de fonction, leur assurera un gîte sûr.

La préfecture à Mende se fait plus pressante. Elle a appris, par dénonciation encore, que des dissidents s'assembleraient dans la région. Sur la Margeride. Enquête exigée, de façon comminatoire. Cazals sait qu'il s'agit d'un maquis en formation, celui du mont Mouchet, aux confins de la Lozère, du Cantal et de la Haute-Loire. Il en connaît le chef, Emile Coulaudon, alias colonel Gaspard, issu d'une famille très connue du Puy-de-Dôme, un remueur d'idées et un entraîneur d'hommes, responsable régional de l'Armée secrète. Il lui a déjà envoyé de nombreux volontaires, quelques armes récupérées, ainsi que quarante-trois kilos d'explosifs agricoles et trois cents détonateurs. Son rapport, à Mende, sera évidemment négatif, une fois de plus. Une fois de trop. Le capitaine Caubarrus l'informe que son arrestation est programmée, le prie instamment de filer, en confiant la brigade à l'un de ses subordonnés, le gendarme Barbut.

Décision sans retour. La gendarmerie le considérera comme déserteur. Les siens, privés de sa solde, pourraient de surcroît en souffrir, être retenus en otages par les Allemands. Il s'était préparé à cet aléa. Demandant à son tour assistance, il confie son jeune fils, Claude, à l'institution catholique Saint-Privat. La sœur Vedèche, supérieure de l'hospice à Malzieu, autre fondation religieuse, accueille son épouse. Sûr désormais qu'il ne leur arrivera rien de fâcheux, il passe des vêtements civils, boucle son sac, se cache durant quelques jours dans une maison isolée, loin du bourg, appartenant à la famille Chaleil, un maillon de sa chaîne de solidarité. L'âme sereine, il rejoint le maquis.

Aux ordres de Coulaudon, Marcellin Cazals va rallier une poignée de gendarmes du secteur, qui deviendront des rebelles, comme lui. Il participera à la bataille du mont Mouchet, qui engagera une douzaine de compagnies contre les Allemands, appuyés par des Russes — une légion de Tatars de la Volga et des Azerbaïdjanais. Quand ce maquis sera anéanti, il se réfugiera dans un autre réduit, à Chaudes-Aigues, combattra encore. Puis, menant trente-trois autres gendarmes de l'Aveyron, il rejoindra le maquis de la Truyère, aux ordres du colonel Mondange, alias Thomas, autre figure de la résistance en Auvergne, qui lui confiera la prévôté, spécialité dans ses cordes. La libération venue, Marcellin Cazals retrouvera sa brigade à Malzieu, promu adjudant-chef pour services rendus. S'étant finalement attaché à la Lozère, c'est à la tête de la brigade de Saint-Chély-d'Apcher, au Gévaudan, entre la Margeride et l'Aubrac, à proximité des sites virgiliens ensanglantés par ces massacres, qu'il attendra la retraite. Méditant une nouvelle doctrine : « Le devoir, c'est d'aimer ce que l'on se commande à soi-même. »

Le 1er mars 1943, au moment précis où le samaritanat déployé par Cazals a atteint son apogée, Karl Oberg a communiqué une décision à Bousquet : ses kommandeurs régionaux contrôleront étroitement la gendarmerie sur l'ensemble du territoire français. En outre, ce sont eux qui donneront aux préfets les instructions concernant le recours au personnel du corps, afin de le faire participer davantage au maintien de l'ordre. Les kommandeurs adresseront en outre ces injonctions à la direction de l'arme. En clair la voici ferrée aux pieds. Cette pression s'ajoute à l'assujettissement que Laval avait déjà imposé un peu plus tôt à la maréchaussée.

Laval le signifiera d'une autre manière quelques semaines plus tard. Voulant une direction générale du corps à sa dévotion, il va remercier le conseiller d'Etat Chasserat. Et remplacer ce magistrat de l'ordre judiciaire par un officier. Un gendarme. Le colonel Martin, inspecteur de légion à Lyon, originaire des Vosges. Dans la cinquantaine, fils de gendarme lui-même, ce Martin formé à Saint-Cyr avait directement opté pour la maréchaussée à sa sortie de l'école. Depuis lors, il avait surtout servi à Paris, autant dans les coulisses du Gotha militaire que dans celles de la politique. Un discret, au demeurant. Nul ne savait quand sa route avait croisé celle de Laval. A l'évidence, ils se connaissaient. Et bien. C'est Laval qui annoncera sa nomination à Martin, doublée d'une promotion au grade de général de brigade.

L'éviction de Chasserat entraînera aussi celle de son adjoint, le général Fossier. Auquel succédera immédiatement un autre gendarme, le lieutenant-colonel Chambon, qui servait auparavant à la légion de Châteauroux. Une mutation demandée par Martin, entérinée aussitôt par Laval. Il savait que ces officiers étaient déjà très liés. Tous deux étaient par ailleurs brevetés d'état-major, une rareté en ce temps parmi les soldats bleus. Ce duo rassure le chef du gouvernement.

La garde — les anciens gardes républicains mobiles réunis à l'Armée d'armistice en zone libre — a paru le gêner davantage après le 11 novembre 1942, quand l'armée a été démobilisée à la demande expresse du führer. Cette force a d'abord été sauvegardée. Puis, en février 1943, Laval a proposé aux occupants qu'elle puisse assurer « quelques missions d'intervention contre les rebelles, surveiller surtout des établissements et des prisons militaires ». Accord octroyé avec circonspection, seulement pour l'ancienne zone sud. Peu après, en avril, Oberg, sur pression de Berlin, a exigé que cette garde soit démilitarisée, considérée comme une unité de police ordinaire. Donc placée sous l'autorité du ministre de l'Intérieur. René Bousquet, à ce moment.

Des exégètes ont beaucoup glosé sur ces tergiversations. Se demandant pourquoi ce corps n'avait pas partagé sur-le-champ le sort de l'armée du maréchal.

Les uns ont avancé qu'on avait pu l'épargner « à cause de son loyalisme, de sa foi indéfectible placée en Pétain ». Une thèse surréaliste. Bien des vichystes, les occupants surtout, avaient manifesté depuis 1940 une défiance trop fondée envers une bonne part du personnel de cette unité.

D'autres ont attribué un dessein martial à Laval : constituer une nouvelle armée autour de ce noyau. Etrange postulat. Ni Pétain, ni son chef du gouvernement n'auraient pu arracher au führer l'autorisation de créer un autre ost ; il venait de dissoudre sans appel la troupe de l'armistice. Laval, c'est vrai, avait effectivement soumis en janvier 1943 un projet aux autorités allemandes, qui concernait la garde. Son plan suggérait qu'elle serve de « force opérationnelle, cinquante mille hommes », mais uniquement destinée à renforcer l'ordre intérieur. Une super police, en fait. Pour mieux mater les Français. Même cela avait été refusé par Hitler. Sa rebuffade avait été notifiée par le feldmarschall Gert von Rundstedt. Et Laval n'avait plus insisté.

Dernière conjecture : Laval et ses acolytes, même les Allemands, ont renoncé à dissoudre la garde en même temps que l'Armée d'armistice, afin qu'une bonne partie de ses hommes ne puissent en profiter pour se fondre dans la nature et rejoindre la dissidence. Rompue au combat, il fallait la conserver intacte, la ménager et l'intégrer en douceur aux forces de sécurité.

Bien des faits donnent du poids à cette théorie. Comme la gendarmerie, dont elle était le fer de lance jusqu'à l'effondrement de juin 1940, la garde n'a plus constitué un bloc homogène après ce drame. Recomposée en zone libre sous forme de six régiments réunissant six mille hommes et cadres — quota arrêté par les Allemands —, elle s'est divisée, de façon invisible encore.

Certains membres du personnel se sont sans ambages montrés fidèles au nouveau pouvoir, l'Etat français. Hostiles envers toute forme de dissidence, ceux-là n'ont jamais reculé à participer aux opérations de répression contre les premiers résistants. Même les plus brutales, les pires. Ils déploieront un zèle identique, plus tard, amalgamés aux GMR et à la milice, contre les maquis. Mais ils n'ont pas composé la majorité, il s'en faut de beaucoup.

Celle-ci a observé, au contraire, une longue expectative. Quasi une hibernation. Jusqu'à ce que l'évolution des événements, de la guerre, lui impose de se décider. Comme bon nombre d'autres Français. Après le débarquement des troupes alliées en Afrique du Nord, le recul de Rommel en Afrique, la défaite de Paulus à Stalingrad, en Russie, elle se dégèlera et se rapprochera de ceux qui, dans le rang, avaient dès le début de l'occupation refusé toute compromission.

Avec certains gendarmes, des gardes ont, en effet, compté parmi les tous premiers résistants. Parmi ces premiers gendarmes rebelles, d'aucuns — quelques cas évoqués ici l'attestent — étaient également des ex-gardes républicains mobiles versés dans la départementale, grâce aux efforts et manœuvres de Pierre Charles Sérignan. C'est aussi dans les rangs de la garde que le capitaine Paul Paillole, devenu recruteur pour les services spéciaux clandestins, a levé ses premières recrues de l'ombre. D'autres, dès lors, ont suivi.

Ainsi, le lieutenant-colonel Boiseaux, du 2e régiment, à Nice. Avec son camarade, le colonel Vincent, alias Vény, il a, dès 1941, rallié des patriotes dans la région et constitué un réseau de renseignements, le groupe « Froment », qui opérera sur la Côte d'Azur jusqu'à la libération.

Dans les Pyrénées-Orientales, le lieutenant-colonel Candille, en contact suivi avec l'ORA, membre du réseau « Maurice », a organisé dans son département des filières de passage en Espagne. Puis, coiffant le képi de la gendarmerie départementale, nommé à Montauban, il continuera lui aussi à résister dans le Tarn-et-Garonne pour la même antenne.

Le lieutenant-colonel Bretegnier, du 1er régiment, affecté au groupement des Alpes, s'y compromettra tant avec les réfractaires que Vichy le relèvera de son commandement. Auparavant, il avait poussé plusieurs membres de la garde à établir des contacts suivis avec des chefs de réseaux. En

Haute-Savoie, le chef d'escadron Raulet, les capitaines Mallaret, Receveau et Jung, le lieutenant Honorat, les adjudants Ducos et Narbonnaud ont notamment suivi cette voie. Muté à Lyon, Bretegnier maintiendra ses contacts avec la dissidence. Accrédité auprès du BCRA, il deviendra un agent de Passy, évaluera les moyens globaux de la gendarmerie et de la garde dans le Rhône, aptes à s'engager ultérieurement lors de l'assaut final contre l'occupant.

On le constate, c'est dans le domaine du renseignement que se sont spécialisés surtout les insoumis de la garde. A tous les échelons. Partout. A Chambéry, le capitaine Perrolaz, du groupe Bretegnier, appuyé par le garde Favre, achemine sur Lyon des courriers destinés aux organisations clandestines. A Mende, en Lozère, au sein de la préfecture, c'est l'adjudant-chef Lambège, de l'escadron 6/3, qui contribue au noyautage des administrations publiques, qui infiltre le commandement des GMR afin de découvrir par avance les missions répressives dont on les chargera.

A l'instigation du capitaine Rouyer, qui dirige l'antenne clandestine « Violette » du poste TR 113 des services spéciaux de Paillole, le capitaine Paul Vincent assure le même office à Vichy. Avec l'appui de son supérieur, Rémi Robelin, ce qui sera abordé en détail plus loin. Promu honorable correspondant de ce TR 113, Paul Vincent pénètre les services de Joseph Darnand, de sa milice, pour percer les projets d'action contre les maquis, les dispositifs de barrages prévus sur les routes, les ordres d'arrestation de patriotes, afin que ces interventions soient déjouées. Paul Vincent contribue à désamorcer de la sorte de nombreux raids miliciens contre la résistance dans le département de l'Allier. De même, il avertira le maquis tenant le plateau des Glières, en Haute-Savoie, de l'opération imminente que lanceront la milice et les Allemands contre cette forteresse naturelle.

A Grenoble, Isère, Gaston Durand, sous-lieutenant de la garde et membre actif du réseau « Eleuthère », assurera une mission identique pour le compte d'Eugène Chavant, l'un des chefs du maquis du Vercors.

Simultanément, d'autres officiers et sous-officiers de la garde, pareillement ralliés à la résistance, essuient de sérieuses mesures de répression, autant de la part de la milice que de la Sipo : le colonel Throude et le capitaine René Dupont à Vichy, le chef Vidalo à Aire-sur-Adour, les capitaines Berland et Paroche, les lieutenants Masson et Cloiseau. Et d'autres encore, par dizaines.

Certains ont préféré aux contraintes et périls encourus par les agents secrets la clandestinité totale. Et ont pris le maquis. Par exemple, Dumarché et Jouanet, Coujard et Georges Vadot, André Belugeon et Sablier, Joseph Orsini et Le Guillou, les lieutenants André Delorme et Roland Million. Cinquante-trois gradés et gardes ont rejoint le corps franc de la Montagne noire, fondé par Roger Mompezat et Henri Sévenet, une unité remuante qui a compté neuf cents combattants groupés en sept escadrons, implantée aux confins de la Haute-Garonne, du Tarn et de l'Aude. D'autres, tels Robert, Poisson, Colombani, Garmandia et Jules Pol, ont rallié le bataillon Céroni, au sein du corps franc Pommiès. Comme Le Magny.

Le chef d'escadron Le Magny appartenait à la direction générale de la garde. Premier collaborateur occulte du général Verneau, fondateur de l'ORA avec le général Frère, il avait milité dès le début dans leur organisation secrète. Affecté à Toulouse, il a continué au sein du réseau « Morhange », jusqu'à en devenir fort suspect aux yeux de ses supérieurs. Lui aussi connaissait André Pommiès, créateur du corps franc portant son nom, cette unité forte de neuf mille hommes qui harcelait durement l'occupant sans jamais l'attaquer de front, sur un vaste territoire, depuis le Lot jusqu'au mur des Pyrénées. Pommiès l'incitera sans peine à déserter et l'intégrera dans son état-major. Désirant combattre, Le Magny, devenu Dérines en clandestinité — ne pas confondre avec Vérines —, commandera le groupement ouest, l'un des sept bataillons aguerris de ce corps, chargé de tenir la moitié du Gers.

Gustave Leroy a tranché parmi ce collectif, menant sa petite épopée personnelle. Dans la trentaine sonnée en

1939, il était entré dans la garde républicaine mobile dix ans plus tôt. Par conviction. Par patriotisme. Lors de la déclaration de guerre, nommé adjudant à titre temporaire, il s'était porté volontaire pour combattre, avec le 54e bataillon de mitrailleurs motorisés, commandé par le chef d'escadron Candille. Après l'armistice, il était passé à la garde, affecté au 2e régiment, en Provence.

Pas question d'épouser les idées vichystes, encore moins de collaborer. Résister l'aurait tenté. Mais il ne trouve aucun contact fiable. Et piaffe. Quand la Wehrmacht envahit la zone libre à la fin 1942, il n'y tient plus, décide de rejoindre la France libre. Par ses propres moyens. Départ clandestin le 28 novembre. Marchant la nuit hors des chemins, tapi le jour dans des abris de fortune, il met un mois pour atteindre un village basque, Licq-Atherey, au creux de la vallée du Saison, dans les Basses-Pyrénées. La filière de passage de Sauveur Bouchet, hôtelier et maire du lieu, lui permet de sauter la frontière espagnole le 1er février 1943.

Pincé par la garde civile à Isaba, Leroy est interné dans un camp franquiste. En Catalogne, près de Barcelone. Il s'en échappe le 9 juin. Traversant toute l'Espagne d'est en ouest, infatigable trotteur, il parvient au Portugal. Mais la police d'Antonio Salazar, à son tour, le boucle. Le 18 août, élargi avec d'autres compatriotes fugitifs, il gagne le Maroc. Le 22, bonne foi enfin établie par les fonctionnaires du centre de triage de Casablanca, il se détermine, contracte un engagement à la 2e division d'infanterie marocaine. Intégrée au corps expéditionnaire français, elle débarquera en Italie.

Le destin de Gustave Leroy basculera sur les pentes d'un piton de la province du Campobasso, dans les Abruzzes, que sa section arrachera aux paras du feldmarschall Albert Kesselring. Blessé à deux reprises en une semaine, il s'éteindra dans une antenne chirurgicale de son unité. Cité à l'ordre de l'armée, à titre posthume, ce sous-officier aura sans doute été le seul garde républicain évadé de France.

8

Le poker corse

La nuit du 2 avril 1943, un sous-marin glisse en plongée dans la mer Tyrrhénienne, portion de la Méditerranée qui sépare l'Italie de la Sardaigne, de la Corse. C'est le *Casabianca*, quinze cents tonnes, une unité éprouvée, que commande le capitaine de corvette L'Herminier. Il connaît bien les parages, pour les avoir sillonnés auparavant, quand il servait encore dans la flottille de la garde côtière du vice-amiral Marquis basée à Toulon. Depuis son ralliement à la dissidence à Alger — quatre mois —, il a déjà effectué trois missions discrètes en ces lieux. Déposant en Corse des agents, du matériel. La côte orientale est tranquille. Peu peuplée, à cause de son insalubrité. Notamment aux abords d'Aleria. « Ce pays rend fous ceux qu'il ne tue pas », disait une comptine locale. Le paludisme y sévit encore, endémique. Aussi les occupants ne s'y attardent-ils guère, non plus. Cette raison pousse donc L'Herminier à débarquer ses passagers clandestins près de l'embouchure marécageuse du Travo, à cinq kilomètres au nord de Solenzara.

Ils sont deux. Un radio. L'autre est gendarme. Et corse : Paulin Colonna d'Istria. Dans son sac, un pistolet, de l'argent, des documents et son uniforme. Il descend d'une lignée respectée dans l'île, particulièrement riche en soldats, en magistrats. L'un des aïeux, Ignace, fut premier président à la cour de Bastia jusqu'en 1852. Le creuset familial est au pied du mont San Pietro, à Petreto Bicchisano, qu'arrose la Penta, minuscule affluent du Tavaro. A proximité de Propriano. C'est là que ce Paulin a vu le jour, le 27 juillet 1905.

Suivant les traces de son père, un ancien militaire, il a choisi tôt la même voie. Directement la maréchaussée, au sortir de Saint-Cyr, devenant capitaine au sein de ce corps. Au terme de la brève campagne de France, en 1940, le nouvel Etat français l'avait affecté en Afrique du Nord. D'entrée, là-bas, la dissidence l'a aspiré. Les soldats bleus n'ont pas fourni seulement des prévôts à l'armée d'Afrique ; ils ont doté, entre autres, les services spéciaux de Rivet et de Paillole en clandestins. Parmi eux, Colonna d'Istria. Bien placé ; adjoint de l'officier supérieur qui commandait la légion de gendarmerie de l'Algérie. Il vient présentement accomplir une tâche importante sur sa terre originelle : aider la population locale à échafauder sa propre libération.

Une initiative dans l'ordre des choses. Les échecs de Rommel et de l'Afrikakorps en Afrique méditerranéenne ont anéanti les projets pharaoniens du führer dans cette partie du monde. A Alger, le général Eisenhower prépare l'invasion de l'Italie ; d'abord prendre la Sicile, puis la péninsule, par le sud. Et grignoter le reste. Que des Français veuillent contribuer à reconquérir dans le voisinage une parcelle de leur territoire national, la première, semble donc normal. Toutefois, les Alliés et les gaullistes ne savent encore rien de la mission confiée à Colonna d'Istria. Celui-ci n'a contacté que Paul Paillole, son responsable direct en clandestinité, avant son départ d'Alger.

Un climat délétère ronge cette cité depuis le 8 novembre 1942. Les brigues n'ont cessé de fleurir depuis le débarquement des Anglo-Américains. Première manigance ? Le putsch tenté par Darlan, aussitôt décrété félon par Vichy et Judas par les dissidents algérois, qui avait cru possible de court-circuiter tous les concurrents en lice pour conquérir le pouvoir en Afrique du Nord. Une initiative aventureuse payée par l'amiral de sa vie, quarante-six jours plus tard. Les gaullistes paraissaient ensuite bien placés pour rafler la mise. Le sceptre est allé sous leur nez à un rival imprévu : le général Henri Giraud. Prisonnier de guerre évadé de la forteresse de Königstein en avril 1942, momentanément récupéré par Pétain en zone libre, il avait foncé lui aussi en novembre à Alger. Motif avancé : fuir une nouvelle fois les Allemands, puisqu'ils s'apprêtaient à envahir tout le territoire national. Au vrai, un groupe de comploteurs mené par Jacques Lemaigre-Dubreuil, financier de haut vol et directeur général des huiles comestibles Lesieur, replié au Maroc, avantageusement connu depuis 1931 à Washington, avait prémédité son intronisation à la dérobée, avec l'appui efficient des agents diplomatiques américains.

C'est Franklin Roosevelt qui a en effet sciemment envenimé la situation au nord de l'Afrique. Il désirait depuis longtemps rogner les ailes de l'intransigeant chef de la France libre. Sur son ordre, dès l'annonce de « l'effacement » de Darlan, Dwight Eisenhower, responsable de son corps expéditionnaire, a promu Giraud à la place vacante, bardé du titre de commandant civil et militaire en ce lieu. Puis le président américain a poussé ce favori du moment à disputer à de Gaulle la direction du Comité français de libération nationale. Depuis lors, ce mouvement, devenu bicéphale, boite. Ce qui arrange bien les Alliés ; à Londres, Winston Churchill n'a pas pipé. Roosevelt pousse plus avant son avantage ; il renforce encore Giraud en constituant sur son nom une nouvelle armée française, entièrement équipée par les Etats-Unis, qui sera confiée au général Alphonse Juin. Elle combattra aux côtés des troupes US en Italie, débarquera plus tard en Provence. Une manière de signifier au chef de la France libre qu'il compte peu aux yeux de la Maison-Blanche.

Propulsé sur orbite de la sorte, Giraud est transfiguré. C'est lui qui a dépêché à la dérobée Paulin Colonna d'Istria en Corse. Il en a le pouvoir : devenu grand vizir en Afrique du Nord, le voici, entre autres, tuteur officiel des légions de gendarmerie d'Algérie et du Maroc, de la sécurité militaire et des services de renseignements. Son dessein ? Souffler à de Gaulle le mérite de la libération de l'île.

Les gaullistes, peu avant, avaient déjà programmé une mission identique — mais avec l'aval des Alliés avertis au préalable. Elle avait été confiée à l'un des leurs ; Fred Scamaroni, un Corse aussi, qui avait préparé son affaire de longue date, effectuant des reconnaissances sur place.

Issu de la préfectorale, comme Jean Moulin — ils s'étaient croisés à Marseille —, Scamaroni était passé à Londres en juin 1940, avait participé en septembre à la première tentative avortée de la prise de Dakar par les gaullistes. Exclu de son administration pour ces motifs, il était revenu subrepticement en zone libre au début de 1941, avait créé une filière d'évasion sur l'Espagne par les Pyrénées, soutenu deux réseaux pieds-tendres à l'époque, « Copernic », qui disparaîtrait, et « Liberté », qui deviendrait plus tard « Combat ». Il en avait profité pour effectuer quelques séjours furtifs dans son île natale. L'occasion de mesurer que l'opposition des insulaires à Vichy et aux occupants italiens appelait une refonte. La réforme prit du temps, pompa son énergie. L'enjeu le justifiait. Il avait contribué à restructurer des clans rebelles, encore épars mais déjà plus efficaces. Et fondé un réseau de renseignements qui correspondait régulièrement avec le continent et l'Angleterre, grâce à un service de courriers confié à l'un de ses amis, un officier subalterne — Colin.

Rappelé à Londres à la Noël 1941, promu capitaine, intégré au service action du BCRA par Passy, Scamaroni entamait une nouvelle carrière : responsable d'une antenne d'agents secrets. A la suite du débarquement allié en Afrique du Nord, le patron des SR de la France libre l'avait expédié à Alger. Puis chargé peu après de se rendre de nouveau en Corse, afin d'analyser l'évolution de la situation militaire et politique dans ce département isolé, de recontacter les réseaux des résistants, pour les unifier en une force commune. Une rénovation, dans l'air du temps. Au même moment, de Gaulle avait en effet délégué à Jean Moulin, élevé à la fonction de ministre occulte, tous les pouvoirs pour lancer et instaurer en France le CNR, Conseil national de la résistance.

Le 7 janvier 1943, un sous-marin de la Navy avait donc déposé la mission Sea-Urchin au sud d'Ajaccio, à Serra di Ferro. A sa tête, Scamaroni, alias capitaine Edmond, méconnaissable sous une grosse moustache noire, des lunettes à monture d'écaille, une raie nouvelle séparant ses cheveux, déguisé en petit employé d'assurance, inoffensif et effacé en apparence. Aux côtés du petit Corse, un radio, qu'il avait sélectionné avec soin au sein du groupe des spécialistes dont disposait la France libre ; un autre agent, britannique celui-là, chargé de repérer des champs propices aux atterrissages, ainsi qu'un instructeur de l'IS expert en sabotage. Scamaroni abattit une besogne considérable en deux mois, tenant scrupuleusement Londres au courant de ses initiatives et résultats.

Grâce à lui, l'Intelligence Service et Passy apprirent en même temps que l'ennemi avait sérieusement renforcé l'occupation de la Corse depuis la mainmise des Alliés sur l'Afrique du Nord. Quatre-vingt mille soldats italiens dans la place, commandés par le général Magli. Les Allemands avaient dépêché la brigade SS Reichsführer, des coriaces. De plus, la 90e division de panzers du général Legerhause cantonnait en Sardaigne, tout près. Un ensemble géré par le général Senger, vétéran de la Wehrmacht. De surcroît, la Sipo, nouvelle venue dans l'île, tenait ses assises à Ajaccio, à Bastia. Elle venait épauler l'Ovra, Organizatione vigilenza repressione anti-fascismo, son équivalente mussolinienne.

Scamaroni annonça aussi qu'il avait renoué des contacts prometteurs avec les patriotes locaux. Grâce à Paul Giacobbi, ex-conseiller général et sénateur, maire de Venaco, lui-même engagé en rébellion. Une résistance devenue très présente, néanmoins toujours divisée. Des réseaux par brassées. Séparés par les mêmes clivages que ceux qui déchiraient leurs semblables sur le continent. Chacun tirant la couverture à soi. Le champion en la matière étant le « Front national », que dirigeait une triplette communiste : Arthur Giovoni, Jules Mondolini, Jean Nicoli ; à la fois des chefs militaires et des commissaires politiques.

Giacobbi permit également à Scamaroni d'approcher quelques gendarmes attachés à la compagnie autonome de l'île, qu'il sentait prêts à rallier la rébellion. De la sorte, l'adjudant Labussière, les gardes Gonalch et Mortie renforcèrent le réseau de renseignements que le petit Corse avait auparavant créé. Celui-ci recruta également d'autres partisans parmi les notables, approvisionna en armes légères des maquis en formation. L'envoyé spécial des Alliés allait entamer la phase finale de sa mission : liguer ces réseaux, en vue de la programmation d'un débarquement.

Mais un dénonciateur veillait à Ajaccio, tapi dans le bar que fréquentait habituellement l'agent radio du groupe Sea-Urchin. Le 17 mars, l'opérateur hertzien tomba dans un guet-apens tendu par l'Ovra. Il ne savait que peu de choses des objectifs poursuivis par son chef. Il connaissait en revanche les abris ordinaires et les planques de secours de l'équipe, dans la ville. Torturé, il parla. Le 18, Scamaroni, pincé à son tour, fut interné à la citadelle, supplicié. Il mit fin à ses jours en croquant une pilule de cyanure, jusqu'alors dissimulée dans la doublure de la ceinture de son pantalon. Il n'avait trahi ni de Gaulle, ni les Alliés, ni sa conscience. L'enquête de l'Ovra tourna court.

En prenant pied sur l'île le 2 avril 1943, Paulin Colonna d'Istria ignore tout de Fred Scamaroni, du travail que celui-ci a déjà effectué. De sa mort. Avec l'aval de Paillole, Giraud l'a chargé de « coordonner les efforts de ses compatriotes, de fusionner si possible leurs groupements particuliers en un faisceau homogène et cohérent, capable d'apporter le moment venu une aide efficace aux troupes franco-alliées appelées à débarquer en Corse ». Du déjà vu, on l'a noté. Le général Giraud a, en outre, assigné à Colonna d'Istria d'exclure toute action de guérilla avant ce débarquement. Le gendarme remâche ces consignes au long de la longue trotte qui va le mener de la plage du Travo jusqu'au site qu'il a choisi pour implanter sa base, la région du Niolo. Comme pour beaucoup d'insulaires, ces lieux n'ont pas de secret à ses yeux. C'est une forteresse naturelle, à mi-chemin entre Corte et le mont Cinto, 2 707 mètres, sommet culminant de l'île.

Sa cache ? Une bergerie, isolée et protégée, aux abords de Calacuccia. Mais il n'y lambine pas. Un marathon va le conduire de Bastia à Calvi, à Ajaccio, à Sartène, puis sur la nationale 194, la route des crêtes, qui le ramènera au cœur du département. Disséminés, des petits groupes dissidents tiennent les villages, les hameaux, les bois. Cent tendances. Accueillants, quand il se fait connaître. Un peu partout aussi, le gendarme décèle des traces du passage de Scamaroni, son compatriote, son prédécesseur. Dont il découvre de la sorte ce que fut sa personnalité. Et la tâche qu'il assuma. Tous, sur l'île, le considèrent comme le relayeur de ce pionnier. Il se glisse sans peine dans cette peau. Après tout, sa mission n'est-elle pas la sœur jumelle de ce que fut Sea-Urchin ? Pas le moindre doute aux yeux de Colonna d'Istria : il sert une cause identique.

Et Paulin va réussir, comme l'avait amorcé Scamaroni. Il obtient des promesses d'alliances émanant de tous les clans. Depuis les gaullistes amis de Paul Giacobbi jusqu'au trio inséparable dirigeant le « Front national » ; Giovoni, Mondolini et Nicoli. A l'affût dans l'île, les collaborateurs et les agents de l'ennemi apprennent vite pareillement qu'un certain capitaine Cesari — son surnom — se dépense sans compter. Son képi n'est pas encore mis à prix très cher. Toutefois, cette cible éveille bien des convoitises.

Repéré par un chasseur de primes en plein Bastia, en juin 1943, le faux Cesari échappe de justesse aux tenailles de l'Ovra. Un chirurgien complice facilite sa fuite en le déguisant en infirmier, le fourre dans une ambulance qui déboule, cap au sud. Elle transporte déjà un officier de la RAF, réellement blessé à une jambe et plâtré, traqué, qui doit être évacué sur Alger en sous-marin. Après une longue course sur la nationale 199 qui longe le littoral occidental, le véhicule atteint le Capo Nero, à l'extrême pointe du golfe de Valinco. Le transbordement sur le bâtiment de la Navy s'effectue en catastrophe ; les postes côtiers italiens étaient en alerte.

C'est sous le feu ennemi que Colonna d'Istria et le chauffeur sont hissés dans le dinghy qui ne devait embarquer que l'aviateur. Un moindre mal pour le gendarme ; il pourra renseigner Alger en direct. Eclaircir sa situation personnelle. Et quérir de nouvelles consignes.

Le rapport de Colonna d'Istria à Giraud décrit sans équivoque les divergences profondes qui opposent les mandants des partis politiques d'antan, dans l'île. Ces dissensions séparent de façon identique leurs prolongements naturels, les réseaux. Beaucoup de coteries. En conséquence, les coalitions qu'il noue restent aléatoires. La plupart des cénacles redoutent le « Front national », qui tire autant sa puissance de sa vitalité, de ses convictions affichées, que de la masse de ses adhérents, nombreux, de leur dévouement. Versé en dialectique, ce parti se montre très exigeant, veut monnayer cher sa participation. Il vise en fait la prédominance. Tout ou rien. Une devise à la Molotov, le diplomate préféré de Staline. Les questions posées par Colonna d'Istria se résument en peu de mots : doit-il vraiment proposer au chœur des organisations résistantes de l'île d'accepter l'influence des communistes ? En réalité, ceux-ci ne s'en contenteront pas ; ils transformeront vite l'ascendance en férule, les chefs des autres chapelles devront très vite trotter à leur pas, risquant ensuite de se faire croquer. Sérieux dilemme.

Ce principe pourrait en tout cas déplaire fort aux représentants des Alliés, à Alger. Plus que le fait de livrer des armes aux Corses, même si l'essentiel des charretées ira au parti ; une poussière négligeable, de toute manière. Washington en fait déjà davantage en renforçant considérablement le potentiel offensif de l'Armée rouge, par ses livraisons de matériel de guerre à l'URSS. Malgré cette réserve, Giraud ne tergiverse pas. Sans doute grisé par l'autorité majeure qui vient de lui être conférée, il pense pouvoir maîtriser aisément les ambitions et comportements ultérieurs des dissidents corses. Même les communistes. « Fédérez comme le veulent leurs dirigeants », recommande-t-il en substance au gendarme, son délégué.

Chambré durant son bref séjour algérien, Colonna d'Istria apprend sa promotion au grade de chef d'escadron à titre temporaire. Et qu'il repartira en Corse en emportant dix mille mitraillettes, huit cents fusils-mitrailleurs et douze tonnes de munitions. Un premier apport. D'autres suivront. Par voie sous-marine, grâce au *Casabianca*, à l'*Aréthuse*, également par parachutages.

Au « Front national », Giovoni, Mondolini et Nicoli fêtent comme il se doit le retour du gendarme. La plus grosse part de cette première cargaison leur échoit. L'effectif de leurs cellules actives passera vite de deux mille à neuf mille adhérents. « Une étape initiale ; le recrutement s'amplifiera encore », promettent-ils. De même, bénéficiant de leur emprise, le travail de démarchage de Colonna d'Istria, si ardu auparavant, se trouve mystérieusement facilité. En peu de temps, ses liaisons radio multiples avec Alger — elles atteignent Giraud, mais aussi Paillole et l'IS —, irrégulières et difficiles jusqu'alors, deviennent aisées. Cinquante terrains de parachutage sont repérés, balisés. Les caches pour les armes, qui vont maintenant tomber par tonnes des nues, se multiplient. La Corse rouge se démène, s'équipe, donne le ton, participe pleinement.

Avec les autres réseaux, la tâche de Colonna d'Istria est plus éprouvante. Pendant des semaines, il arpente le département, réunit des dirigeants, argumente et ressasse à profusion. L'intérêt du bouturage collectif souhaité par Giraud n'échappe à personne ; c'est l'alliance en forme de soumission au parti communiste qui contrarie. Et le gendarme plaide, conformément aux ordres prescrits, jusqu'à arracher par l'usure ce que la raison refuse. Finalement la soudure des opinions voulue par le commandant en chef civil et militaire s'effectuera. Un consensus amer. Signé avec réserves par la majorité des associés.

En contrepartie, Colonna d'Istria a pris sur lui de décentraliser les responsabilités, répartissant et notifiant les missions imparties à chacun des réseaux, afin que leur dépendance envers les communistes paraisse moins contraignante. Ces derniers fourniront le gros des troupes, mais devront accepter — s'ils tiennent parole — de partager les fruits d'une éventuelle victoire avec les autres formations politiques. A celles-ci, le gendarme confie la constitution d'un service de renseignements supplémentaire, qui collectera les informations essentielles sur l'ennemi : ses effectifs, les emplacements de ses bases, la description de ses installations défensives, la localisation des centres de transmissions, des dépôts de munitions.

Le gendarme a également seriné à tous ses interlocuteurs, y compris au triumvirat qui mène le « Front », que le débarquement restera l'affaire des Alliés. Les résistants corses ne devront que soutenir cette opération, strictement militaire, faciliter la pénétration du corps expéditionnaire en le guidant. En l'aidant à mieux cerner les objectifs visés. Et la sauce prend. Apparemment, tous l'écoutent. Leurs filets se tendent sur l'île.

Durant cette phase de consolidation de la résistance, Colonna d'Istria n'a pas manqué de sonder ses collègues attachés à la compagnie autonome de gendarmerie en Corse. La plupart, à l'insu de leur commandant, pétainiste convaincu, ont accueilli favorablement ses approches. Les lieutenants Person, Lecas et Petrignani ont pactisé sur-le-champ avec la dissidence. Le petit peloton de gendarmes informateurs que l'adjudant Labussière avait levé à l'instigation de Scamaroni s'est mis spontanément à la disposition des résistants. Renforcé par l'adjudant-chef Paganelli, les gardes Oustry, Carbousse et Cornus. D'autres, encore, rejoindront. En conséquence, la répression menée dans l'île par l'Ovra et la Sipo croît aussi, largement subie et partagée par tous les réseaux. Les arrestations, les fusillades et les déportations augmentent. Rien, cependant, n'entrave l'élan donné.

Les collaborateurs et les policiers ennemis ont également relancé leurs recherches concernant ce mystérieux Cesari qui leur avait échappé, en juin, filant en sous-marin. Depuis son retour après ce bref interlude à Alger, la présence de ce feu follet a été signalée un peu partout dans l'île. Le don d'ubiquité qui semble l'habiter énerve au plus haut point les rabatteurs et les équipages de chasse. A deux reprises, Colonna d'Istria échappera de justesse à leurs filets.

En juillet 1943, d'abord. Repéré en gare de Bastia par les hommes de la Sipo qui l'attendaient, puis qui lui collent aux basques, il réussit à les semer dans le dédale des voies et hangars à locomotives du secteur marchandises.

Le mois suivant, l'un de ses compatriotes, capturé et torturé, le dénonce. Cette fois, le courre incombe à l'Ovra. Et elle met le turbo. Mille deux cents soldats italiens le courent. Sans le dévouement de son escorte vigilante, il tombait dans leurs rets. Son rallye s'achève à proximité de Piedicroce, dans la Castagniccia, région fertile en sources thermales, où l'abritent des maquisards. Entre Poggio et Orezza, sur les pentes de la Monacia. Dans une grotte. Les traqueurs de l'Ovra, espérant les abattre, grenadent la caverne. Puis ils mettent le feu aux broussailles devant l'entrée, escomptant enfumer et débusquer d'éventuels survivants. Ils ignorent que l'antre communique avec une seconde excavation possédant une sortie à contre-pente, de l'autre côté du mont, par laquelle Colonna d'Istria et ses amis se sont éclipsés. Une chaîne de bergers guide ensuite le gendarme jusqu'à son repaire personnel, sur le Niolo.

La troisième tentative ennemie pour le prendre aurait pu être la bonne. A la fin du mois d'août 1943, des Italiens le piègent de façon impromptue, à Bastia, lors d'un contrôle de rue inopiné brassant plusieurs passants. Il exige d'être présenté sur-le-champ au général Stivale commandant la place. Et exhibe dans ce but un laissez-passer d'apparence très authentique, établi au nom de Louis Duhamel, indiquant qu'il appartient au SR mussolinien. Ce faux document agit comme un sésame. Les carabiniers qui cadenassaient le barrage urbain le laissent aller.

Il est vrai que la pugnacité des Italiens, du moins celle de l'armée, a déjà fondu à ce moment. La fortune des armes les a abandonnés. Depuis le 25 juillet, un corps expéditionnaire américain a débarqué en Sicile. Benito Mussolini, destitué par le roi Victor-Emmanuel III, a été provisoirement interné dans un monastère, au Gran Sasso, massif des Abruzzes où les Apennins culminent à 2 914 mètres. Quelques jours plus tard, sur ordre du führer, un commando de SS parachutistes, commandé par Otto Skorzeny, raptera le duce sans coup férir à la barbe des geôliers. A Rome, le maréchal Pietro Badoglio, intronisé Premier ministre, songe à demander l'armistice aux Alliés, qui s'apprêtent à envahir le sud de son pays, par Palmi, en Calabre, puis Salerne et Tarente, en Campanie et dans les Pouilles.

En Corse, Colonna d'Istria a de son côté établi un contact fructueux avec le colonel Cagnoni, un ancien des Chemises noires devenu anti-fasciste, afin que cet officier puisse retourner une partie des quatre-vingt mille soldats transalpins qui occupent l'île. Grâce à ce Cagnoni, qui lui avait fourni sa fausse carte de membre du SR italien, il a déjà communiqué à Alger tous les détails concernant le dispositif de défense de leurs divisions.

Par radio, il avertit Giraud, mais aussi Paillole et les Britanniques, que le « Front national » s'agite beaucoup, virant intenable. Giovoni, Mondolini et Nicoli assurent qu'ils contiennent difficilement l'ardeur de leurs militants, au nombre de douze mille à présent. « Troublés par les perspectives d'une trêve, ils redoutent que leurs sacrifices antérieurs soient devenus inutiles et leur activisme sans objet », allègue le trio.

Le lendemain, Colonna d'Istria rappelle Alger d'urgence, précise que le triumvirat communiste a décidé de transgresser les accords passés : le « Front » déclenchera l'insurrection sitôt que l'Italie déposera les armes ; une probabilité de plus en plus évidente. Giraud répond avec sérénité que la gravité de l'heure impose « l'obéissance de tous ». Qu'il enverra des ordres, s'il apprend que le cessez-le-feu est signé. Autant combattre alors la dynamite avec un seau d'eau.

Les événements se précipitent au début de septembre 1943. Le 3, les Américains prennent pied à Palmi, en Calabre. Le 4, Badoglio sollicite l'armistice. Le 8, il signe la capitulation de l'Italie, désormais déchirée. Les légitimistes tiennent Rome et le Sud. Au nord, à Salô, sur les berges du lac de Garde, campent les fascistes de Mussolini, lequel instituera sa République sociale ; en réalité un gouvernement fantoche, contrôlé jusqu'aux boutons de guêtres par les nazis. Ce même jour, Cagnoni obtient du général Magli commandant les forces italiennes en Corse qu'il se rende à la résistance dans l'île. Seize mille de ses hommes passeront aux côtés des insurgés. Le 9, la Ve armée US débarque à Salerne et Tarente. Ce même jour, comme ils l'ont annoncé, Giovoni, Mondolini et Nicoli, prenant la tête du « Front national », bannières au vent, lancent leur soulèvement.

Pour ne point rater ce coche, les autres réseaux de l'île suivent dans la foulée. Tiraillant à profusion, les dissidents mettent le siège devant la sous-préfecture, à Bastia. Simultanément, ils attaquent la mairie à Sartène et donnent l'assaut à la préfecture à Ajaccio. Le soir même, un message de Colonna d'Istria atterrit sur le bureau de Giraud : « Insurgés maîtres des bâtiments publics à Ajaccio. Italiens passifs. Mais on se bat à Bastia. La Corse demande officiellement l'aide de l'armée. »

Surprise et irritation chez les Alliés. Plus chez les Américains, choqués qu'on veuille ainsi leur forcer la main, que chez les Britanniques. En particulier, Dwight Eisenhower et le général Mark Wayne Clark, son adjoint. Déjà engagés au sud italien, ils refusent sans ambages de soustraire des unités pour conquérir cette île, qui ne présente plus aucun intérêt stratégique à leurs yeux. Clark, qui avait déjà eu maille à partir avec les résistants locaux lors de son débarquement au Maroc et en Algérie, le 8 novembre 1942, traite de boutefeux « cette poignée d'insulaires, qui déclenchent l'incendie sur leur caillou méditerranéen, puis appellent à la rescousse les pompiers ».

En revanche, Giraud s'était semble-t-il préparé au pire. Il n'ignorait pas que le salut de l'île ne pouvait dépendre de la seule activité combattante des résistants, si déterminés fussent-ils. Une entreprise de cette envergure imposait une véritable intervention militaire. Et conséquente. Présumant que les Yankees ne chambouleraient certainement pas leurs plans mitonnés de longue date pour appuyer la résistance corse, il avait donc déjà mobilisé.

Depuis plusieurs semaines, il avait chargé le commandant Fernand Gambiez de former un bataillon spécial, le 1er Choc ; une unité assemblant des évadés de France, des FFL, des volontaires d'Afrique du Nord, des membres du corps franc du cap Matifou, dévorés par l'envie d'en découdre. En outre, le général Henri Martin, un autre de ses fidèles, avait sélectionné sur son ordre des troupes coloniales d'élite réunies en corps expéditionnaire. Un poing de fer qu'appuieraient les troupes italiennes retournées grâce à l'entregent de Colonna d'Istria. Et l'histoire retiendrait que la reconquête de l'île serait une affaire purement française. A porter à son seul et unique crédit.

De fait, dans la nuit du 12 septembre 1943, le *Casabianca*, chargé à refus, débarque cent neuf hommes du bataillon Gambiez à Ajaccio, sur le quai de la République, au nord de la première darse. Le sous-marin de L'Herminier, ainsi qu'un autre submersible, transformés en navettes, passeront sur l'île les quatre cents autres commandos de ce 1er Choc les jours suivants. Le 17 septembre, le 1er Tirailleurs marocains du colonel Butler, le 2e Tabors du colonel de Latour, l'escadron mécanique du 1er Spahis du colonel de Lambilly, des fractions d'artillerie, du génie, arrivent à Ajaccio. Transbordés par des navires français, rescapés de la flotte de Dakar ; les croiseurs *Jeanne-d'Arc* et *Montcalm*, les contre-torpilleurs *Fantasque* et *Terrible*, les torpilleurs *Alcyon* et *Tempête*, et le sous-marin *Aréthuse*. Certains feront plusieurs voyages. En bout de course, un ensemble de six mille cinq cents combattants endurcis. Qu'appuieront des escadrilles franco-anglaises de chasse et de bombardement.

Sur l'île, les engagements sérieux commencent le 19 septembre. Surtout le long de la côte orientale, de Bonifacio jusqu'à Bastia. Le général allemand Senger a organisé sa riposte. Sur les quatre divisions italiennes cantonnées dans l'île, il pense compter sur la 225e, qui a promis de combattre à ses côtés. Il mise principalement sur la brigade SS Reichsführer. Sur les panzers de la 90e division de Legerhause, venus de Sardaigne, qui tiennent les abords de la nationale 198 courant le long des plages, de Porto-Vecchio à Ghisonaccia, à Aleria, à San Nicolao, à Casamazza.

Quinze jours d'accrochages, d'assauts violents, vont opposer les hommes de Senger aux expéditionnaires de Gambiez et du général Henri Martin, aux Italiens de Cagnoni, qu'assistent en la circonstance Colonna d'Istria et ses gendarmes, compétents en tactique et connaissant ce terrain, sans le moindre secret pour eux, ainsi que les maquisards. Une bataille classique. Avec ses bavures, tel le bombardement aérien des quartiers populaires de Bastia. Puis les forces de l'Axe évacueront la Corse, passeront sur l'île d'Elbe, se replieront sur Livourne, en Toscane. Elles auraient pu tenir encore, longtemps. Mais le feldmarschall Albert Kesselring a choisi de renforcer les deux lignes de défense qu'il érige en Italie, sur les Apennins, pour contrer l'avance des troupes alliées. Une vraie et longue guerre en perspective, celle-là. Durant ces deux semaines, les troupes franco-marocaines vont perdre quatre-vingt-deux morts, deux cent quarante blessés ; les Italiens, deux cent quarante-cinq morts, cinq cent cinquante blessés ; les Allemands, deux cents morts, quatre cents blessés, trois cent cinquante prisonniers. La résistance corse, vingt fusillés, quatre-vingts tués, des blessés en nombre peu connu.

Dès l'amorce des engagements initiaux, le général Giraud a cru pouvoir pavoiser, à Alger. Toutefois, son triomphe sera bref. Puis, très vite, amer. L'horripilation manifestée lors des premières heures par les militaires américains aurait dû l'alarmer. Elle va muer en désaveu de la part de l'hôte de la Maison-Blanche, à Washington. Roosevelt, approuvé par Churchill, à Londres, va lâcher ce proconsul dont il admirait le beau képi doré orné de feuilles de chêne, qu'il avait fait prince. Il ira jusqu'à lui reprocher avec perfidie son empressement à se plier aux exigences des communistes corses, qu'il qualifiera d'inconséquent. Un prétexte. Une vétille, à la lettre, gonflée de manière injuste pour les besoins de l'heure, qui fera sourire tous les intimes de Giraud, au courant de son anti-communisme viscéral. La chronique retiendra également que ce président américain, tournant de façon insidieuse au grabataire sous l'effet d'une hypertension incontrôlable, compliquée par des accidents vasculaires cérébraux grandissants, se rendra coupable de renoncements iniques autrement plus graves à Yalta, quand il conférera avec Staline, à propos du sort du monde au terme de la guerre. Difficile de faire plus fort en matière de compromission.

Ce plaquage de Giraud résultera en fait d'une déconvenue qui blessera profondément Roosevelt. Contrairement à son attente, la cote politique du général de Gaulle ne s'était pas effondrée après décembre 1942, malgré les avanies qu'il avait accumulées sur ses pas. Elle montera, au contraire. Lentement en Afrique du Nord, au sein de la résistance intérieure en métropole, mais de plus en plus fortement dans l'opinion publique française à mesure qu'approchera la fin du conflit. Au point que la France libre deviendra au même rythme une interlocutrice incontournable pour les Etats-Unis. Le réalisme politicard expliquera ce revirement rooseveltien envers Giraud.

A dater de ce moment, l'étoile de celui-ci pâlira. Destin irrémédiable. De Gaulle l'écartera sans peine de la coprésidence du Comité de libération nationale. Et ceux qui avaient choisi de le suivre subiront le même sort.

Tel l'amiral Emile Muselier. L'un des premiers ralliés à la France combattante, patron des Forces navales françaises libres. Ce grand marin n'avait plus supporté de n'être que le n° 2 dans la mouvance gaullienne. Ne s'entendant plus avec le « Grand Charles », manœuvré en coulisse par les services diplomatiques américains, il avait quitté Londres, passant à Alger avec quelques amis et son petit état-major personnel, persuadé qu'il se vengerait en épousant la cause de Giraud. Celui-ci lui aura offert une illusion de puissance durant quelques mois, en le nommant préfet de police du cabinet fondé durant son éphémère ascension personnelle au zénith. A navire rompu, tous les vents sont contraires.

C'est le chef de la France libre qui tirera finalement parti de la libération de la Corse. Sa tournée politique entamée dans l'île le 5 octobre 1943 ressemblera à une prise de possession. Au terme de ce périple, il chargera le préfet Charles Luizet, possédant provisoirement son oreille, de rétablir l'ordre partout dans ce premier département affranchi du joug de l'occupant, appuyé par le général Mollard, intronisé gouverneur militaire.

Paulin Colonna d'Istria, pour sa part, sera placé à la disposition du préfet Luizet par le Comité français de libération nationale, avec l'accord de sa hiérarchie à la gendarmerie. Plus tard, il sera affecté à Alger, retrouvant la garde républicaine reconstituée. Promu colonel, puis général.

La coopération exemplaire de ce gendarme avec les services britanniques durant sa mission en Corse, comme le fut celle de Scamaroni avant lui, sera récompensée par une décoration royale : la Distinguished Service Order. La France, pour sa part, le nommera grand officier de la Légion d'honneur. Il sera, de même, reçu compagnon de la Libération par de Gaulle, le 16 août 1944. Une consécration qui honorera aussi Scamaroni à titre posthume. Doublée par une citation élogieuse pour Paulin Colonna d'Istria : « Animé d'une foi patriotique ardente et d'une haine farouche de l'envahisseur, s'est dressé contre la défaite dès juin 1940. Dans des circonstances toujours difficiles, souvent périlleuses, a joué un rôle de tout premier plan dans l'organisation de la résistance en Corse. A été le principal artisan de la libération de l'île. »

Henri Giraud aura laissé une image très contrastée au terme de cette aventure. Un grand soldat. Au passé glorieux. Qui se distingua autant durant la Première Guerre mondiale que lors de la campagne du Rif, au Maroc, pour laquelle

Lyautey l'avait appelé à la rescousse. Hitler le tenait pour le plus doué des généraux français. Pétain aussi. Quand s'achèvera l'épisode algérois, ses ex-ministres loueront tous son courage personnel, « du cœur à revendre ». Il l'avait déjà démontré auparavant : prisonnier des Allemands à deux reprises — en 1914, près de Guise, puis le 19 mai 1940, à la tête de sa IXe armée —, il s'était chaque fois enfui, par devoir, non pour se terrer, mais reprendre aussitôt le combat.

Les Américains, suivant Roosevelt, diront de ce géant aux belles moustaches qu'il avait un immense mérite, « celui de ne rien comprendre à la politique ». Darlan, qui l'avait roulé et supplanté, le maintenant en lisière pendant un mois et demi, l'avait surnommé « Expédient provisoire ». Jean Monnet, marchand de cognac, futur géniteur de l'Europe, commis des Américains qui l'avaient fait entrer en 1943 au Comité français de libération nationale à Alger, annotera dans ses mémoires que c'était « un homme de grande allure, mais au regard vide et clair ». Ironies salonnardes, vachardes.

Le vrai Giraud était ailleurs, militaire accompli et patriote. Lui aussi — comme de Gaulle, son rival — se faisait une certaine idée de la France. Différente. S'engageant loin pour la défendre. Et ceux qui ont approché au plus près ce personnage se sont gardés de témoigner. Astreints au silence par métier : les officiers du service secret français ; Rivet, Paillole, Henri Navarre, entre autres. Giraud fut l'un des leurs. Par l'esprit. Comme tout stratège professionnel, il connaissait le prix des renseignements. Il avait le culte du SR dans le sang. De cœur, en tout état de cause, il appartenait à cette discrète « boutique ».

La façon dont ce général avait préparé la libération de la Corse l'a montré. Réussissant d'ailleurs l'opération. Un événement sur lequel les annalistes n'ont pas beaucoup insisté. Mais il avait déjà vu plus large, aussi. En décidant d'adopter la même méthode pour contribuer à affranchir la métropole de manière identique. En mettant en place une sauvegarde qui éviterait que ne s'instaure la gabegie propice à toutes les aventures quand cesserait la tragédie. Un beau cadeau dont profiteraient les gaullistes.

Premier acte ; février 1943, à Alger. Giraud, déjà occupé par ailleurs à préparer la mission en Corse confiée à Colonna d'Istria, charge Paillole, chef du contre-espionnage, d'élaborer une action secrète : implanter en France une succursale clandestine de son SSM, Service de sécurité militaire. Avec mandat d'observer le personnel des administrations et les notables. Pour repérer les éléments favorables ou hostiles à la résistance intérieure, les citoyens dangereux. La libération venue, les agents de ce service devraient interpeller les suspects, les personnalités douteuses, les livrer aux tribunaux aptes à réprimer les crimes contre la sûreté de l'Etat, contribuer en outre à maintenir l'ordre. Aussitôt Paillole s'attelle à cette tâche.

Mars 1943. Deuxième acte. Paillole passe au lieutenant-colonel Henri Navarre le soin de transplanter en métropole ce sosie de son SSM qu'il a concocté. Le mois suivant, Navarre entre clandestinement en France. Se fixe d'abord à Clermont-Ferrand. Et dresse son plan de prospection. C'est l'ensemble du territoire qu'il devra couvrir. Ce qui suppose que la future équipe sera à la mesure de la cible ; nombreuse.

Troisième acte durant l'été 1943. Paillole a mijoté pour sa part ce recrutement. Très lié à la gendarmerie — son corps d'origine, rappelons-le —, c'est au sein de cette arme qu'il fera lever les agents les plus sûrs, à charge pour eux d'aider Navarre à compléter sur place l'effectif total du service. Mais il lui faut un maître-enrôleur, qui ne peut qu'appartenir à la maréchaussée, pour effectuer promptement ces semailles. Il jette son dévolu sur le capitaine Demettre, trente-quatre ans. Issu de la direction générale de la gendarmerie au temps de Fossier et de Chasserat, Demettre était passé en Algérie le 16 novembre 1942, après l'occupation de la zone libre par les Allemands. Les adjoints de Paillole le prennent en main, l'initient en hâte.

Opération lancée à l'automne. Demettre embarque à Alger à bord du sous-marin *Protée*. Le commandant de ce submersible le conduit à Barcelone. C'est par la filière de l'adjudant-chef Botet de la brigade de Saillagouse qu'il se glisse en France. Passant par Perpignan, il rallie Toulouse où le capitaine Abadie l'accueille à la légion de Guyenne. A dater de ce moment, sous son propre uniforme, mais empruntant l'identité d'un officier de la direction générale du corps afin d'échapper aux contrôles éventuels, ce gendarme va pèleriner en tapinois dans tout le pays. Avec la bénédiction d'Henri Navarre, qui a établi son poste de commandement occulte à Paris. Egalement celle du chef d'escadron Pierre Charles Sérignan, un ancien de la « maison » du colonel Rivet, qui a déjà beaucoup donné, pour lequel l'état d'esprit des collègues officiers de la maréchaussée n'a plus de secrets.

Un vrai tour de France. Avec étape à Vannes, chez le chef d'escadron Guillaudot, une escale essentielle. Puis à Rennes, Argentan, Rouen, Lille, Château-Thierry, Troyes, Châlons-sur-Marne, Nancy, Besançon, Dijon, Lyon, Givors, Vichy, Aix-en-Provence, Marseille, Toulon, une pointe à Bordeaux, un nouveau passage à Toulouse, Carcassonne, Montpellier et retour à Perpignan. Partout, Demettre a lacé des contacts avec les officiers gendarmes en poste, dont les brigades départementales et urbaines confirment leur statut de loges d'observation incomparables. En majorité, ils acceptent le rôle qui leur est proposé par Paillole, se nouer au SSM nouveau que structure Navarre. Après une dernière entrevue avec celui-ci, pour l'informer des ultimes résultats amoncelés, Demettre appelle derechef Botet à la rescousse et saute de nouveau la frontière pyrénéenne, retrouvera le sous-marin *Protée* à Barcelone. En bout de l'épreuve menée tambour battant, Alger. Et le sentiment apaisant que procure le devoir rempli.

La gendarmerie et le SSM vont mailler la France. Le dispositif assemblé par le lieutenant-colonel Navarre grâce à Demettre groupera mille cinq cents hommes, compte non tenu des honorables correspondants et agents furtifs occasionnels. Il œuvrera dans de nombreuses régions dès le début de l'été 1944, puis dans tout le pays. Sa structure étonnera les Alliés. Comme Giraud et Paillole l'avaient souhaité, sa contribution durant toute la période de la libération allait finalement permettre à l'ordre républicain de s'imposer, malgré des bavures inévitables. Sans la vigilance, les médiations, les interventions de ce SSM, l'épilogue de l'occupation aurait probablement entraîné des dommages irréversibles.

Le gendarme Demettre y gagnera la Légion d'honneur. Et cette citation, avec palmes : « Officier d'élite, animé du plus pur esprit de sacrifice. A accompli en France occupée, avec un plein succès et au péril de sa vie, une mission de résistance de la plus haute importance. »

9

Zones d'ombre

Le temps dévore tout, disait Ovide. Il altère en tout cas bien des mémoires. Et ceux qui, aujourd'hui, sur la foi de simples témoignages oraux, abordent de façon liminale la dissidence, l'occupation, le vichysme, sont souvent éloignés de la réalité des événements qui émaillèrent cette époque. Heureusement des textes subsistent, dont l'histoire se nourrit. Il faut toutefois souligner que certains restent encore inaccessibles, qu'en outre tout n'a pas été archivé dans les règles. Que des zones d'ombre demeurent. Leur herméticité croît à mesure que s'écoulent les décennies. Notamment sur ce qui se trama durant les années les plus ardentes et obscures de la clandestinité. Des clandestinités, devrait-on préciser.

Ceci explique les controverses que soulève encore l'évocation du nom de Jean Moulin. Le protagoniste le plus célèbre de la résistance intérieure. Elevé au rang de plénipotentiaire occulte de la France libre par de Gaulle. Engagé en mission furtive permanente sur le sol national. Chargé d'unifier la dissidence avec le CNR, créé en mai 1943. Un conseil qui assemblait huit représentants des mouvements rebelles notoires, six mandataires des principaux partis politiques d'antan dissous depuis 1940 par Vichy, deux délégués des syndicats ouvriers également prohibés. Compte tenu des aléas découlant de la guerre, le nombre des « conseillers » avait même été porté à vingt-cinq. Un réservoir destiné à compenser les défaillances dues aux arrestations. Que déchirait, aussi, les multiples tendances idéologiques agglutinées.

A la tête de cet organisme, donc, Jean Moulin. Alias Max. Quarante-quatre ans en 1943. Un Biterrois, dernier-né d'une famille attachée à la République. Le père, universitaire, était radical, franc-maçon d'étroite observance, dreyfusard et conseiller municipal. Son benjamin, Jean, suivit la trace. Prof de lettres, aussi, il partagea toutes ses convictions. Mais ne se borna pas à rester adjoint au maire de Béziers. Essor pris, il entra dans l'administration, devint le plus jeune sous-préfet de France puis l'un des plus jeunes préfets, servant au passage comme chef de cabinet son ami Pierre Cot, comète du radicalisme.

La chronique a cité souvent le premier acte de résistance de Jean Moulin en juin 1940 ; son refus aux Allemands de signer une déclaration accusant de crimes de guerre les troupes coloniales engagées par l'état-major français dans le secteur de sa préfecture, Chartres. Une opposition suivie par une tentative de suicide ratée de peu, au rasoir sur la gorge, dans le but de faire échec aux contraintes de la Wehrmacht. Vichy l'éjecta de la préfectorale pour cause de militance en franc-maçonnerie. La mise en disponibilité lui ouvrit toutes grandes les portes de la nuit.

Raisons des arguties à son propos : caractère de sphinx, enrôlements personnels cryptés. Un terrain clos, pour ce qui nous concerne. Simple remarque, néanmoins ; ce ne fut pas seulement sa vie qui abonda en arcanes et mystères. Les circonstances de son arrestation et de sa disparition aussi. Des faits qui, eux, peuvent être abordés par tous ; ils touchent à la réalité des tragédies de ce moment.

Le 21 juin 1943, vingt-cinq jours après la tenue inaugurale du CNR, au domicile des époux Corbin, 48 rue du Four à Paris, Moulin doit participer à une réunion impromptue chez le docteur Frédéric Dugoujon, à Caluire, banlieue lyonnaise. Les principaux responsables des réseaux ont été convoqués en urgence. Il leur faut donner un nouveau chef à l'Armée secrète. Son patron, le général Charles Delestraint, a été arrêté le 9 juin. Sur dénonciation. Le climat est à l'orage. Ce poste suscite beaucoup de candidatures, des représentants de sensibilités politiques diverses. Bref, peu d'entente en vue. Certains, tel Henry Aubry, homme de confiance d'Henri Frenay passé à Londres quelques jours plus tôt, contestent même par avance l'arbitrage imparti à Moulin. Celui-ci arrive le dernier, contrairement à son habitude. A peine a-t-il franchi le seuil de la salle d'attente du docteur Dugoujon que la Sipo, planquée aux alentours, intervient, embarque tout le monde. Manifestement, sur délation. Une de plus.

Emprisonné au fort Montluc, Moulin, torturé par les nervis du SS Klaus Barbie, sturmbannführer à la section IV du SD, surnommé le Boucher de Lyon, n'est identifié que le 25 juin. Il n'a pourtant rien dit. L'indiscrétion semble avoir émané d'Aubry, également supplicié.

Devant l'importance de la prise, Barbie transfère en personne Moulin, Aubry et André Lassagne — autre chef arrêté — à Paris, avenue Foch, où le SD occupe plusieurs immeubles. Moulin est de nouveau tenaillé durant plusieurs jours par les bourreaux. Reste toujours muet. Fort mal en point, il aggrave volontairement son état en se fracturant le crâne contre les murs de sa geôle. Pour ne point parler. Les SS décident de le transporter à l'hôpital de la police à Berlin. Non par humanité, afin qu'il puisse survivre, le temps de subir d'autres interrogatoires. Il se serait éteint dans le train — conditions toujours mal élucidées. Ses cendres seront ramenées au cimetière du Père-Lachaise vers la mi-juillet 1943, urne n° 10.137. La Sipo, à Montpellier, n'annoncera son décès à sa sœur, Laure, que le mardi 19 octobre 1943.

La mort de Moulin n'a pas ulcéré tous les dissidents. Elle a cependant traumatisé la France libre. Qui nommera un autre assembleur à la tête du CNR, Georges Bidault. Lequel ne fera pas oublier l'ex-préfet aux yeux des gaullistes.

Sur le terrain, ces derniers ont, dès la fin 1943, entamé une enquête pour tenter d'éclaircir le drame. Une vraisemblance leur apparaît ; le dénonciateur responsable des arrestations de Delestraint et de Moulin pouvait être René Hardy, un des chefs du réseau « Résistance-Fer ». Lui-même avait été pincé par le SD à Chalon-sur-Saône, le 7 juin 1943, deux jours avant la prise de Delestraint. Il fut bizarrement relâché le 11, au petit matin. Le 19 juin, deux jours avant la réunion à Caluire, Aubry croise par hasard Hardy et sa maîtresse, Lydie Bastien, à Lyon, et l'invite à se joindre aux conjurés. Il y a, en toute logique, sa place. Arrêté avec les autres le 21, il ne sera pas menotté. Le seul du groupe. On ne lui passe qu'un cabriolet aux poignets, une entrave en cordelette, tenue par un gardien, aisée à faire sauter. Ce qu'il réussit sans peine au moment où ce garde, distrait, le pousse vers une voiture allemande. La Sipo tirera sur lui. De loin. Le blessant légèrement à un bras. Malgré cela, les recherches seront interrompues très vite.

Et le débat d'enfler, après l'extinction du conflit. Hardy sera jugé le 24 janvier 1947, puis le 5 mai 1950, assisté par un ténor du barreau, Me Maurice Garçon. Celui-ci désamorcera les mines visant son client. Des témoins le blanchiront. La justice l'acquittera. Il mourra dans son lit, à Melle, près de Niort, Deux-Sèvres, le 12 avril 1987. « Emportant son secret dans sa tombe », écrira Pierre Péan, l'auteur qui a consacré deux ouvrages à ces énigmes, *Vies et morts de Jean Moulin*, *La Diabolique de Caluire*.

Depuis lors, l'innocence de René Hardy semble moins sûre. Les indices établissant sa culpabilité, récemment collationnés par Péan, émanant de plusieurs sources, se sont accumulés. Troublent. Lydie Bastien, qui empauma Hardy jusqu'à le déboussoler, était à la solde de l'Abwehr. Qui l'avait prêtée à Barbie. Assertions reconnues. Toutefois, l'imprescriptibilité de la chose jugée demeure. De surcroît, Hardy, par-delà la mort, conserve encore des défenseurs. Après tout, plaident-ils, un autre clandestin, piégé de la même manière que ce responsable de « Résistance-Fer », aurait pu aussi donner — ou confirmer — aux nazis les éléments permettant de coincer Delestraint et Moulin.

Une évidence : en ce temps-là, rien n'était ni simple, ni clair. Pour démanteler des mouvements de dissidence, les Allemands avaient constitué des services efficaces de répression. Ils bénéficiaient en outre de complicités françaises, nombreuses ; les partis collabos, les gangsters de la « carlingue », des agents infiltrés au sein des réseaux qui mirent à profit l'inexpérience voire la naïveté de leurs chefs. Ainsi que des résistants, interpellés et retournés.

Ces faits ont été évoqués à dessein. En forme de préambule. Au titre de l'exemplarité. Toutes proportions gardées, les tourments vécus par Moulin ont été partagés la même année, à une autre échelle, par deux officiers gendarmes. L'un d'eux, Fontfrede, était chef d'escadron à Clermont-Ferrand. Le second, commandant aussi, Maurice Guillaudot, tenait garnison à Vannes, Morbihan ; son entrée en résistance a déjà été évoquée ici. Tous deux ont été appréhendés par les Allemands, en 1943. Dans des conditions qui n'ont pas manqué de soulever également des questions urticantes.

Pleins feux sur le premier. Originaire de Billom, commune du Puy-de-Dôme, à vingt-cinq kilomètres de Clermont. Au cœur d'une plaine fertile entre l'Allier et la Dore. Une rivière, l'Angaud, traverse cette vieille ville dont les racines plongent dans l'âge mérovingien. Sur la rive gauche, l'ancien quartier clos niché sur un mamelon enserre l'église Saint-Cerneuf. La paroisse Saint-Loup, commerçante, tient la berge droite. Au XVe, Billom abrita une université florissante. Au XVIe, après intervention du cardinal Antoine Duprat, originaire d'Issoire, les jésuites y fondèrent leur premier collège en France. Quelque trois mille cinq cents habitants à la fin du XIXe. C'est parmi eux qu'Antoine Marie Fontfrede a vu le jour, le 16 avril 1899. Au sein d'une famille connue et respectée au canton.

Doué pour l'étude, il commence par aspirer le savoir comme l'éponge l'eau. Il aurait aisément « fait » juriste ou enseignant, comme beaucoup à Billom avant lui. La guerre, la Grande, l'a détourné de ces carrières. Trop jeune —

classe 19, incorporé le 15 avril 1918 — il ne voit que la fin du conflit, au travers du prisme des écoles de l'armée. Celles de l'infanterie, dont il sort aspirant. Promu sous-lieutenant, il passe au 32e Tirailleurs en 1920. Ces hors-d'œuvre l'ont déterminé ; il sera militaire. Libéré le 17 juin 1921, il épouse une payse le 27, Anne Cholet, à Saint-Germain-l'Herm, cinquante kilomètres de son propre foyer. Trois mois plus tard, il se présente à l'école de gendarmerie à Moulins.

Choix délibéré. Un honneur lors de ces années. Servir cette arme était très recherché. Fontfrede est titularisé gendarme à cheval. Ensuite, parcours type, la référence. Ecole d'application à Versailles, grade de lieutenant confirmé, attachement durant cinq ans à la mission française au Liban, rapatriement en 1934, promotion de capitaine, affectation au commandement de la section gendarmerie de Clermont-Ferrand. A deux pas du creuset natal. Sa femme lui a donné deux filles et un garçon. Cela ressemble au bonheur.

Un autre conflit mondial, le second, pulvérise cette quiétude. La désastreuse campagne de France anéantit toutes les valeurs enseignées depuis soixante-dix ans par la démocratie. Autant chez les citoyens que chez les chefs des états-majors militaires chargés de les défendre. Un choc pour ce gendarme. Comme d'autres collègues, la gabegie, la couardise, le je-m'en-foutisme généralisés le révulsent.

Déjà, en juin 1940, Fontfrede se rebiffe sans y paraître, sous son masque placide, son sens du devoir professionnel. Il a appris — le renseignement fait partie de ses missions quotidiennes — que le service de santé militaire momentanément replié aux Gravanches, pressé de fuir plus loin, y a abandonné ses finances. Tout de même ! L'argent de la République, bien national ! Or la marée feldgrau a déferlé. Elle bat les marches du Massif central, fouinant partout. Les Allemands vont découvrir la cassette, c'est immanquable. Fontfrede, calmement, va la récupérer au milieu d'eux et rapporte les millions à ses chefs.

Aux premières loges les jours suivants, il a observé la venue dans Clermont de cette République à l'agonie, menée par Pierre Laval, qui ordonnance la mise à mort. Puis il a vu, le 10 juillet, ce châtelain de Châteldon instaurer à Vichy, avec Pétain, un nouveau régime. Un Etat qui prône un credo peu démocratique. Seconde commotion ; représentant de l'ordre, il sera impliqué malgré lui dans ce césarisme imposé aux Français. Les mois qui suivent le confirment. Alors, comme d'autres, Fontfrede admet que le temps des choix secrets s'impose. Ses convictions le pousseraient vers des soldats qui conspirent au voisinage. Ainsi, Georges Groussard. Et Rivet, le patron du SR, et Paillole, adjoint de ce dernier. Il les rejoindrait volontiers. On lui conseille de garder sa place, dans le rang. On aura recours à lui. Il servira. Promis.

En attendant ces occasions, Fontfrede « s'occupe ». Oh rien de très original d'abord. Des actions semblables à celles que d'autres mènent ailleurs, qui traduisent cependant l'éveil des consciences.

Il incite ses subordonnés et les rares vaillants de leur entourage civil à l'imiter dans la collecte furtive du matériel et des armes abandonnés par l'armée défaite. La rouille en corrodera beaucoup dans leurs caches. Au moins, les Allemands ne récupéreront pas ces stocks. De même, il engage son personnel volontaire à accueillir les prisonniers de guerre évadés, assure leur démobilisation. Et couvre ces sauvetages quand il n'y participe pas. Lorsque se présentent ensuite des fuyards qui sautent la démarcation — quelques aviateurs alliés, mais aussi des juifs, déjà —, comme les autres il aide, protège encore. A la dérobée, en outre, il note les signes de la montée des rébellions ; les affichages sauvages et graffiti, les tracts, la circulation feutrée des journaux clandestins. Dans le même temps, il escamote ou ignore les « engagements à intervenir », qui commencent à sourdre de la préfecture. Deux Fontfrede. L'un, service-service en apparence, donne à l'administration vichyste l'illusion qu'il coopère. L'autre, attentif, prudent mais entreprenant, soutient ce qui n'est encore à ses yeux qu'une « dissidence primaire ».

En septembre 1942, nouveau seuil franchi. Il prend du galon. Promu chef d'escadron, il bénéficie de surcroît du commandement de la compagnie du Puy-de-Dôme. Ces nominations ne doivent rien au retour de Pierre Laval aux affaires, qui les a précédées de peu. Dans la norme, elles émanent de la direction générale du corps, qui l'apprécie, mais dont le pouvoir s'amenuise depuis qu'elle est passée sous la coupe directe du chef du gouvernement ; elle sera d'ailleurs remplacée, dix mois plus tard. L'intronisation de Laval apporte au contraire à la maréchaussée une contrainte et des soucis supplémentaires. Fontfrede partage avec son homologue du département voisin, l'Allier, la protection rapprochée quotidienne de Don Pedro, entre Châteldon et Vichy.

En décembre, cet accroissement des fonctions professionnelles du chef d'escadron s'accompagne d'une multiplication similaire de sa contribution occulte à ce que les vichystes appellent avec mépris l'hérésie. Honorable correspondant pour l'organisation de Paillole, il se voit confier la même tâche confidentielle à l'ORA, réseau de l'armée que vient de fonder le général Frère. Simultanément, avec l'assentiment de ces responsables, il accepte une sollicitation identique émanant d'un résistant local très entreprenant, qui va l'aspirer dans sa houache remuante ; Emile Coulaudon.

Un événement d'importance explique ces mobilisations : depuis le 11 novembre, les Allemands ont étendu leur occupation au sud du pays. Cinq divisions. La première cantonne autour de Limoges, la deuxième cerne Clermont, la troisième est dans l'orbite toulousaine, la quatrième en bordure sud-est du Massif central, la dernière s'étale entre Nîmes et Marseille. Dans leurs bottes, commandés par des SS, cinq régiments de sécurité ; des Tatars Volga, des Arméniens, des Azerbaïdjanais, des Croates, des Georgiens. Fini le bon temps. Changement capital. La zone libre constituait jusqu'alors pour les réseaux un havre, médiocre, dont ils tiraient parti, pour s'abriter, comploter. Maintenant, pour existér, s'imposer, ils devront se développer, accéder à la phase adulte.

Une telle évolution s'élabore. Coulaudon compte précisément parmi ceux qui l'échafauderont en Auvergne. Représentant de commerce, doté d'un grand entregent, on le connaît partout au Puy-de-Dôme ; il s'y signala au temps de la République en aidant son frère, Aimé, à devenir député à Riom. Prisonnier des Allemands en 1940, évadé aussitôt, il s'est depuis lors lancé à corps perdu en clandestinité. Rappelons que, déjà cité ici comme organisateur d'une concentration maquisarde importante, il affrontera à sa tête, le moment venu, les troupes allemandes en combat ouvert au mont Mouchet.

Pour l'heure, Henri Frenay, devenu l'un des poids lourds de la dissidence, lui a confié un triple mandat : réorganiser en Auvergne le réseau « Combat », mis à mal un peu partout, s'imposer aussi comme chef régional de l'Armée secrète, puis, dans sa zone, fusionner « Combat » avec « Libération-Sud » et « Franc-Tireur », autres antennes majeures, au sein d'une structure nouvelle, les MUR, Mouvements unis de la résistance. En quête d'appuis, d'agents potentiels influents, Coulaudon a donc joint Fontfrede, dont la réputation l'a appâté. Les deux hommes s'entendent. Coulaudon consultera souvent le gendarme. Celui-ci est intégré à part entière dans la coulisse où mûrissent les événements. Au menu : filières d'évasion, collecte de renseignements, parachutages, sabotages, accueil des réfractaires au STO, constitution des premiers maquis. L'ordinaire de la guerre sans visage.

Clermont et les alentours vont se métamorphoser les mois suivants en arène. Une compétition serrée opposera les réseaux de toutes tailles et obédiences. Ces noises auront des conséquences dévastatrices. Elles pousseront certains clans aux imprudences afin de surpasser les autres. Jusqu'à en oublier la pugnacité de l'adversaire réel, l'ennemi. En outre, les dénonciations croîtront. Le SD, la Sipo, renforcés dès décembre 1942, en tireront parti.

Les arrestations l'attesteront, en 1943. Une quarantaine aux lisières de l'Allier en janvier. Autant au Puy-de-Dôme, en mars, puis avril. En mai, c'est l'antenne auvergnate du réseau « Alliance » qui sera quasi anéantie. En juin, des réfugiés alsaciens tombent par vagues. Puis des juifs, en juillet. En août, les cheminots, à Clermont, paieront lourd la destruction en gare de wagons de denrées destinées à l'Allemagne. En octobre, l'ORA et le réseau « Mithridate » y seront saignés à blanc. En novembre, quarante-quatre interpellations individuelles dans Clermont, suivies par une rafle à l'université qui fera deux cent cinquante-huit victimes. En décembre, le tableau de chasse des occupants s'alourdira encore : deux cents incarcérés, dont une centaine à Billom. Tout cela durant cette seule année.

Retour chez Coulaudon, au début de 1943. Homme des audaces risquées, il tire une aura avantageuse parmi les clandestins d'une spécialité : l'évasion des résistants. Il les arrache aux prisons conventionnelles, ou les rapte lors de leurs transferts en automobile, camion ou chemin de fer. Cela en douceur. Ses hommes les récupèrent en exhibant des documents d'allure très officielle, opèrent déguisés en inspecteurs, le plus souvent en gendarmes. L'un d'eux appartient vraiment à la maréchaussée, le margi Cancy, attaché à la brigade de Lezoux, à mi-chemin entre Clermont et Thiers. Ces opérations impliquent de surcroît la participation active de Fontfrede, devenu chaînon indispensable. Il informe, prête des uniformes, fournit des mandats d'amener en blanc, décrit les êtres de la bastille de Clermont, des autres maisons d'arrêt du département et de la province.

Le succès des raids de Coulaudon, qui paie toujours de sa personne pour l'occasion, suscite des envies chez les concurrents. Notamment parmi les francs-tireurs et partisans d'Auvergne. A vouloir plagier l'homme fort de « Combat », mais sans son doigté, l'un de leurs groupes provoquera un drame, au printemps 1943.

Ce maquis de réserve FTP est abrité au sein du Livradois, précisément dans le bassin d'Ambert. Le camp est implanté sur les terres d'un minuscule village, Novacelles, ancré au fond d'une gorge où ruisselle la Dolore. Il tient les hauts, qui culminent à Longevie, parmi les pâturages, les sapins. Cette commune dépend d'Arlanc, le chef-lieu, à dix kilomètres, où cantonne une brigade de gendarmes. Le responsable de la petite unité, l'adjudant Foulhoux, a passé un accord de non-belligérance avec les chefs de ce cantonnement, Paul Daigneau et Pierre Cerveau. Le 8 juin 1943, il a cependant interpellé six réfractaires au STO, qui traînaient trop ostensiblement près du moulin de La Roche. Daigneau et Cerveau décident d'investir la brigade, d'exiger la libération des jeunes casse-cou. Ils déboulent à douze, armés, menaçants. L'entrevue dégénère. Fusillade. Foulhoux s'effondre ; balle dans la cuisse. Le gendarme Martinet, atteint au pied, est achevé à bout portant. Son collègue Escudié a la mâchoire fracassée par un projectile. Cerveau, en rechargeant son arme, se tire lui-même du plomb au foie, ne survivra pas. Daigneau reprend difficilement ses hommes en main, appelle un médecin qui assiste son camarade agonisant et les gendarmes blessés, replie son équipe dans la montagne.

L'affrontement, le premier entre forces de l'ordre et maquisards en Auvergne, fait un foin du diable à Ambert. Le sous-préfet y donne du tam-tam. Paul Brun, préfet régional à Clermont, amplifie la toccata. René Bousquet, secrétaire général de la police, apporte son vinaigre, en appelle à Laval. Don Pedro pique une colère jupitérienne. Cinquante-deux arrestations. Les magistrats de la section spéciale de justice, à Riom, enveniment l'affaire le 14 juillet 1943 : une condamnation à mort par contumace sur Daigneau, qui s'est enfui, les travaux forcés pour une douzaine de ses maquisards. En rétorsion, escalade prévisible, les FTP de la province appellent à la vendetta, vouent aux gémonies l'état-major de la légion de gendarmerie d'Auvergne. Et mettront quelques contrats sur les têtes de quelques officiers, tel Fontfrede, pourtant étranger à ce coup. Qui a un double tort : il appartient à cette arme, il a des galons.

Les matamores recevront toutefois une leçon bien pragmatique, le 3 août 1943. Lors du transfert des douze maquisards de Daigneau vers une maison de force, Emile

Coulaudon, bien renseigné par Fontfrede, tentera un raid en gare de Pontmort à la tête de ses gens déguisés en inspecteurs. Il se fera remettre complaisamment les détenus par leurs gardes. Il a exhibé un document — faux, bien entendu — qui justifiait une nouvelle audition par un juge d'instruction. Un kidnapping dans l'huile, sans bavure. Après une brève retraite dans une planque isolée, les libérés iront renforcer un autre maquis entre Rochefort-Montagne et La Bourboule, sur les hauteurs de la vallée de la Vergne que domine le puy Vivanson.

Pour ce qui concerne Antoine Fontfrede, point d'obscurité jusqu'à ce moment. Ce n'est qu'à dater de la mi-septembre 1943 que s'enchaîneront les faits inexpliqués auxquels il se trouvera mêlé. Tout commence le 17, ce mois-là. Par la découverte d'un attentat, auquel Pierre Laval a semble-t-il échappé de justesse.

Chaque matin, on l'a vu, Don Pedro quitte son château, à Châteldon, pour gagner Vichy. Par le même parcours : d'abord la départementale 59 sur cinq kilomètres, ensuite la 906, quasi droite, sur vingt et un kilomètres. Cette dernière voie longe la Dore puis l'Allier, après le confluent des rivières à hauteur de Pont-de-Ris. Entre la route et l'Allier, une ligne de chemin de fer. Elle relie Clermont à Vichy, dessert Nevers, Moulins, Paris en bout de course. Ce trajet routier jusqu'à Vichy est le seul acceptable. Les autres itinéraires ont été estimés trop sinueux. Donc dangereux. Les Delage du président, caparaçonnées tels des tanks, sont délicates à piloter. La sécurité a choisi de diminuer les risques en excluant la vitesse. Nul, de surcroît, ne sait lequel des trois véhicules à sa disposition Laval utilisera, ce qui diminue les risques de sabotage. Pour le reste, un rideau humain. Des policiers sont échelonnés sur les bas-côtés de ces chemins départementaux. Les mieux gardés de France.

Le 17 septembre, au petit matin, au moment où ces agents se mettent en place, ce qui annonce le passage imminent du convoi Laval, un cheminot circule à pied le long de la voie ferrée. Ce n'est pas une ronde. Il gagne son poste de travail en empruntant ce sentier. Un comportement exceptionnel. Justifié par une panne qui aurait immobilisé sa bicyclette, expliquera-t-il plus tard. Toujours est-il qu'il aperçoit une batterie d'accumulateurs près des rails. Elle alimente une boîte à feu d'artificier. Deux fils mènent en contrebas à un tas de sable qui surplombe le fossé jouxtant la 906. Le cheminot arrache l'un après l'autre les conducteurs et alerte aussitôt les policiers. Dans le sable, trente-cinq kilos de nitroglycérine. Le blindage de la Delage n'aurait pas résisté à la déflagration. Tandis que certains des gardes s'assurent du désamorçage définitif de la machine infernale, d'autres battent les alentours, recherchent l'éventuel dynamiteur dérangé par ces péripéties. Chou blanc. Averti peu après sur les lieux, Laval en blêmit. Plus tard, recevant une délégation des maires de Provence, il s'exclamera : « J'ai survécu parce que le Bon Dieu était avec moi ! » Réaction singulière pour un athée, endurci par le machiavélisme.

La rumeur emplit Vichy. Les limiers sont lancés. Chez les résistants régionaux, point de tumulte encore. Coulaudon et Fontfrede ont apparemment d'autres soucis en tête. Le 24 septembre, des membres de l'état-major local des MUR, Camille Leclanché, Janthial et Gance, pincés à Issoire, viennent d'être incarcérés à la prison de Clermont. Coulaudon envisage l'une de ses opérations-substitutions. Et Fontfrede planche, dessine les plans de la maison d'arrêt, établit des faux mandats d'amener. Date prévue pour le raid ; 12 octobre 1943. Le gendarme Cancy, de Lezoux, en sera. Mais Fontfrede n'assistera pas au retour triomphal du commando et des détenus libérés. Le matin du 1er octobre, le SD a forcé la porte de son appartement, l'a arrêté sans ménagement.

Une de ces interpellations contre lesquelles Coulaudon ne pourra rien tenter. Fontfrede est bouclé dans la caserne qui abritait l'ancien 92e RI, à Clermont, transformée en cantonnement pour les Tatars Volga de la SS, et en centre de détention par la Sipo. Ses interrogatoires commencent à Chamalières, le Neuilly de Clermont, où le SD occupe un hôtel privé, avenue de Royat. Ici opèrent Weser et Kroncke, qui obéissent au major Torack, aux ordres du lieutenant Eckardt. D'autres bourreaux les assisteront après le 10 octobre 1943, des Français. Chef de file, Georges Mathieu. Un autre leader ? Gérard Vernières. Qu'aidera bientôt son frère, Jean, pour l'heure en apprentissage en Allemagne, notamment à Auschwitz. Et Bresson et Sautarel, d'autres encore. Une vingtaine. Des tueurs.

Le 11 octobre, une agence de presse des mieux informées, IFC, InterFrance confidentiel, fondée en 1936 par Dominique Sordet, liée depuis 1940 à l'agence allemande Transocéan, pourvoyeuse de nouvelles, mais aussi un organisme de documentation politique et d'édition, publie une information que reprendront la plupart des journaux de l'Etat français :

« Le chef du SD à Vichy, le capitaine Hugo Geissler, est en train de devenir, à juste titre, une des grandes figures de la zone sud. C'est sur lui, de plus en plus, que les citoyens paisibles doivent compter pour leur sécurité.

« On lui doit notamment l'arrestation du commandant de gendarmerie Fontfrede, chef de la gendarmerie du Puy-de-Dôme, qui jouissait de la confiance du préfet Brun et de celle aussi du président Laval, lequel s'en était remis à lui de la défense de Châteldon...

« Le commandant Fontfrede est sans doute fusillé à l'heure actuelle. M. Laval était bien gardé. C'est d'ailleurs Fontfrede qui avait installé, il y a une vingtaine de jours, sur la route de Châteldon, la machine infernale qui devait faire sauter la voiture du président. »

Surprise, au sein de la plupart des réseaux. Aux MUR en Auvergne, en tout cas. Etonnement plus grand encore chez Paillole, à l'ORA, chez Coulaudon. Personne, parmi eux, n'avait imaginé Fontfrede en dynamiteur.

Au vrai, certains pensaient que ce coup ressortissait davantage aux FTP. Un dessein dans leurs méthodes habituelles. Ils avaient de nombreux amis et complices chez les cheminots, auraient installé ce piège à proximité d'une voie ferrée sans attirer l'attention de quiconque. Ils auraient également pu le préparer et l'attribuer avant explosion à un autre. Fontfrede en l'occurrence. Pour se débarrasser imparablement de lui, aussi sûrement qu'avec une arme. Ne comptait-il pas parmi les gendarmes sur lesquels pesait, quasi à leur insu, un contrat de mort ? Indice supplémentaire : le rôle du cheminot découvreur de la bombe, son comportement pour le moins étrange, gênait beaucoup de résistants.

Ils admettaient cependant que Fontfrede pouvait également avoir mitonné cette attaque en tapinois, avec l'appui discret de quelques gardes. Il connaissait les lieux, les horaires de déplacement de Laval. L'intervention intempestive de ce cheminot longeant à l'improviste la voie ferrée aurait alors gelé un guet-apens bien ficelé. Toutefois, un élément contredisait cette thèse : l'explosion aurait tué d'autres personnes — le chauffeur du président, les gardes aux alentours. Or, Fontfrede n'était pas homme à sacrifier des innocents. Par surcroît, cette bombe étant désamorcée avant sa mise à feu, il n'aurait pas attendu qu'on vienne le cueillir. Il connaissait la route des maquis. Il est vrai qu'il n'était pas non plus de ceux qui auraient légèrement exposé leurs proches à la vindicte des vichystes et des nazis — dans son cas, une femme et trois enfants.

Une évidence demeure : ce gendarme a été dénoncé. Aucune trace d'enquête préalable menant à lui après cet attentat n'a été retrouvée dans les archives. De surcroît, ses tortionnaires, entre deux supplices, lui diront qu'il devait son arrestation à de bons amis, sans révéler en revanche l'identité du ou des mouchards. Les siens apprendront ce détail par l'entremise d'un interprète compatissant en poste à Chamalières, Robert Gothry, qui rendra des menus services de ce genre à certains résistants ou à leurs familles.

Autre confirmation ; contrairement à ce qu'avait donné à entendre l'agence IFC le 11 octobre 1943, Fontfrede n'a pas été fusillé. Il quittera les geôles de la caserne du 92e à Clermont en avril 1944. Son nom sera retrouvé sur les rôles du camp de transit à Compiègne : « Interné le 18 avril 1944, déporté le 14 mai. » Destination, Buchenwald.

Et de nouveau l'incertain, des données vagues, imprécises. Un an de galère, dans ce camp. Quelques autres déportés, tel Robert Marcelot, instituteur à Challex, Ain, ou bien Gardès, boucher à Espaly-Saint-Marcel, près du Puy, diront qu'ils furent ses amis dans l'enfer. Il jouira de la confiance unanime des Français, qui le désigneront pour présider leur petite organisation de solidarité et de discipline mise clandestinement sur pied. Un autre gendarme déporté, Pierre Paulze, de Volvic, l'accompagnera partout. On transfèrera une partie des détenus de Buchenwald à Ellrich, en Thuringe, à vingt kilomètres de Nordhausen, au pied du Harz, un massif boisé. Parmi eux, ce quatuor. Le 6 avril 1945, les SS les évacueront encore, en colonne, vers Gardelegen, fuyant devant l'armée américaine. Une marche forcée. Avec exécution des traînards. Vidé, rompu, Fontfrede n'avancera plus que soutenu par Marcelot, Gardès et Paulze. Le 12, ils s'évaderont, espérant rejoindre l'avant-garde des Yankees. Seuls Marcelot et Gardès y parviendront. Paulze aurait pu les accompagner. Il renoncera, refusant d'abandonner Fontfrede. On présume qu'ils auront rencontré une petite unité du Volkssturm, l'armée du peuple, déchaînée. Leurs corps ne seront jamais retrouvés.

Emile Coulaudon, dit Gaspard, chef régional des FFI, Forces françaises de l'intérieur, en 1944, décernera une attestation à Anne, l'épouse d'Antoine Fontfrede ; elle témoignera de l'ampleur et de la qualité de l'engagement du gendarme dans la résistance. Le disparu sera promu lieutenant-colonel à titre posthume le 25 mars 1946. Nommé chevalier de la Légion d'honneur, titulaire de la médaille de la résistance et de la croix de guerre 39/45 avec étoile d'argent, l'officier sera également cité à l'ordre de la division, « pour avoir accepté le sacrifice suprême au service de son idéal ».

A bien des égards, l'entrée en dissidence d'Antoine Fontfrede a ressemblé à celle de Maurice Guillaudot, déjà décrite ici. Même refus de plier le front devant l'ennemi, dès 1940. Dès ce moment aussi, rejet identique et spontané du nouvel Etat français, de ses fastes, de ses nuisances. Sans s'être jamais rencontrés, ignorant tout de l'autre, ces soldats bleus ont partagé la même détermination : ne jamais transiger. Deux caractères. Exigeants envers eux-mêmes mais exemplaires, attachants, appréciés par leurs subordonnés. De la même trempe que leur collègue, Jean Vérines, l'un des tous premiers résistants de la maréchaussée.

A la façon de ce dernier, qui avait incorporé au sein du réseau « Saint-Jacques » des gardes de Paris, des gendarmes de Touraine, de Picardie et de Normandie, Guillaudot avait érigé, on l'a vu, sa propre antenne en entraînant carrément dans ses pas toute sa compagnie de gendarmerie au Morbihan. De ce fait, il a apporté à la résistance dans sa région un cadre éprouvé, respecté, un service de renseignements et de transmissions de premier ordre, une grande sécurité morale. Ce qui lui a permis d'attirer, venant de toute la Bretagne, nombre de bons soldats de carrière et de réserve.

En avril 1943, au moment où nous l'avons laissé abritant et protégeant avec ses brigades les réfractaires locaux au STO, Guillaudot ne se borne plus à seulement mener son réseau. Il recrute, forme et encadre avec son personnel une unité, pour l'heure des maquisards, appelés ultérieurement à constituer une force d'intervention dans son département ; elle assemblera douze mille hommes, l'équivalent d'une division. Dans le même temps, doté d'un don d'ubiquité peu commun, il est devenu responsable de l'Armée secrète au Morbihan. Du plein temps en clandestinité.

Georges, son fils aîné, suit d'ailleurs ses traces. Entré en carrière militaire en 1937, intégré à l'Armée d'armistice jusqu'à la dissolution de celle-ci en novembre 1942, il a suivi les cours de l'école de gendarmerie à Pamiers, vient d'être titularisé comme officier dans ce corps. Affecté à la brigade motorisée cantonnée à Annecy, il s'est aussitôt mis à la disposition de l'état-major de l'Armée secrète en Haute-Savoie, à celle du réseau NAP. Il renseigne en outre et aide le maquis des Glières, cinq cents hommes nichés sous les sapins de ce plateau haut-savoyard, que dirige un chasseur alpin du célèbre 27e, le chef de bataillon Théodore Morel.

En juin 1943, Maurice Guillaudot s'apprête à faire un beau cadeau à Londres, aux Alliés. Un plan, baptisé « panier de cerises ». Le fruit constamment tenu à jour des démarches occultes effectuées par ses gendarmes depuis plusieurs mois. La description précise, appuyée par photos et croquis, de tout le dispositif allemand dans le Morbihan et le sud du Finistère. Armement, garnisons, points faibles, dépôts de carburant, de munitions, terrains d'aviation, bases navales et postes de commandement. Une manne.

Pour l'adresser au BCRA, à l'IS, une seule ressource : l'avion. Recourir à la RAF, qui dépêchera l'un de ses scarabées, ces Lysander de l'escadrille attachée à Tempsford, provisoirement basée à Tangmere. Guy Lenfant, l'agent du BOA qui dirige la MAB, Mission aérienne Bretagne, se charge d'appeler Londres. Il regagnera l'Angleterre par le même appareil, accompagné par André Rapin, son radio, qui a achevé l'instruction hertzienne des gendarmes de Guillaudot. Décollage prévu le 11 ce mois-là. Près d'Auxerre, dans l'Yonne, à cinq cents kilomètres... L'agence Cook de la résistance assure l'aventure, mais ne garantit jamais le porte à porte. En fait, la RAF use toujours du même parcours pour ses raids discrets, les opérations dites pick-up : elle traverse la Manche à la hauteur de Cabourg, pousse jusqu'à Orléans sur la boucle de la Loire — un étroit couloir dénué de DCA et peu gardé par la Luftwaffe. Passé ce seuil, elle peut essaimer à loisir ses vols au gré des destinations à desservir.

Pourtant l'expédition est annulée. Pour cause d'incendie à la base Guillaudot. Un gestapiste français a lancé la Sipo sur une partie du réseau. Il s'agit de Roger Leneveu, dit le Légionnaire, originaire du Calvados, joli cœur aux cheveux clairs, qui sévit durement en Bretagne depuis 1942 : quatre-vingts compatriotes trahis, une vingtaine tués de sa main. Les nazis, cette fois, ont frappé à Pontivy, arrêté un adjoint de Lenfant, Hubert Crevic, alias Antar — responsable local du BOA, au moment où il partait pour Paris, convoyant un aviateur américain rescapé. Dans le même temps, toujours dans cette sous-préfecture du Morbihan, ils ont interpellé Henri Loch, commissaire de police, André Weinzaepflen, patron de l'Hôtel des Voyageurs, l'abbé Martin, d'autres encore. Leneveu, décidément très renseigné, a également dénoncé dans le voisinage les religieux de l'abbaye cistercienne Notre-Dame-de-Thymadeux, à Bréhan-Loudéac. Le père Gwenaël, cellerier de la communauté, l'abbé Dominique Noguès, d'autres encore, sont arrêtés. Une lézarde fort périlleuse dans l'édifice patiemment monté par Guillaudot. Elle implique une refonte du système protecteur dit des coupe-circuit. L'envoi « panier de cerises » est reporté à la lunaison suivante.

Le 10 juillet 1943, Guy Lenfant et André Rapin entreprennent de rallier Auxerre, par le train. Une escorte les accompagne ; Julien Leport, beau-frère de Lenfant, Honoré Chamaillard, Jean Garin et le capitaine Caro. Ils mettront trois jours pour gagner l'Yonne. A cause des contrôles renforcés effectués par les Allemands. Le mauvais temps soudain levé retarde de même la venue du Lyzander.

Le petit appareil se présente dans la nuit du 15 juillet, avec un pilote aguerri au manche, le lieutenant Bunny Rymills. Le terrain, un champ très court et bosselé, est exécrable. Seul l'intérêt de l'opération justifie les risques présentés par ce ramassage. Rymills puise dans son talent pour réussir la manœuvre. Mission menée à bien, mais ce sera la dernière pour cet as de l'escadrille de Hugh Verity ; il reprendra les raids de bombardement et les lâchers de parachutistes, moins éprouvants selon lui. Le 20 juillet, l'adjudant Leroy, adjoint de Guillaudot, capte un message transmis par la BBC : « Le panier de cerises est bien arrivé. » Le 21, nouvel avis : « Félicitations. Remerciements à Yodi et à son équipe. Ces fruits sont remarquables, nous aimerions en recevoir d'autres. »

En septembre 1943, c'est Guillaudot qui reçoit un envoyé spécial de Londres, parachuté pour l'occasion. Une personnalité marquante de l'armée de l'ombre : Valentin Abeille, dit Fantassin, délégué militaire des Forces françaises libres. Il vient fédérer la résistance intérieure dans dix départements, de la Normandie à la Bretagne, apporte aussi une promotion à l'officier gendarme : chef régional FFI.

Abeille n'est pas de ces hiérarques planqués qui font carrière dans les états-majors. Né en 1907, à Alençon, licencié en droit, il a servi la loi, la justice et le pays depuis 1930 dans des postes toujours exposés. A la préfecture de police, à Paris, auprès du patron de cette maison, puis comme sous-préfet à Provins, à partir de 1938. N'ayant pas caché son hostilité envers l'Etat français en 1940, sacqué sur-le-champ, il est passé en clandestinité, au Jura, département frontière avec la Suisse, site très recherché par bien des réseaux. Choisissant un surnom, Colleone, inspiré par un condottiere italien, qui fut indifféremment au service de Venise et de Milan.

Sa tasse de thé ? « Combat », longtemps, sous les ordres de Louis Landré, chef départemental, qu'il a beaucoup apprécié, puis l'Armée secrète. Son goût ? L'action. Quand « Combat » sera décapité au Jura au début de 1943, autant par les Allemands et leurs séides que par les conséquences d'une compétition fratricide avec le SOE britannique, curieusement allié avec les FTP dans la région, Abeille rejoint le BCRA à Londres, en quête d'une autre affectation au cœur du creuset ardent. Depuis son retour en zone occupée — les résistants ont conservé les anciennes appellations malgré l'invasion de la zone sud par les Allemands —, c'est-à-dire en septembre, il se démène beaucoup. Sa tête est mise à prix. La Sipo, le SD, les vichystes et leur train le traquent de Paris à Brest. Mais il tient toujours l'air, hirondelle messagère, voletant de Caen à Rennes, de Cherbourg à Vannes. Guillaudot devient à ses yeux le complice rêvé. Ils se ressemblent. Du bec, de la hargne. Cultivant le même credo : faire face.

Ils en auront besoin. Deuxième alarme, en octobre 1943. Le patron d'une filiale du réseau Yodi, François Vallée, capitaine de réserve, et son agent de liaison, Yves Hamon, dix-huit ans, sont abrités à Rennes, dans une mansarde, boulevard de la Liberté. En pleine nuit, la Sipo, appuyée par des miliciens, envahit l'immeuble. Ils filent par la lucarne sur le toit voisin, s'éclipsent, trouvent refuge chez des amis, rue Louis-Barthou. Sachant Guillaudot en permission auprès des siens, avenue Aristide-Briand, Vallée se présente à son domicile le lendemain, au petit matin, afin de l'informer. « Tu as été donné ! », juge Yodi. Dix minutes plus tard, ne se fiant plus depuis longtemps au téléphone, Guillaudot expédie Jean, son fils cadet, dix-neuf ans, chez deux gendarmes sûrs, qui déclenchent la procédure d'alerte. Entre-temps, Vallée et Hamon sont dépêchés à Paris, priés de s'y cacher. Il est plus difficile d'y piéger des clandestins, l'expérience l'a souvent montré. Gros dos, tous aux abris.

Le danger se précise sur les têtes du réseau. Guillaudot en parle longuement avec Abeille le 9 décembre 1943, dans son petit appartement de fonction à Vannes, sur la Rabine. Ils passent la journée à coder des messages pour Londres. Puis son hôte regagne Rennes, par le dernier train en partance. Le lendemain, à 8 heures, tandis que Guillaudot achève de passer son uniforme, coups redoublés à sa porte. Il ne peut fuir ; pas d'issue de secours. Un officier allemand, le lieutenant Werckler, qu'il a rencontré souvent dans l'exercice de ses fonctions, accompagné par un soldat et deux civils en cuir noir. D'autres hommes dans l'escalier, une douzaine. Aux interrogations multiples de Guillaudot, Werckler serine la même réponse : « L'ordre est venu de Paris. »

Le chef d'escadron est d'abord bouclé à la prison de Vannes, près de la préfecture. Les perquisitions effectuées chez lui, à son bureau, n'ont rien donné. L'adjudant Leroy est également arrêté. Au casernement de la gendarmerie, l'émoi est intense. Constant Hulot, chauffeur du commandant, avise les brigades du département, les antennes civiles du réseau : « Raoul a le cancer ! » Code prévu. Beaucoup de gardes veulent arracher Guillaudot et Leroy aux Allemands, les intercepter entre Vannes et Rennes. Un plan arrêté par avance, aussi, à tout hasard. Ils dressent l'embuscade près d'un hameau, Kerchoux, dans le bois de Coëby. Joli piège, imparable, dans un virage. Mais l'attente sera vaine. La Sipo a pris les gendarmes de vitesse en transférant les résistants plus tôt dans la capitale bretonne. Ils sont bouclés à la prison Jacques-Cartier.

Leurs interrogatoires, peu musclés d'abord, se dérouleront au siège du SD, rue de Fougères, à Rennes. Chaque soir, on les ramènera à la Jacques-Cartier ; cellule 24 pour Maurice Guillaudot. Comme Leroy, il reste muet. Après quelques semaines — signe que l'enquête les concernant piétine, que le dossier n'est guère bétonné —, Hélène, sa femme, obtient un droit de visite : le mardi, le vendredi. Elle porte du linge, de la nourriture, des livres... et des nouvelles du réseau. Ce dernier s'est repris, dirigé comme convenu par Paul Chenailler, jusqu'alors le second du commandant, avec l'accord de Londres. Nom de guerre : Morice, en hommage à Guillaudot. Son adjoint ? Le lieutenant Guillo, gendarme à Ploërmel. Le nouveau PC est installé dans un vieux moulin à papier, à Bréhan-Loudéac, qui appartient à Pierre Ropert, un patriote, également membre du réseau.

Guillaudot, c'est patent, a été dénoncé. Lui croit d'abord qu'il a été donné par Bonamy, délégué à la propagande de Vichy, l'a confié à son épouse. Or ce collabo a été abattu un mois plus tôt devant son domicile par la résistance. La Sipo n'aurait pas patienté aussi longtemps pour coffrer le commandant. En outre, Bonamy ignorait tout de l'adjudant Leroy, jusqu'à son existence, pourtant celui-ci a été pincé aussi.

Beaucoup, dans l'entourage de Guillaudot, font un lien entre son interpellation et les récents aléas essuyés par le réseau ; les arrestations de Pontivy, celles des abbés, la tentative qui avait visé François Vallée. Ils se demandent quel émule de Leneveu aurait pu prolonger cette chasse. Les frappes et renégats ont abondé en Bretagne, plus qu'ailleurs.

Ce constat a émané d'un homme éclairé en ce domaine, Michel Pichard, compagnon de la Libération, qui fut l'un des trois chefs nationaux du BOA, toujours au feu dans l'ombre, qui avait fréquemment exercé son office secret en Armorique ; il connaissait, donc, les périls du cru. Les gendarmes du réseau avancent aussi que Valentin Abeille était peut-être l'objectif visé par les gestapistes ; il aurait été coincé chez Guillaudot, s'il avait passé la nuit du 9 au 10 décembre au domicile de fonction du commandant, ce qui se produisait fréquemment les derniers temps. Ayant fait chou blanc, les nazis auraient embarqué Guillaudot, pour ne pas perdre la face. Supputations, le destin rit des probabilités.

Une certitude, en revanche : en janvier 1944, le comportement de la Sipo envers ce gendarme changera radicalement. Visites suspendues. Mise au secret. Livraison de l'officier aux bourreaux. Les séances de tortures vont se succéder. Guillaudot se taira. Rassuré sur ses capacités à subir la douleur, il n'aura pas à croquer la pilule de cyanure cachée dans sa ceinture orthopédique.

Malgré l'épaisseur des murs de la Jacques-Cartier, la hargne des gardiens, les nouvelles de l'extérieur filtrent au goutte à goutte jusqu'aux détenus. De la sorte, Guillaudot apprendra l'arrestation de son fils aîné, Georges, à Annecy. Sur dénonciation. La norme, semble-t-il. Il saura aussi que son benjamin, Jean, a filé en clandestinité. Que cela chauffe par surcroît pour ses gendarmes : lieutenant Guillo, pincé à Ploërmel ; Le Merdy, Pisogot, Louarn, Louis Cosqueric, d'autres encore, contraints à se fondre dans le bocage. Par le même canal, il saura que tous commencent à saboter fermement.

Guillaudot découvrira, plus tard, les précisions à propos du reste. C'est-à-dire la mort de Valentin Abeille, arrêté, évadé et tué à Paris ; la fusillade du lieutenant gendarme Georges Martin, de François Vallée, dénoncés aussi ; le débarquement des Alliés en Normandie ; les commandos du ciel du commandant Georges Bourgoin, le parachutiste manchot, lâchés sur sa région ; le soulèvement de la Bretagne, avec ses douze mille maquisards au Morbihan, leurs vingt-cinq mille compagnons au Finistère, dans les Côtes-du-Nord, en Ille-et-Vilaine. Une réussite due, en grande partie, à son réseau.

Lui sera déporté. Le 28 juin. Le jour anniversaire de sa cinquante et unième année. A Neuengamme. Après un bref passage par Compiègne. A quelques jours près, il aurait pu croiser Georges, son fils aîné, dans cette antichambre des camps. Destination différente, dans le cas de celui-ci : au fond des marais de Bavière, à Dachau. Ils reviendront tous deux. En 1945. Recouvreront lentement la santé. Mêlés à d'autres rescapés de l'horreur. Changés, malgré les apparences. Hantés.

Maurice Guillaudot terminera sa carrière dans la gendarmerie comme général, affecté à la 1re Inspection du corps. Il sera aussi nommé compagnon de la Libération, par décret du 19 octobre 45. Le général René de Larminat lui remettra la lourde croix avec son ruban vert et noir, à Rennes. Il apprendra, de même, que Valentin Abeille sera admis à titre posthume dans cet ordre. Mais les honneurs n'effaceront jamais cette question, ce taraudage insidieux qui ne cessera de miner son esprit : « Qui ? Qui donc m'a dénoncé ? »

10

Le plan qui a fait trembler Vichy

A posteriori, on peut tenir pour un miracle que Maurice Guillaudot n'ait pas été fusillé. Le changement de régime en janvier 1944, à Jacques-Cartier, la prison de Rennes, semblait indiquer qu'il finirait exécuté. D'ailleurs, il s'y était préparé ; lorsque les agents du SD l'avaient extrait pour la dernière fois de sa cellule, le 28 juin, il avait déjà partagé entre ses codétenus ses pauvres trésors — du pain, un peu de fromage, un morceau de saucisson. En le déportant au lieu de le mener au poteau, les nazis avaient tout de même escompté qu'il disparaîtrait. Plus lentement. Neuengamme n'était pas précisément une sinécure. Ce lager, qui datait de 1938 — d'abord réservé aux « déviants » politiques allemands promis à la rééducation par le travail forcé —, s'était métamorphosé en géhenne. Comme tous les autres camps de concentration.

Toutefois, Guillaudot ne fut pas le seul résistant, à Jacques-Cartier, qui ait enduré à l'époque un accroissement soudain des sévices lors de ses interrogatoires, de la rigueur des conditions de sa détention. Ce durcissement avait concerné toutes les prisons en Bretagne, de même que l'ensemble des autres établissements pénitentiaires de la nation. La milice venait d'accéder au pouvoir. Le faisait savoir à sa manière. Dans le cas précis de Guillaudot, elle l'aurait immanquablement, avec jouissance même, passé par les armes s'il n'avait pas été un « client » particulier du SD.

Depuis l'automne 1943, Otto Abetz et Karl Oberg tannaient Laval : « Coopérez davantage. » Une litote. Ils voulaient dire : « Montrez-vous plus ferme. » Message finalement perçu. L'Auvergnat s'était décidé à épurer son gouvernement en décembre, avec officialisation au 1er janvier 1944.

Exit les maréchalistes grand teint — le général Emile Faure, Yves Bouthillier, Charles Rochat, Paul-Marie de La Porte du Theil, d'autres ministres et préfets. Licencié aussi René Bousquet, prince de la galaxie vichyste. Et sous surveillance les ultimes « modérés », Jacques Grasset, Jean-Marcel Lemoine, Pierre Cathala, le général Jannekeyn. Le führer avait demandé que soient promus des intransigeants. Donc, Joseph Darnand, Philippe Henriot, Eugène Bridoux, Fernand de Brinon, Abel Bonnard, Marcel Déat. Sur celui-ci, Pétain avait d'abord tiqué ; les éditoriaux du patron de *L'Œuvre* lui donnaient la gourme. Mais il cèderait, trois mois plus tard. Avec Henriot, qui héritait l'Information et la Propagande, Darnand, couronné ministre au Maintien de l'ordre, le maréchal allait néanmoins vite découvrir ce que signifiait le fanatisme. Auparavant, il dut cautionner, comme Laval, les attributions démesurées allouées au patron de la milice ; un ukase du IIIe Reich, exprimé par le général Oberg, le 5 janvier.

Ce jour-là, Oberg confirma par lettre au chef du gouvernement que Darnand commanderait désormais la gendarmerie, la garde mobile, la police nationale, les groupes mobiles de réserve, la préfecture de police à Paris, les sapeurs-pompiers, la garde des communications, les services pénitentiaires, les polices spéciales, y compris le contrôle économique. Son domaine s'étendrait aux brigades antijuive et anti-maçonnique. Il prendrait aussi en charge les internements administratifs, les tribunaux spéciaux de police à créer d'urgence. Un large éventail. De quoi ratisser serré. En quelque sorte les pleins pouvoirs. Et Laval plia. Par sa volée de décrets du 10 janvier, il endosserait avec Darnand la responsabilité à venir des crimes aveugles, des expéditions punitives, de la répression sauvage.

« Nous ne serons pas des fascistes en peau de lapin », avait déclaré Darnand, en présentant son ordre milicien. De fait, cela commença, ce 10 janvier, par l'assassinat de l'ancien président de la Ligue des droits de l'homme, Victor Basch, et celui de sa femme, Hélène, des octogénaires, qui se cachaient à Lyon ; un commando que dirigeait Joseph Lécussan les enleva et les exécuta près de Neyron.

Ce même Lécussan, qui exhibait en souriant un portefeuille en peau de juif offert par un admirateur, terrifierait ensuite la direction des affaires juives à Lyon, les villageois des Alpes qui abritaient, parfois malgré eux, des maquis. Jocelyn Maret, ex-délégué de la LVF à Vichy, expert en piétinement de la loi, accablerait l'administration pénitentiaire, ne laisserait aucune chance aux prévenus passant devant les nouvelles cours martiales. Jean de Vaugelas, chef de la milice au Limousin, ferait un enfer de la prison à Limoges. Les geôles bretonnes le deviendraient également sous la poigne de Raoul Di Constanzo. Celles de Lyon pareillement, avec Charles de Beurnonville. Comme celle de Vichy, avec Jean Colomb. Huit autres intendants pénitentiaires de même acabit dispenseraient l'épouvante ailleurs.

Des durs. A tous les postes clés. Tel Jean Degans, nouveau patron des Renseignements généraux, qui inscrirait à son tableau les têtes de quatorze préfets suspectés de relations trop suivies avec le NAP, réseau de noyautage des administrations publiques, issu de « Combat ». Et Marcel Gombert, voïvode régnant sur le GSS, Groupe spécial de sécurité, des intraitables qui arboraient en sus du gamma sur leur brassard un insigne avec tête de mort et tibias entrecroisés. Et Max Knipping, délégué général du Maintien de l'ordre en zone nord, qui tenait aussi des fiches sur tous les officiers de la gendarmerie et de la garde, qu'Helmut Knochen avait nanti d'un blanc-seing l'autorisant à racketter, piller, tuer. Et Rebouleau, milicien galonné promu préfet de l'Hérault, à Montpellier, qui savourerait en personne les séances de supplices inédits inventés par ses tyranneaux. Ou l'intendant général de police Charles Hornus, un sournois qui fit ses classes au PPF, depuis lors attaché aux basques de Darnand.

L'historien Fred Kupferman soulignera la portée de l'instauration de ces équipes dans son livre consacré à Laval : la venue de la barbarie. En constatant : « La fusion forcée de la police et de la milice introduit au milieu des fonctionnaires une espèce nouvelle, les tueurs pressés. »

Trônant à l'hôtel Thermal à Vichy, Darnand effacera en effet en quelques semaines des années d'avanies. Il a donné le ton à la nation le 7 janvier, en déclarant au quotidien *Paris-Soir* : « La France a besoin de nous. Nous avons affaire à deux catégories de gens qui sont pour le pays une menace perpétuelle et un mortel danger : d'une part, les bandes qui tiennent le maquis et dont les effectifs ne sont pas tellement nombreux ; d'autre part, la masse de ceux qui se font leurs complices en les ravitaillant, en les renseignant, en les abritant. Je frapperai aussi durement les uns que les autres (...) Une épuration énergique rendra la tranquillité à tous les honnêtes gens. »

Et Henriot d'en rajouter, ce même jour, par un éditorial frénétique à *Radio-Paris* : « Ricanez, messieurs de la résistance, ricanez. Mais vite. Le temps vous est mesuré. Vous êtes pris à la gorge. Votre capitale, Lyon, vient de voir se poser sur la patiente fourmilière du crime bolchevique le talon de Joseph Darnand. Vos plans sont entre nos mains. Nous savons les noms de vos complices. Et nous allons frapper. »

Cette glaciation, on l'imagine sans peine, pèserait sur la gendarmerie. Depuis sa mainmise sur l'arme, Laval en était devenu l'unique tuteur. Avec l'élévation de Darnand à la direction du Maintien de l'ordre, elle passait, Oberg l'avait voulu, sous la botte de ce dernier. Sans recours. Il la dirigerait, la contrôlerait, tant au point de vue du personnel qu'au point de vue technique, disposant par ailleurs du droit de nommer, promouvoir et révoquer les officiers, ne soumettant ses décisions qu'au visa de principe encore consenti au chef de l'arme, à Laval institué encore ministre de l'Intérieur. En clair, la gendarmerie tomberait plus ou moins directement ainsi sous l'emprise de la milice. Or, les miliciens entendaient en user.

En abuser. Se considérant peu équipés, bien qu'ils se fournissent déjà sur les stocks de l'ancienne Armée de l'armistice, sur les armes anglaises prises aux résistants, détournant aussi bon nombre de parachutages alliés à leur profit, grâce à leurs agents infiltrés chez les maquisards, ils convoitent d'emblée le matériel des gendarmes. Dès janvier 1944, ils réquisitionnent ou volent les voitures, les motos des soldats de la loi. Avec l'accord verbal des nouvelles autorités du corps. Et des Allemands, enchantés. Les nouveaux préfets darlanistes s'en mêlent, exigent le concours missionnel des gendarmes dans les opérations contre la résistance, aux côtés des miliciens. Ce qui desservira bien entendu aux yeux de tous l'image de la gendarmerie.

Claude Cazals, bon analyste du rôle de celle-ci durant ces temps noirs, souligne que les miliciens en viendront à « épier les moindres faits et gestes des gendarmes, pour sévir contre eux quand ils n'agiront pas selon leurs souhaits ». Un exemple, caricatural : quand la résistance abattra Philippe Henriot, à Paris, le 28 juin 1944, les autorités vichystes organiseront des services religieux dans tout le pays, pour honorer leur pamphlétaire ; à Belfort, le capitaine Brepson, commandant la compagnie locale de gendarmerie, boudera cette cérémonie ; le chef départemental de la milice du territoire n'aura point de cesse qu'il n'obtienne des sanctions sévères contre cet officier. S'il l'avait pu, il l'aurait exécuté.

De même, la milice appellera les Allemands à la rescousse afin qu'ils punissent les gendarmes complices des dissidents. Des aperçus ? Ces cas, exhaustifs. A Nantua, dans l'Ain, elle obtiendra l'arrestation suivie de la déportation du capitaine Verchère, des adjudants Maréchal, Donet, du margi-chef Barbe, des gendarmes Vernet, Chevalon et Oviste, parce qu'ils entretenaient des contacts avec le maquis, en l'occurrence celui d'Henri Romans Petit. A Brenod, même département et même cause, elle fera emprisonner tout le personnel de la brigade. Le margi-chef Pfirsh, les gendarmes Limosin, Roger Roussey et Marius Traffey seront ensuite déportés à Mauthausen. Traffey y périra le 19 octobre 1944, Roussey le 21 avril 1945. A proximité, à Saint-Rambert-en-Bugey, l'adjudant Bertrant, les gendarmes Rollet et Grillon seront arrêtés pour la même raison. Dans le Lot, à Gourdon, elle s'en prendra pareillement pour des mobiles similaires au lieutenant Louis Dauquier ; il mourra également en déportation.

En Haute-Savoie, les miliciens font appréhender les gendarmes qui s'opposent à leurs pillages dans le Chablais. A Annot, Basses-Alpes, ils livrent eux-mêmes aux nazis ceux qu'ils jugent trop tièdes dans la répression des dissidents. Ils en feront voir sans vergogne aux soldats bleus qui oseront contester leurs exactions. Ainsi, à Saint-Aubin-d'Aubigné, en Bretagne. A Riscle, dans le Gers. A Foix, en Ariège. A Castelnau, dans le Tarn. A Saint-Sulpice-Laurière et à Magnac-Laval en Haute-Vienne. A Montgiscard, en Haute-Garonne. Partout, l'arbitraire constituera leur pain quotidien.

Sur ordre de Darnand, les nouveaux intendants de police issus de la milice tenteront également de faire participer des gendarmes aux exécutions capitales décidées par leurs cours martiales.

Le cas se présentera à Toulouse, le 14 mars 1944. La légion de Gascogne sera sommée de fournir un peloton pour fusiller à la prison Saint-Michel un jeune FTP, Jacques Grignoux, alias André Broussin, dix-huit ans. Et le général Martin, directeur général de l'arme, ne s'y opposera pas. Il aurait pu protester, mettre éventuellement sa propre carrière dans la balance pour exprimer mieux son opposition. L'exemple lui en sera donné, le 15 mars, par trois des gendarmes impliqués dans cette tragique mission ; traumatisés, ils jetteront l'uniforme aux orties. L'annonce de cette réquisition, suivie par la démission de leurs collègues, fera en éclair le tour des brigades, des casernements.

« La seule issue, pour les soldats de la loi confrontés à de telles situations, sera de désobéir ou de déserter », souligne Claude Cazals.

C'est ce que fera Jules Pol, escadron d'Aire-sur-l'Adour, détaché à Limoges. Désigné pour participer à un peloton, il s'éclipsera sans attendre, emportant son mousqueton et son pistolet ; deux mois plus tard, devenu clandestin au sein du corps franc Pommiès, il commandera, on l'a vu plus haut, une section opérant dans le Sud-Ouest.

A Nîmes, Félix Betaz, apprécié par Darnand qui l'a attaché à son cabinet, préside une cour martiale redoutée pour son extrémisme. Il somme en vain trente gendarmes et leur chef, le capitaine Orsatelli, de fusiller trois maquisards qu'il vient de condamner à mort. Il sera contraint de faire transférer les jeunes gens à Marseille, où des GMR les exécuteront aussitôt. Trois jours plus tard, les francs-gardes de Betaz cernent le cantonnement qui abrite la gendarmerie, cherchent les rétifs. Huit d'entre eux échapperont à l'arrestation, gagneront le maquis. Les vingt-deux autres seront incarcérés près des arènes, puis emmenés à la prison Saint-Pierre à Marseille, antichambre des camps. Félix Betaz réclamera contre eux un châtiment sévère, aurait probablement obtenu leur déportation ; le général de gendarmerie commandant la région d'inspection des Bouches-du-Rhône a appuyé sa requête. Mais l'affaire traîne. Et le débarquement des Alliés en Provence leur sauvera la vie.

D'autres les imiteront, à Poitiers, à Orléans, à Angers, à Nice. Ou à Lille, dans le sillage du margi-chef Richard. A Paris, c'est le capitaine Jean Chalvidan, commandant la section Exelmans, assisté par le gendarme Omnès — ils s'illustrèrent déjà ensemble en sauvant de nombreux juifs en juillet 1942 —, qui convaincra un groupe de ses gendarmes en service à la prison de la Santé requis pour la terrible besogne de refuser. Il les incitera à prendre le maquis.

La gendarmerie départementale devient insidieusement difficile à mater. C'est le moment qu'a pourtant choisi Darnand pour renforcer son appareil policier, dont le pivot est constitué par les francs-gardes de sa milice. Il flatte donc les GMR, les policiers parisiens et nationaux, les brigades parallèles des seigneurs extrémistes ralliés à Vichy. Promotions, primes, tout sera bon pour séduire. Déjà, il s'est entouré d'une quinzaine d'officiers acquis à ses idées, pêchés dans les rangs de l'ancienne Armée de l'armistice. Etoffé davantage peu après, cet état-major formera le STMO, Service technique du maintien de l'ordre.

Restait le sort des anciens gardes mobiles républicains qui constituaient la garde. Six mille hommes et leurs cent quatre-vingts officiers, articulés en deux brigades de trois régiments, que commandaient les généraux Lebars et Bois. Souhaitant les amalgamer à sa force d'intervention, Joseph Darnand décide de refondre l'état-major de cette troupe, de lui donner un nouveau directeur général. Allant jusqu'à admettre que ce dernier puisse préserver le statut militaire de ces unités, auquel les gardes sont viscéralement attachés. Il va choisir un soldat qu'avait recommandé René Bousquet avant de céder la place, le même impétrant que lui conseillait déjà un autre collabo, le général Eugène Bridoux, secrétaire d'Etat à la Guerre : Perré.

Jean, Paul Perré. Un général. Ce n'est pas un gendarme. Né le 27 mars 1893, à Saint-Martin-du-Tertre, près de Sens, dans l'Yonne, cuirassier au début, il a fait carrière dans les blindés. En 1917, il s'était distingué au sein du 12e groupe de chars. Puis, en 1920, il avait affronté les bolcheviks à Varsovie en Pologne. Sa réputation de tankiste n'était pas usurpée. Ses ouvrages firent autorité lors des années 30. Il pensait supplanter en la matière Charles de Gaulle, son aîné de trois ans. Celui-ci le coiffa toujours d'un cheveu en innovation stratégique, dans l'obtention des promotions, des commandements. Ces sprints éperdus alimentèrent son antipathie envers ce coriace concurrent. En 1940, chacun sur sa parcelle de front, ils se mesurèrent aux panzers de la Wehrmacht. Cette fois encore, un zeste de chance sourit davantage au futur chef de la France libre. La prévention de Perré envers celui-ci mua dès lors en ressentiment.

Il aurait pu, après la débâcle, résister comme d'autres à l'ennemi, sous une autre bannière que celle du gaullisme. Il préféra Pétain, l'Etat français, la compromission avec l'occupant. Et le montra en présidant jusqu'en 1942 le tribunal militaire de la 13e région, à Clermont. Quel rigorisme ! les ex-députés radicaux Jean Zay et Pierre Mendès France, internés sur son ordre, le paieraient. Le premier périrait, assassiné par des miliciens. Le second, qui s'évaderait, pourrait témoigner de son sectarisme.

Le maréchal, qui prisait fort Perré, sa fidélité, lui avait décerné sa francisque gallique. Une récompense rarissime, très recherchée — deux mille six cent vingt-six titulaires enregistrés. Elle appelait une enquête préalable de « moralité politique conforme aux principes de la Révolution nationale », ainsi qu'un double parrainage de haut vol. Perré, présenté en l'occurrence par le docteur Bernard Ménétrel, médecin personnel de Pétain, par le général Campet, reçut la décoration n° 2439, en 1943. Comme tous les récipiendaires admis dans ce cercle fort étroit — et pas une seule dérogation à cette obligation ne se produisit, bien que certains d'entre eux prétendront ultérieurement le contraire —, il dut pour l'occasion se vassaliser par ce serment : « Je fais don de ma personne au maréchal Pétain, comme il a fait don de la sienne à la France. Je m'engage à servir ses disciples et à rester fidèle à sa personne et à son œuvre. » Depuis 1943, aussi, avec l'assentiment de Pétain, mais à l'instigation de Bousquet, il commandait déjà l'administration de la garde. Son accession à la tête de cette dernière n'allait que conforter une situation acquise depuis quelques mois.

Avant d'accepter l'offre de Darnand, Perré rencontre Laval. « Je n'ai aucune compétence pour transformer la garde en une troupe de policiers, dit-il. En revanche, j'entreprendrai volontiers de poursuivre et d'amplifier la rénovation déjà commencée, en attirant dans l'arme de bons éléments de l'armée dissoute [celle de l'armistice] et des jeunes gens à vocation militaire. En un mot de créer une petite "Reichswehr". Quoi qu'il arrive, elle sera précieuse pour les reconstructions futures. » Ces propos maréchalistes ne pouvaient que rassurer le chef du gouvernement. Laval les transmet au général Oberg, lequel commençait à s'impatienter en coulisse. A son tour, le nazi agrée cette nomination sans surprise. Par décret du 7 avril 1944, Perré, ordonné directeur général, acquiert sa place au Walhalla.

Durant ces tractations au sommet, nul ne prête attention à un officier de l'arme. Le chef d'escadron Rémi, Thomas Robelin. Ses pairs l'avaient discrètement poussé bien avant ces manœuvres, l'attachant à l'état-major principal de la garde. La consécration offerte à Perré à peine proclamée, Robelin est aussitôt proposé par cet état-major pour assumer sur les talons du nouveau barine la fonction technique de sous-directeur. Le second, en titre ; en réalité, l'indispensable pilote à la barre. Darnand l'accepte. Mais le fera immédiatement doubler, sinon surveiller, par un contrôleur civil promu administrateur, le sieur de Thore, encore un ami de Bousquet. Ces décisions seront entérinées le 15 avril 1944, par décret. Depuis longtemps déjà Robelin était, dans l'ombre, la référence en matière de conscience et d'insoumission pour un bon nombre de ses compagnons. C'est lui, on l'a vu plus haut, qui aida Paul Paillole — avec l'assentiment de Fossier, sous-directeur de la gendarmerie — à recruter des gendarmes et des gardes pour les services spéciaux clandestins.

Ceux qui l'approchèrent n'ont pas oublié sa silhouette élancée, les rides d'expression marquant son visage, son regard pénétrant, la façon dont il plaquait serrée sa tignasse drue. Un Dijonnais, né en 1906. Ses premiers enseignants bouguignons, qui détectèrent ses capacités innées, le sentirent capable de percer partout, quelle que fût la profession qu'il choisirait. Un bûcheur, sans le paraître, du genre dévoreur de concours, à qui tout réussissait, un organisateur-né.

L'armée en profita. Une vocation ? Foin des grands mots ! Dans son cas, l'envie toute simple de servir le pays, la République. De surcroît, l'uniforme et son train convenaient à son tempérament. Accepté à dix-neuf ans à l'Ecole spéciale militaire, il en prit pour huit ans d'emblée afin d'entrer la même année à Saint-Cyr. Et il y compta parmi les meilleurs, damant le pion aux nés coiffés, qui venaient dorer leur carte de visite dans cette grande école. Robelin eut un émule chez les cyrards : Paillole, aussi doué que lui. Liés aussitôt par une amitié profonde, ils se retrouveraient souvent. Carrières croisées, destins différents, mais idéal commun.

Robelin servit d'abord chez les tirailleurs algériens. Durant cinq ans. Le temps de mériter les barrettes de lieutenant, de mener à son terme son premier engagement. Puis il repiqua au recrutement, opta en 1931 pour l'école des officiers de gendarmerie à Versailles, choisit de servir à la garde républicaine de Paris l'an suivant, affecté à la cavalerie. Le 7 juin 1933 il épousa Nelly, Louise Durieux, une Rémoise. Le service de l'Etat lui fit découvrir peu après la violence des luttes sociales, les difficultés qu'implique parfois le sens du devoir.

Depuis quelque temps, les droites mobilisaient, les gauches s'agitaient, les scandales financiers fleurissaient, les ministres valsaient, les politiciens magouillaient. En janvier 1934 deux manifestations, prémices de l'orage, excitèrent Paris ; celle des fonctionnaires, le 22, à laquelle l'Action française riposta immédiatement le lendemain. La venue d'Edouard Daladier à la présidence du Conseil, le renvoi du préfet de police Jean Chiappe, d'autres tripotages ministériels déclenchèrent la tempête.

Le soir du 6 février 1934, quarante mille personnes se massèrent place de la Concorde, la mal-nommée. Des activistes de droite : anciens combattants, jeunesses patriotes, militants de l'Action française. Ces derniers voulurent foncer sur le Palais-Bourbon, espérant mettre en fuite les députés, provoquer une crise de régime. Les croix-de-feu du colonel de La Rocque, présents aussi, refusèrent de les appuyer. Flottement dans les rangs. La police, sans directives, tira sur la foule. Déclencha l'émeute. Mêlées furieuses. Charges de la garde pour dégager le pont sur la Seine. Dix-sept morts, mille quatre cent trente-cinq blessés, une majorité chez les forces de l'ordre. Le lendemain, une nouvelle manif, moins longue, aussi enragée, opposa au même lieu les camelots du roi aux communistes. Encore des morts, d'autres blessés. Parmi ces derniers, le lieutenant Rémi Robelin — contusions multiples, plaies sérieuses à la mâchoire. Mais par son sang-froid à la tête de son peloton, il avait contribué à rétablir la sécurité publique.

Ces chocs, qu'il n'oublierait jamais, lui valurent une citation. Aspirant à compléter ses connaissances militaires, il entra sur concours à l'Ecole supérieure de guerre, devint capitaine, puis breveté d'état-major — rareté, rappelons-le, chez les gendarmes. Le général Bourret, qui fut chef du cabinet militaire de Daladier, l'attacha dès ce moment à sa propre fortune, l'emmena dans son sillage à l'inspection générale de la gendarmerie, ensuite à son PC, à Saverne, à la tête de la Ve armée, quand éclata le second conflit mondial.

Dilemme, la débâcle venue, lorsque Pétain instaure son consulat, s'attribue le pouvoir, la nomination aux emplois essentiels, la négociation et la ratification des traités, collaboration comprise. Robelin sait que sa place est auprès des Alliés, à Londres. Par patriotisme, conviction. Paillole, son condisciple cyrard, l'a retenu. Capitaine aux services secrets, attaché au contre-espionnage, cet officier au physique de jeune premier et au cerveau de stratège, pense aux lendemains et jette des jalons. « C'est ici que l'aventure sera dure, argumente-t-il, ici qu'elle paiera le moins glorieusement. C'est sur ce terrain, chez nous, que nous pourrons nous frotter de près, de très près, à l'ennemi. Aux ennemis de toute sorte. Et nous ne serons pas très nombreux pour le faire. » Langage clair. Robelin l'a entendu. Cinq sur cinq, comme disent dans leur jargon les radios. Il devient l'un des tous premiers honorables correspondants du contre-espionnage clandestin dans la gendarmerie et la garde.

Comme d'autres soldats bleus il a aussi écouté Pierre Charles Sérignan, qui a, de même, fait ses classes au SR, dans la « boutique » du colonel Rivet, patron de Paillole, qui a sauvé provisoirement le statut de la gendarmerie en zone occupée, celui de l'ex-garde mobile républicaine en zone libre. Une opinion supplémentaire, qui incite Robelin à ne pas prendre la tangente. Il entre donc comme adjoint à l'état-major de la 2e brigade de la garde, auprès du général Bois, à Clermont-Ferrand. Promu chef d'escadron le 26 juin 1941, il occupera ensuite le poste de chef de bureau à la sous-direction de la cavalerie et de la garde.

Les contacts directs et discrets de Robelin avec Paillole s'accroîtront jusqu'en novembre 1942. Par ses renseignements collectés grâce aux gardes qui l'ont suivi dans son combat occulte, il permettra au chef du contre-espionnage de décimer avec ses limiers les équipes d'agents nazis tentant d'infiltrer en continu la zone libre.

A l'entrée de l'hiver 42-43, Paillole, devenu la bête noire des Allemands, reçoit l'ordre de passer à Alger puisque l'ennemi a étendu son occupation à l'ensemble du pays. Il laisse cependant en place une organisation fortement charpentée aux mains de son remplaçant, son aîné d'une décennie, le lieutenant-colonel Roger Lafont, alias Verneuil, qui jouit d'une grande considération auprès des initiés en matière de contre-espionnage. Son allure de commerçant bonhomme retiré des affaires l'a toujours servi. Les plus anciens parmi ses subordonnés, qui lui sont très attachés, le surnomment avec respect « Petit Père », mais savent qu'il ne faut jamais sous-estimer ce masque ; une lame sous le velours.

L'équipe confiée à Lafont-Verneuil continuera à renseigner Paillole par radio ou via le mur des Pyrénées. Elle est constituée par une majorité de militaires, tous liés par ailleurs à l'ORA. Parmi eux, de nombreux gendarmes et gardes. Dont le capitaine Jean Delmas, à Toulouse, le capitaine André Hugon, dit Hurel, à Lyon, ou le capitaine François Kerhervé, à Issoire, déjà évoqués plus haut. Mais aussi le lieutenant-colonel Boiseaux et le colonel Vincent, alias Vény, à Nice ; le chef d'escadron Daniel, à Perpignan et Montpellier ; le lieutenant-colonel Candille, également à Perpignan ; le lieutenant-colonel Bretegnier dans les Alpes, assisté par le chef d'escadron Raulet, les capitaines Perrolaz, Mallaret, Jung et Receveau, le lieutenant Honorat, le sous-lieutenant Gaston Durand, les adjudants Ducos, Narbonnaud, entre autres. Clé de voûte de ce maillage : Rémi

Robelin. L'un des meilleurs assistants de celui-ci, le capitaine Paul Vincent, déjà nommé aussi, poussera ses antennes jusque dans l'entourage direct de Darnand. « Un exceptionnel agent », dira plus tard de Gaulle, en lui attribuant une citation à l'ordre de l'armée.

Quand Paillole a dû replier la direction de son service à Alger, à la fin 1942, Robelin a été tenté de l'accompagner. Ce n'est pas son ami qui l'en a dissuadé. Les généraux Frère et Verneau, fondateurs de l'ORA, à laquelle Robelin a également adhéré, s'en sont chargés. Verneau a insisté pour qu'il accepte toutes les affectations nouvelles qui pourraient lui être proposées au sein de la garde. Il lui a confié en secret une triple mission : neutraliser les décisions fâcheuses de la direction de l'arme ; canaliser et contrôler la participation de cette arme au maintien de l'ordre ; préparer son entrée en action dans le camp allié au moment de l'insurrection. En clair, Robelin devra faire de la garde un outil au service de la résistance. On comprend mieux la raison pour laquelle le chef d'escadron a accepté le rôle de sous-directeur technique de ce corps, le 15 avril 1944.

Le général Perré a laissé toute latitude à Robelin pour constituer son équipe. Celui-ci s'entoure d'un groupe de gradés de la garde dont il connaît le passé, dont les opinions le rassurent. Le capitaine André Grange, un Bourguignon comme lui, qui servit chez les tirailleurs algériens, comme lui. Le capitaine Bouchardon, son condisciple durant les événements de 1934 au régiment de cavalerie de la garde républicaine de Paris. Le commandant Jeandel, un vétéran, auquel il confiera la direction des instructions. De même, les chefs d'escadron Comemale, Delmas, Lacroix ; les capitaines Puthoste et Garraud, Francis Morand et Paul Vincent, ces deux derniers devenant ses agents de liaison personnels. Il fera son adjoint du commandant Tharaux, qui appartint à l'état-major du général Frère, qu'il associera à toutes ses actions.

Perré, à la demande de Laval, a installé son administration à Vichy, à l'hôtel Radio, que des aviateurs occupent déjà en partie, près des rives de l'Allier et de l'ambassade d'Allemagne. Malgré les souhaits qu'il formule à l'envi, les effectifs de la garde ne seront pas accrus. Des élèves-gardes formés à l'école de l'arme, à Guéret, remplaceront seulement les partants pour cause de maladie ou de limite d'âge. Quant au matériel lourd de combat que Darnand réclame, avant tout pour sa milice et accessoirement pour la garde, afin de mener plus durement la lutte contre les maquis, il sera toujours refusé par le général Oberg, qui se méfie trop des Français de toute obédience. Ce centurion d'Heinrich Himmler, responsable de la répression nazie dans l'Hexagone, pousse si loin la suspicion qu'il fait surveiller par ses gens et les renégats étrangers à la solde du SD le nouvel état-major de la garde. Tous fliqués à tout moment. Durant le moindre de leurs déplacements. Danger permanent.

Cet environnement, pour le moins hostile, laisse peu de marge de manœuvre à Robelin, afin de mener à bien le défi que lui a légué Verneau. Il s'y emploie, pourtant. Le capitaine Grange, qui véhicule ses plis, lui permet d'apporter toujours son concours personnel aux services spéciaux de Paillole. Ses moissons de renseignements transitent par le Petit Père, Lafont-Verneuil. Le capitaine Morand noue ses autres contacts avec l'Armée secrète, avec le délégué militaire occulte de la région 6, Maurice de Courson de La Villeneuve, alias Pyramide, un officier cavalier retraité, qui a repris du service dans la résistance à plus de soixante ans, qui couvre l'Allier, le Cantal, la Haute-Loire et le Puy-de-Dôme. Le capitaine Bouchardon tisse ses liens avec le Front national. Le capitaine Vincent tire du STMO de Darnand des informations précieuses sur la préparation des assauts miliciens, ce qui lui permet d'alerter les résistants et maquisards concernés des périls qui les menacent.

Lui-même paie de sa personne en contrecarrant les opérations imposées à la garde. En retardant les transmissions. En bloquant les allocations de carburant. En passant ses instructions en clair par téléphone, ce qui donne aux complices qu'entretiennent aux PTT les résistants du réseau NAP le temps d'avertir les maquisards. Les commandants des unités de la garde reçoivent en consigne de renoncer aux initiatives de chasse, d'éviter par tous les moyens l'ouverture du feu. Et toujours, il couvre, protège ses subordonnés, le personnel de la garde, souvent mis en cause par les autorités préfectorales irritées par leur passivité grandissante.

Devenu Dauphin, son pseudo auprès des résistants, qui ne le connaissent encore que sous ce surnom, Robelin prépare aussi le ralliement de la garde aux maquis, en liaison avec les réseaux clandestins. La partie la plus périlleuse de son activité. Il s'appuie pour cela sur l'ORA, en particulier sur le lieutenant-colonel Jean Pfister, responsable de cette organisation en zone sud. « Tous les contacts avec Robelin et toutes les directives données à la garde ont été à ma charge, confirmera, plus tard, ce dernier. J'ai trouvé en cet officier un empressement sans réserve, une compréhension immédiate, le mépris des dangers encourus et une foi entière en sa mission. »

« Au début de 1944, attestera aussi Claude Cazals, Robelin sera en liaison constante dans les Alpes avec le chef régional de l'ORA, le commandant Descour, par le truchement du capitaine de gendarmerie Marcel Auriol. Par ce canal, il double aussi ses liaison avec Pfister. A Clermont-Ferrand, où l'ORA connaît des périodes extrêmement difficiles, il est successivement en relation avec les chefs régionaux qui se succèdent, les lieutenants-colonels Boutet et André Friess. »

Toujours dans le cadre du retournement qu'il élabore, Robelin choisit dans chaque régiment de la garde un correspondant de confiance occupant un poste de responsabilité, échafaude avec lui le retournement à venir. Il veut avant tout neutraliser la milice, sa hantise permanente. Et tout sera bon dans ce but. Jusqu'à une alliance avec le « Front national » et sa branche militaire, les FTP. Objectif alloué au capitaine Bouchardon. Qui cimentera ce joint avec Etienne Asso, militant de grand entregent. Robelin envisage pareillement de compléter ce passage en bloc de la garde au maquis par une opération qui permettrait de prendre Vichy, le moment venu. Dans ce but, il parvient à regrouper le gros des régiments dans les régions de Lyon, Limoges, Clermont, Montluçon et Roanne. Pour justifier sa manœuvre auprès de Perré, il le convainc qu'il pourra de la sorte disposer d'une force étoffée pour protéger éventuellement le maréchal. Avalant la ruse, Perré l'approuve. Les événements extérieurs se précipitent, en effet. La probabilité d'un débarquement des Alliés n'est plus exclue dans les milieux collaborateurs, que l'inquiétude commence à ronger.

Ceux qui approchent Robelin à ce moment, tel le chef d'escadron Raulet, le trouvent « soucieux, fatigué et crispé ». Sent-il venir le temps des aléas ? C'est probable. Recevant subrepticement le capitaine gendarme Demettre, dépêché en mission par Paillole en France occupée, il a appris que le SD et l'Abwehr ont accru leur surveillance sur l'état-major de la garde. Le renseignement, sûr, émane de son ami Paillole, qui a également alerté le général Georges Revers, nouveau patron national de l'ORA, depuis l'arrestation de Verneau le 23 octobre 1943. De surcroît, Darnand a demandé sa destitution à Perré : un rapport de Vaugelas, à Limoges, l'a personnellement mis en cause, l'accusant d'avoir freiné la participation de la garde aux opérations visant le maquis. Une trahison ?

Les Alliés attaquent en Normandie, le 6 juin. Le lendemain, prenant tout le monde de court, les cinq cents élèves de la garde à Guéret, menés par le chef d'escadron Corberand, passent spontanément chez les FFI de la région, que dirige le commandant François Fossey, accompagnés par cinq escadrons de la garde. Une opération prématurée. L'ORA n'a pas encore apprêté les bases prévues dans le Cantal, près de Mauriac, pour accueillir le premier contingent de la garde que Robelin doit faire basculer : deux mille hommes, le tiers de l'effectif. Cette précipitation, une erreur stratégique, perturbe Robelin, l'oblige à temporiser, remettre son action. En outre, elle a déclenché une vive agitation à Vichy. Mais Darnand reprend promptement en main la situation avec la police et sa milice. Ses « mouches » s'activent plus que jamais. Aurait-il eu vent du complot ?

Bien des faits donnent à le penser. Celui-ci, notamment, qui ressemble fort aux conséquences d'une dénonciation. Le 15 juin, Jean Degans, patron des renseignements généraux, convoque le capitaine Bouchardon à l'hôtel Lardy, son QG, avec l'assentiment préalable de Perré. Auprès de Degans plastronne le nouveau sous-directeur de ses services, le commissaire Pierre Napoléon Poinsot, un Lorrain, trente-sept ans, qui a servi pendant trois ans les nazis à Bordeaux, y semant terreur et haine à la tête de la section des affaires politiques, ayant à son actif plusieurs centaines de victimes. Darnand a convié cet as de la traque à poursuivre son office meurtrier à ses côtés. C'est donc lui qui interroge Bouchardon, alliant cautèle et menaces à peine voilées, insinuant qu'il entretient des liens avec la dissidence. Mais le capitaine fait front, élude les attaques, assure ne connaître que son devoir. Poinsot renonce à regret à l'incriminer, du moins sur l'instant. Par précaution, Bouchardon est toutefois écarté du poste qu'il occupe à l'état-major, ce qui est approuvé par Perré. L'officier est mis aux arrêts, avec interdiction de quitter son domicile, que garde par surcroît la milice.

Nouvelle alerte, le 28 juin. Au cours d'une rafle à Clermont-Ferrand, trois résistants tombent entre les mains du SD. Jean De Deunff, membre du réseau PTT, Roger Fraisse, agent de liaison, André Buet, dit Lantier. Ils sont torturés. Un coup de filet consécutif à ces interpellations permet à la Sipo de cueillir une quarantaine de clandestins, à Clermont, Authezat, Saint-Amand-Tallende et Lezoux, certains liés au réseau PTT, d'autres à l'Armée secrète. Nouveaux sévices. Un nom et une adresse montent au jour : Courson de La Villeneuve, le DMR, délégué militaire régional, le fameux Pyramide tant recherché dans sa région 6.

Courson est arrêté à son tour, le 2 juillet, chez lui, 5 rue du Lycée, à Clermont. La prise de taille. Aussitôt, le SD tend une première souricière à sa porte, une seconde devant sa permanence, 50 boulevard Berthelot. Bonne pioche. Un adhérent du réseau PTT donne dans la trappe le lendemain : Jacques Levaillant. Une proie supplémentaire est ratée de peu le surlendemain ; l'inconnu a repéré les rets, filé malgré le tir nourri des traqueurs. Au SD, on s'apprête à lever les affûts, les estimant grillés après ce loupé. A ce moment, une indication inespérée émane de la prison où Courson a été incarcéré. L'un de ces moutons dont la milice et le SD ont truffé les établissements pénitentiaires assure que le DMR attendait un contact important le 6 juillet, rendez-vous fixé au siège de sa permanence : le capitaine Francis Morand, un officier de la garde. Fiches consultées ; identité et poste occupé confirmés. Sentant que ce fil peut mener à l'état-major de l'arme, les agents du SD à Clermont s'empressent d'alerter leurs responsables à Vichy. Qui ordonnent une traque générale. Elle se révélera funeste.

Morand donne en effet dans la ratière tendue à Clermont, le 6 juillet. Bouclé. Ce même jour, avant que ne filtre l'écho de son arrestation, le cabinet de Darnand, en liaison avec le SD, tend un piège à Robelin à Vichy, le convoque en urgence à l'hôtel Thermal, avec le général Perré. Robelin ne se méfie pas ; ces appels sont fréquents. En présence de son directeur général, deux policiers allemands interpellent le chef d'escadron. Tandis qu'on l'emmène, Raymond Clémoz, chef de cabinet de Darnand, invite par téléphone le commandant Jeandel à rejoindre Perré au même lieu. Jeandel, sans songer à mal, tombe dans le même traquenard que Robelin.

Dans la matinée du 7 juillet, Perré réunit l'état-major de la sous-direction technique à l'hôtel Radio. Atmosphère de plomb. Le général fustige le comportement des trois officiers arrêtés, celui de Bouchardon par la même occasion. « Des traîtres », commente-t-il sèchement. Il en appelle au loyalisme de tous, invite ceux qui ne seraient pas d'accord « à rendre leur tablier », nomme le commandant Tharaux au poste qu'occupait Robelin. Puis il s'éclipse. André Grange flaire une machination, propose de fuir. Les autres, sonnés, tergiversent. Tous l'ignorent, la Sipo, les sicaires de la brigade française de Jany Batissier, tous aux ordres du capitaine Altmann, chef de la section IV du SD, cernent déjà l'hôtel Radio. A 17 heures, ils investissent les lieux. Tharaux, Comemale, Delmas, Lacroix, Garraud et Puthoste sont pincés. Grange leur échappe, se mêle aux aviateurs et aux civils massés pour triage au rez-de-chaussée. Reconnu, il est arrêté. Deux fonctionnaires, Dautun, rédacteur, et Lévy, secrétaire, sont également appréhendés pour avoir osé protester.

Dans la foulée, le SD, décidément bien renseigné, intervient à l'hôtel du Parc, résidence de Pétain et siège du gouvernement. Elle interpelle le chef d'escadron Hurtel et le lieutenant Bertrand, de la garde personnelle du maréchal, de même le capitaine André Dupont, commandant l'escadron 6/4 déplacé à Vichy, tous trois fichés comme liés à Robelin. Au passage, elle embarque aussi Bouchardon, déjà aux arrêts chez lui. Seul le capitaine Paul Vincent échappe à la rafle. De retour de mission à l'extérieur, il a assisté en effet au remue-ménage autour de l'hôtel Radio. Averti par les aviateurs qui le connaissent et que les forces du capitaine Altmann chassent de l'immeuble, il s'évanouit dans la nature après avoir averti son épouse. Il ralliera très vite le groupement Colliou, de l'ORA, et participera aux combats aux côtés des maquisards jusqu'à la capitulation du IIIe Reich.

Un communiqué radiophonique, mêlé aux nouvelles du front de Normandie, informe la population le lendemain : « Arrestations à Vichy au sein de l'état-major de la garde. Plusieurs officiers. Les enquêteurs français et la police allemande étudient leurs relations probables avec la dissidence. De nombreux autres suspects ont été également interpellés à Clermont-Ferrand. »

C'est dans cette ville que les officiers de la garde sont transférés le 9 juillet. A la caserne d'Assas, rue Pélissier, où Francis Morand est déjà incarcéré. De nombreux résistants croupissent dans cet ancien quartier du 92e RI, qu'occupent les SS, transformé en partie en bastille. Les parois des cellules, au rez-de-chaussée et à l'étage, portent en strates datées des graffiti et des traces sanglantes ; les empreintes laissées par les vagues de détenus qui ont battu ces murs, disparaissant fusillés ou déportés. Parmi elles, celles du commandant Antoine Fontfrede.

Le lendemain, Robelin et Morand, les seuls qui aient été placés en isolement, chacun cloîtré dans un mitard, sont emmenés séparément à Chamalières, villa René, avenue de Royat, siège du SD. Le repaire du bras séculier des nazis. A sa tête, le lieutenant Eckardt et son adjoint, Torack. A leurs bottes, leurs compatriotes, Blumenkamp, Bühler, Staag, Grünewald, et Joseph Kaltseiss surnommé le Dompteur, expert en sévices. Et leurs assistants, des gouapes françaises : Georges Mathieu, Jean Vernières, Sautarel, Bresson. Des « tout à fait méchants », ironisent les miliciens à Clermont et à Vichy, pourtant versés eux-mêmes en horreur.

Cet isolement visant Robelin et Morand, probablement inspiré par Darnand, montre quand même que le dossier du SD n'est pas blindé. La complicité de Morand, pincé à cause de ses contacts présumés avec le délégué militaire de la région 6, reste à établir. Contre Robelin, seul pèse vraiment le rapport de Vaugelas l'accusant d'avoir entravé les opérations contre les maquis limousins. Peut-être aussi la rumeur annonçant une opération sur Vichy, qui a alarmé sérieusement les autorités ; éventuellement une délation. Certes, on passait aisément au falot pour de tels motifs, à l'époque. Néanmoins, si d'autres rafles payantes pouvaient en découler, il convenait que Morand et Robelin puissent auparavant parler. La villa René, à Chamalières, comptait parmi les « confessionnaux » les plus terrifiants de la région.

On saura, plus tard, que Morand aura enduré plusieurs volées de tortures, infligées par Georges Mathieu et sa bande, durant les jours qui suivirent son arrestation. Que Kaltseiss se sera occupé en personne de Robelin. Que les deux victimes n'auront rien reconnu, avoué.

Serge Fischer, bibliothécaire de l'université de Strasbourg repliée à Clermont, un dirigeant local du « Front national » interné au 92e, rapportera aussi qu'il avait dû aider au transport d'un blessé ramené de Chamalières : « Le visage jeune, mais noirci par la souffrance, il gisait couché sur une civière, geignait. Nous l'avons déshabillé, sur ordre du médecin allemand. Il avait un trou de la grosseur d'un poing dans la fesse droite. On y voyait des petits os, semblables à des arêtes aiguës. Sa jambe droite était enflée, au moins quatre fois la taille normale. Un peu partout, d'autres blessures. le major allemand lui avait donné un peu d'aspirine, "pour faire baisser la fièvre". Nous l'avons porté dans sa cellule. Plus tard, j'ai été convoqué pour aider à le panser encore. C'est alors qu'il m'a chuchoté à l'oreille : "Ne t'en fais pas, nous les aurons quand même." Puis il m'a donné son nom : Rémi Robelin. »

Mgr Gabriel Piguet, évêque de Clermont, interné pareillement au 92e, dont la cellule cotoyait l'infirmerie, ajoutera : « J'ai prié pour cet officier. Il était en si mauvais état par les coups reçus, que je ne savais pas si c'était pour un agonisant que j'implorais l'assistance divine. »

Les inquisiteurs du lieutenant Eckardt reviendront pourtant encore à la charge avec Robelin. Il sera véhiculé plusieurs fois à la villa René, livré à Kaltseiss. Ce qui semble corroborer la thèse d'aveux partiels arrachés à Courson de La Villeneuve, qui aurait reconnu avoir contacté le sous-directeur de la garde, par l'intermédiaire du capitaine Morand. Tharaux et Bouchardon, conduits périodiquement comme lui à Chamalières pour y être tabassés, reconnaîtront une fois, par une porte entrebâillée, le son de sa voix, ténu mais caractéristique. Son tourmenteur le pressait de révéler les activités de ses subordonnés, eux parmi les autres. Entre chaque rafale de coups, il les mettait formellement hors de cause, puis reprenait de plus en plus difficilement son souffle.

André Grange, l'un des premiers que Robelin avait cooptés dans son équipe, l'entrevit encore le 28 juillet. Par le soupirail de sa cellule. Il remarqua son visage boursouflé, presque méconnaissable, l'os du bassin apparent à sa hanche droite. Robelin murmura : « Je suis foutu. » Puis le salua, lui demandant d'appeler l'infirmier. Une heure plus tard, le SD transférait Robelin à Vichy. Dans le même convoi, mais dans un autre fourgon, Courson de La Villeneuve. L'indice que les furieux de la villa René n'avaient pu vaincre sa détermination à se taire, que d'autres carnassiers le prendraient en main. Cette fois, les SS du capitaine Gallinger, qui menait ce SD régional depuis la mort de Hugo Geissler, premier patron, tué peu avant en opération à Murat. Soit soixante-quinze allemands, parmi lesquels Konrad Adrian, Willenbrock et Krabbe, appuyés par une vingtaine de SS roumains.

Paillole, dont les services récupèreront une partie des dossiers de cette antenne à Vichy, entreprendra de percer les énigmes entourant la fin de son ami. Il établira un fait : Gallinger, acharné à démontrer la collusion liant Robelin à Courson, confronta les suppliciés plusieurs fois, en vain ; leurs affres se prolongèrent jusqu'au 9 août. Une annotation indiquait que la gangrène minait alors Robelin. Une ultime information émana de Konrad Adrian, lors de son procès : le 10 août 1944, sur ordre de Gallinger, Schlimmer, un SS roumain, aurait étranglé Robelin dans sa cellule.

Malgré les recherches effectuées, le corps du chef d'escadron ne sera jamais retrouvé. Celui de Courson non plus. Les membres du SD de Vichy — ce fut souvent le cas partout en ce temps — brouillèrent les pistes en prétendant que les victimes avaient été transférées en Allemagne ; destination inconnue. Fait hautement improbable, du moins pour ce qui concernait le soldat bleu ; la mortification rongeant son organisme interdisait ce déplacement. La gendarmerie, qui rend toujours compte du sort de ses personnels, se résignera à déclarer Rémi, Thomas Robelin officiellement disparu le 19 août 1944, note portée sur l'état des services modèle 322/24.

Le destin de ses compagnons d'infortune est, en revanche, connu. Tharaux, Comemale, Jeandel, Puthoste, Hurtel, Dupont et Bertrand recouvreront la liberté. Grange parviendra à s'évader du train qui l'emmenait en déportation. Delmas n'aura pas cette chance ; il mourra à Melk, en Autriche, une « succursale » de Mauthausen, près de Saukt Pölten, qui égalait le camp central en horreurs infligées. Morand séjourna quelque temps dans cette même annexe ; lui s'éteindra à l'infirmerie de Mauthausen. Lacroix partagera son sort au même lieu. Garraud et Bouchardon compteront parmi les rescapés du pandémonium nazi. Bouchardon en vit pourtant ! De toutes les couleurs ! Dachau, Bergen-Belsen, Neuengamme. Il fut ensuite intégré à la cohorte désespérée que les SS poussèrent jusqu'à Lübeck, qu'ils encaquèrent sur trois cargos et un ancien paquebot rongés par la rouille, censés les emmener à quelques encablures, à Neustadt, également sur la Baltique. Un cadeau cyanuré offert à la RAF. Ignorant le contenu des cargaisons, elle bombarda les navires, qui coulèrent corps et biens. Des milliers de noyés. Par hasard, quelques chanceux. Parmi eux, Bouchardon. Qui parviendra à se remettre. Il réintégrera la gendarmerie.

Cette dernière ne manquera pas d'honorer Rémi, Thomas Robelin. Elle le nommera colonel à titre posthume. Sa veuve et leur fille recueilleront en son nom la médaille de la résistance qui lui sera décernée, ainsi que la croix de guerre avec palme, accompagnée par cette citation à l'ordre de l'armée : « Sous-directeur de la garde, est resté à son poste, à l'ordre du général Verneau, chef de l'ORA. Grâce à son action, plusieurs unités de la garde ont pu coopérer d'une façon active à la libération du territoire. Arrêté par la gestapo à la suite de son activité, le 6 juillet 1944, mis en cellule, il subit les tortures les plus atroces, resta muet, ne divulguant aucun des secrets qu'il connaissait. Est mort victime du devoir, faisant le sacrifice de sa vie pour contribuer à la libération de sa Patrie. » Une caserne portera aussi son nom. A Ferrette, Haut-Rhin, sur les derniers contreforts du Jura. Située à l'extrême sud-est de la commune, elle tient les hauteurs. Une sentinelle. Par temps clair, la vue porte jusqu'aux Alpes, en Suisse. Des symboles ? Certes. Ses proches les ont, par-delà le déchirement, appréciés.

11

Les insoumis

Au début de 1944, la guerre change radicalement de tournure. A l'est, les Russes, parvenus à libérer la quasi-totalité de leurs territoires, gardent désormais partout l'initiative des combats, s'apprêtent à refouler la Wehrmacht des positions qu'elle occupe encore de la Pologne à la Roumanie. En Italie, les Alliés viennent de forcer le verrou du mont Cassino, le corps expéditionnaire français d'Alphonse Juin se dispose à percer sur le Garigliano ; ils auront bientôt Rome en point de mire. A l'autre bout du monde, au Pacifique Sud, les Américains réinvestissent méthodiquement les chapelets d'îles passés sous la domination du Japon. Leurs savants, par ailleurs, mettent au point le feu nucléaire destiné à réduire l'Empire du Soleil Levant. En Allemagne le pilonnage aérien croît, plus meurtrier chaque jour. Tous les lands atteints, même Berlin, le sanctuaire. Sale temps pour le führer. Cela explique la conjuration qui se trame dans son ombre. Des officiers souhaitent se débarrasser de lui, escomptant de la sorte abréger le conflit.

En France aussi la situation s'est, par contrecoup, tendue. Les privations et les spoliations, les injustices trop flagrantes, les excès du marché noir, les bombardements des villes au nord du pays accablent la population. L'aura de Pétain s'estompe à mesure que grandit celle du général de Gaulle. Un balancier qu'infléchit la montée des signes avant-coureurs d'une probable défaite du Reich.

Pour leur part, les nazis multiplient les exactions et les violences dans les zones nord et sud. La collaboration militante, sentant poindre déjà la fin de son bref âge d'or, voire l'approche des comptes à rendre, use du même registre ; la fuite en avant.

Cela se remarque au PC parisien de Karl Oberg, l'hôtel Majestic, lors des conférences que ce général consacre chaque jeudi au maintien de l'ordre : il tonne. Et quand ce n'est pas lui qui gronde, Knochen, chef du SD et de la Sipo, prend le relais. Les fonctionnaires de l'Etat français filent doux. A l'exception de Max Knipping, l'incontrôlable délégué milicien de Darnand. Lui aboie aux chausses de Pierre Charles Sérignan, représentant la gendarmerie, convoqué à chacune des réunions. Pas une séance sans critiques acerbes de sa part, sans remise en cause de cette arme « qui ne fait pas son métier ». Impavide — il s'est cuirassé —, Sérignan détourne les diatribes, souvent alimentées par des dénonciations.

Elles concernent des brigades, des sections de la maréchaussée. Quelquefois des commandants de légion. Sérignan, ignorant Knipping, ne répond qu'à Knochen et Oberg, détenteurs du réel pouvoir, plaide en allemand. Il en a pris l'habitude depuis plus de trois ans. En se demandant chaque fois un peu plus jusqu'où, jusqu'à quand il parviendra à se faire entendre, sans écoper lui-même.

Un bon nombre de ses collègues lui devront encore, en ce début de 1944, une fière chandelle. A preuve, cette brochette de colonels : Le Du, du secteur Paris-Nord, Charollais à Paris-Est, Le Guennec à Dijon, Maujean à Rennes, Simontoli à Limoges, Samson à Bordeaux, et Pouilly à Orléans. Envers chacun d'eux, une somme de griefs ; tous les mêmes : défaillance des personnels sous leurs ordres, manquements aux obligations dans la lutte contre les maquisards, les résistants. La pugnacité de Sérignan, qui use des moindres failles pour tourner les règlements et éviter des sanctions lourdes à ses compagnons, irrite Knipping. Lequel menace sans ambages de faire coffrer en prime l'encombrant avocat des gendarmes.

Darnand, tenu au courant, se venge en province par l'entremise de son caïdat milicien, de ses préfets inféodés. Les peines administratives qu'ils exigent du directeur général de la gendarmerie — mises aux arrêts, suspensions provisoires — pleuvent sur les « réticents » de l'arme. Tous les échelons touchés, depuis le commandement supérieur jusqu'au plus humble des brigadiers. Un échantillon ? Cette mesure, décrétée « pour l'exemple » : le lieutenant-colonel Vernageau, chef de la légion du Languedoc, est relevé de ses fonctions après une altercation avec Hornus, intendant du maintien de l'ordre, et avec Reboulleau, préfet milicien à Montpellier ; mutilé de la guerre 14/18, amputé d'un bras, Vernageau avait refusé de saluer le drapeau frappé du gamma.

Approuvé par Pierre Laval, Darnand entend multiplier ces châtiments, ajoutant par surcroît l'internement, au minimum. Dans ce but, il va créer les tribunaux du maintien de l'ordre. Ses miliciens y siégeront à la place des magistrats, comme ils le font déjà dans ses cours martiales. Des instances qui seront habilitées à juger tous les agents de la force publique. Avant tout, des gendarmes. Ceux qu'il appelle la plaie bleue. Les délits d'atteinte à la discipline, la tiédeur dans l'accomplissement des missions, les dérogations au devoir, la désobéissance seront sanctionnés par le renvoi du corps et l'emprisonnement. Des peines exécutoires sur l'instant, qui ne permettront aucun recours, ni pourvoi en cassation. L'abandon de poste devant l'ennemi, c'est-à-dire la résistance, à plus forte raison la désertion seront punis de mort. Ou son équivalence, la déportation par les Allemands. Le général Martin, directeur de l'arme, aura beau protester, notifier par écrit son opposition, il devra encaisser.

Dès l'instauration de ces juridictions, une vingtaine de sous-officiers gendarmes vont pâtir de ce recours au knout. Grâce à la complicité de quelques commandants de légion fidèles au maréchal Pétain, qui ont accepté de communiquer les dossiers des « suspects ». La milice en profite, accroît les abus de pouvoir. Se substituant à la hiérarchie du corps, elle entreprend aussi de récompenser d'autorité les gendarmes qui se comporteraient comme elle le souhaite lors des accrochages avec les résistants. A Limoges, Vaugelas citera à l'ordre du groupement le lieutenant commandant la section des pelotons motorisés stationnés en Corrèze, qui aura poursuivi avec acharnement pendant deux jours un maquis. Il félicitera de même un sous-officier gendarme de Saint-Laurent-sur-Gorre, Haute-Vienne, qui a vivement repoussé un petit groupe de maquisards s'en prenant à sa brigade.

Darnand aggrave cette politique de sape destinée à garrotter la gendarmerie en lançant une autre initiative : les « corps francs mixtes ». Des meutes de chasse. Elles associeront des GMR, des policiers en civil ou en uniforme, que compléteront des poignées de gendarmes, volontaires ou désignés d'office. Une expérimentation est tentée en Côte-d'Or, en mars 1944. Un mois plus tard, le tableau des traqueurs satisfait le pontife du maintien de l'ordre : plusieurs tonnes d'armes et d'explosifs saisies, cinquante-sept maquisards pincés. Six d'entre eux ont été fusillés sur l'heure, les autres déportés par le truchement des Allemands.

Max Knipping, enthousiasmé, veut sans tarder multiplier à refus ces petits groupes mobiles en zone nord. A Toulouse, Pierre Marty propose d'en parsemer tout le Sud. Des officiers supérieurs de la gendarmerie, qui mènent la 4e et la 7e région, paraissent disposés à soutenir ce dessein. D'autres acceptent, sans attendre. « Deux cents gendarmes de la région parisienne, indique Claude Cazals, déplacés en Auvergne pour remplir initialement des missions statiques, c'est-à-dire du gardiennage d'installations sensibles [usines, barrages, centrales électriques, gares de triage], sont finalement engagés dans la recherche des maquisards. »

Sentant qu'il peut pousser son avantage, Darnand envisage de puiser encore plus dans le personnel des brigades territoriales, afin de mettre sur pied, en plus grand cette fois, des « unités supplétives » de gendarmes, qu'il articulerait avec les GMR, les douaniers, les policiers parallèles et ses miliciens ; elles ne relèveraient, bien entendu, que de sa seule autorité. Déjà il s'apprête à soumettre ce nouveau plan à l'approbation de Laval quand une information, consternante pour les autorités pétainistes, contraint le chef du gouvernement à réunir sans délai son cabinet, afin d'élaborer des mesures politiques autrement urgentes : le débarquement des Alliés en Normandie.

La conséquence immédiate de cet assaut sur les plages de la baie de la Seine et celles du Cotentin a été depuis lors quelque peu déformée par certains. Les légendes naissent souvent des événements peints ou décrits par ceux qui ne les ont pas vécus. En l'occurrence, le déroulement de l'opération Overlord — impressionnante, toujours inégalée — n'a pas sonné d'emblée le glas pour les occupants, ni pour l'Etat vichyste. La population, de même, s'est gardée d'extérioriser sur-le-champ sa liesse, avec fanfares, défilés, drapeaux tricolores et alliés aux fenêtres. Elle ne s'est pas non plus lancée au-devant des divisions débarquées et aéroportées pour mieux les accueillir. Ce 6 juin, elle n'a pas davantage entrepris, magiquement unie et armée, de libérer elle-même ses villes et ses campagnes, pourchassant et terrassant partout les Allemands. Les Français dans leur ensemble n'ont pas bougé, ce jour-là. Hormis les résistants et les maquisards, dont certains sont alors sortis de leurs caches urbaines et des bois. Mais à petits pas, vigilants. Les uns pour en découdre, d'autres pour humer l'ambiance, analyser le comportement des occupants, des autorités vichystes.

L'un de leurs responsables, Pierre Bertaux, futur compagnon de la Libération au titre de la résistance intérieure, qui était à Toulouse à ce moment, en a témoigné. Les maquis, selon lui, secoués par des rivalités et des heurts idéologiques graves, dispersés dans la nature, contraints à toujours se déplacer pour ne pas être repérés puis anéantis, avaient très peu d'unités constituées, encadrées, entraînées. Ils disposaient pour tout équipement de lots d'armes légères et d'explosifs. Ce qui permettait, certes, de saboter, harceler, tendre des embuscades. « Toutefois, a insisté Bertaux, ils n'étaient aucunement en mesure d'affronter sérieusement des unités allemandes régulières. »

Une remarque : ce propos sans fard n'a pas seulement concerné les résistants garonnais, qui comptaient pourtant parmi les plus ardents du pays ; c'est l'ensemble de la dissidence, en France, qui ne pouvait se colleter seule avec la Wehrmacht. D'autres notables de la résistance, de nombreux annalistes militaires incontestés, ont confirmé le constat émis par Bertaux.

L'instituteur Georges Guingouin, qui dirigeait au Limousin le maquis sans doute le plus important du pays, l'équivalent d'une division, qui comprenait deux cents gendarmes ralliés avec leur lieutenant, Jean Malabre, l'avait bien compris ; jamais il n'a inconsidérément exposé ses hommes dans des ruées ouvertes. En revanche, l'activisme qu'il a déployé en tapinois sur ses terres était si nocif pour les occupants que ces derniers, qui l'appelaient l'Insaisissable, nommaient aussi « petite Russie » la province qu'il empoisonnait de la sorte sous leurs pas. Eloquent.

Un autre stratège de la guérilla, redouté par les Allemands, André Pommiès, qui leur mena dans le Sud-Ouest la vie dure pendant des mois avec son corps franc, renforcé par un bon nombre de gendarmes, avait toujours refusé, comme Guingouin, les chocs en ligne. Il considérait les batailles rangées menées par des empanachés comme inutiles et dangereuses. Un jugement fondé ; au contraire de beaucoup de maquisards, qui s'étaient eux-mêmes largement galonnés, André Pommiès était un professionnel en matière de commandement, de connaissances tactiques. Un officier confirmé. Entré à l'école militaire à vingt ans, breveté ensuite par l'école supérieure de guerre, il avait conquis ses grades au mérite avant 1939 puis au feu. Gabriel Delaunay, chef régional des MUR, tenait son corps franc pour « la plus exceptionnelle unité de la résistance française ». Concluant.

Henri Romans-Petit, autre maquisard notoire, dans l'Ain, avait attendu le 11 novembre 1943 pour tenter une manifestation spectaculaire, à Oyonnax. Il défila avec ses hommes devant le monument aux morts, déposa une gerbe : « Les vainqueurs de demain à ceux de 14-18. » Une partie de la presse clandestine loua cette action. Elle n'avait pourtant pas fait l'unanimité. Les défis publics se payaient lourd très vite. Par une recrudescence des périls quotidiens menaçant la collectivité de l'ombre, immanquablement par des représailles renforcées frappant la population.

Quelques concentrations massives de maquisards, rares, ont également défrayé la chronique de ce temps. Toutes avaient été implantées sur des positions isolées, qui appelaient par nature l'encerclement, sort inévitable. Toutes aussi ont irrémédiablement tourné au massacre des malheureux pris au piège, malgré leur résistance héroïque. Des sacrifiés. Parce qu'ils étaient démunis. Sans artillerie lourde ni aviation de soutien. Parce qu'ils n'avaient aucune voie de retraite sûre, le minimum pour tenir vraiment une place forte destinée à fixer l'adversaire, à l'éprouver. Cloués d'abord par les miliciens et les GMR sur leurs bases, ces maquisards ont été ensuite laminés par les Allemands, supérieurs en nombre et en matériel, appelés à la rescousse par les collabos. Cela a été dramatiquement prouvé en Haute-Savoie, aux Glières, en mars 1944. Cela sera confirmé derechef en juin, après le débarquement, en Auvergne, sur le mont Mouchet et à la Truyère. De nouveau en juillet, sur le plateau du Vercors, près de Grenoble.

Nul ne pouvait l'ignorer, en 1944 : bien que contraints à plier en Russie, en Italie, les Allemands disposaient encore d'une force considérable : soldats expérimentés, SS redoutables, ingénieurs inventifs, arsenaux et moyens de production surprotégés pour faire pièce aux bombardements.

Les responsables des réseaux résistants l'avaient bien noté au long des semaines qui précédèrent l'irruption des Alliés en Normandie : la Wehrmacht, sans bien savoir où les Anglo-Américains et les Français libres frapperaient, avait, en prévision, renforcé son potentiel militaire lourd, puisé dans ses réserves pour mieux disposer ses troupes de ligne.

Elle avait complété ce dispositif en mutant en zone sud sa 2e division SS Das Reich, menée par le général Lamerding, chargée, avant tout, de liquider les maquis. Ces dispositions prises par les occupants laissaient donc conjecturer que l'engagement à venir serait long, sanglant à souhait.

Ce qui serait démontré dès le 8 juin 1944, tandis que les Alliés consolidaient leur tête de pont sur les plages du Calvados. En représailles, à la suite d'une action maquisarde hasardeuse sur Tulle, en Corrèze, cette Das Reich pendrait quatre-vingt-dix-neuf otages aux balcons de la ville. Le surlendemain, pour motif identique en Haute-Vienne, elle exterminerait la population d'Oradour-sur-Glane ; six cent quarante-quatre habitants, dont deux cent quarante-six femmes, deux cent sept enfants, détruisant par ailleurs le village.

Pour ce qui concerne la gendarmerie, ce débarquement est intervenu au moment où l'arme allait entrer en crise ouverte. Si quelques-uns de ses membres s'étaient accommodés des conséquences de la mainmise de Darnand sur eux, d'autres, le plus grand nombre, la supportaient mal. Certains parmi eux, le moral dans les chaussettes, bâclaient plus que jamais le service ordinaire. D'aucuns, plus frondeurs, commençaient à interpeller la hiérarchie de proximité. D'autres regimbaient, prêts à déserter.

Des insoumissions aussi radicales — certaines ont été remarquées déjà plus haut — s'étaient manifestées très tôt, bien avant l'invasion de la zone libre. Leur nombre avait crû avec l'apparition en 1943 de l'emprise milicienne sur l'ensemble des soldats de la loi. Toutes avaient été motivées par le refus de collaborer avec les occupants, la nécessité d'échapper à leurs traques ou à celles des vichystes, par la décision d'en découdre subrepticement avec eux. Quelques illustrations complémentaires le montrent.

Le tout premier insoumis ? Probablement le chef d'escadron Henry, un Lorrain, originaire de Lacroix-sur-Meuse, cinquante-deux ans en mars 1940, soldat couturé, quatorze fois blessé en 14-18, abondamment décoré. Jeune officier, il avait accompagné le capitaine de Gaulle quand celui-ci dirigea en Pologne une mission militaire en 1920. Il s'était aussi illustré à Châteauroux durant la guerre 39-40, tenant tête aux Allemands avec ses gendarmes, refusant de se rendre. Intransigeant sur les questions d'honneur, l'armistice l'avait accablé. De même, la création de l'Etat français par Pétain. Le 20 août 1940, sommé de jurer fidélité au maréchal, il refuse, défroque, sacrifiant son avancement — il devait passer lieutenant-colonel — pour conserver sa liberté.

Attaché au cabinet du préfet de l'Indre, Henry est également le premier dans cette région à rallier la France libre, entraînant de nombreux gendarmes du département. Durant dix-huit mois, il noyaute les services administratifs, les gagne à la cause gaulliste, organise les passages de la démarcation à Vierzon. Dénoncé par un journaliste collaborateur, il entre en clandestinité, protégé par le secrétaire général à la préfecture. Avec l'occupation de la zone sud, son activité occulte ne cesse de se développer. Sabotages, accueil d'agents parachutés dans la région d'Issoudun, sauvetages de juifs, de réfractaires STO. Une nouvelle fois dénoncé, il échappe au SD. Mais son complice à la préfecture, le secrétaire général, et trente-sept gendarmes donnent dans la nasse. Trente-deux, parmi eux, déportés à Dachau, y laisseront leurs os. Passé au maquis dans l'Indre, promu lieutenant-colonel puis colonel par Londres, Henry se mettra à la disposition du Comité de libération de ce département, à la tête des FFI. Réintégré dans la gendarmerie en août 1944, il reprendra le commandement de la légion du Berry qu'il réorganisera. Avec laquelle il combattra jusqu'à la libération.

Le 3 septembre 1943, Achille Courset, de la brigade de Riom, Puy-de-Dôme, a déserté. La veille, il avait contribué à faciliter l'évasion du général Jean de Lattre de Tassigny, interné par Vichy à la prison locale. Affilié à l'ORA, Courset avait été chargé de détourner bruyamment l'attention des services de sécurité, afin que l'auguste détenu puisse sauter le mur, passer à Alger où il entamerait sa course à la gloire qui le mènerait au maréchalat. Comme de Lattre, le gendarme Courset a levé le pied ; dans son cas, pour échapper prosaïquement aux policiers puis aux juges. Intégré au corps franc clandestin d'Auvergne, il tombera trois mois plus tard aux mains des Allemands : flagrant délit, transport d'armes et d'explosifs. Carrière sabrée.

Au début d'octobre 1943, le gendarme André Désir, affecté à la brigade de Gresy-sur-Isère, Savoie, a pris la clé des bois, aussi, avec arme et bagage. Chef local de l'Armée secrète, en passe d'être interpellé, il a déposé l'uniforme pour entraîner depuis lors, dans les hauts du pays, une petite compagnie maquisarde qu'il avait recrutée.

Le 21 décembre, la même année, la Sipo cerne la brigade de Lauzun, Lot-et-Garonne. Bien renseignée, elle rate cependant de peu le chef Saint-Martin, les gendarmes Condat et Engrève. Avertis par leur supérieur, le capitaine Guillochon, qui commande la section d'Agen, ils ont eu le temps de mettre leurs familles hors d'atteinte, puis ont « démissionné ». Affiliés à l'Armée secrète depuis une bonne année, ils s'étaient livrés à de nombreux sabotages, avaient sauvé des pourchassés, protégé des réceptions de parachutages d'agents et de matériel. Au maquis, ils ont retrouvé leurs collègues gendarmes Jaury et Barreau, d'une brigade voisine, qui avaient également choisi de s'esquiver momentanément pour des motifs semblables, un mois avant eux.

Le lieutenant Meyer, attaché à l'état-major de la gendarmerie dans le Cher, choisira à son tour l'insoumission, au tout début de 1944. Depuis longtemps il résistait, dans les rangs de l'Armée secrète. Prudent, il s'était gardé d'avertir sa famille. Elle ne découvrira ce passé que bien plus tard, en consultant des documents jaunis découverts dans une malle, au grenier. Passé au maquis aux abords de Sancoins, Meyer commandera les compagnies FFI du bataillon clandestin Brissat, aux côtés des capitaines Phelouzat et Bonnetlarge, puis s'illustrera dans le harcèlement d'une division allemande.

En janvier 1944, l'adjudant-chef Genoud, de la brigade d'Annemasse, qui commandait un poste de choix sur la frontière avec la Suisse, à Moëllesulaz, doit déserter aussi, à la suite de la découverte de son activité clandestine. Assisté par le gendarme Curtet, parfois par le maréchal des logis Mollo mobilisé par ailleurs par une autre antenne, il servait depuis 1942 le réseau « Gilbert », du SOE, pour le compte du colonel Georges Groussard.

A la demande de ce dernier, Genoud avait aussi organisé une filière de passage, qui passait par une résidence appartenant à deux sœurs, Marguerite et Irène Gubier, une propriété dont les dépendances ouvraient sur la Suisse. Porte miraculeuse. « Elle s'entrouvrit des centaines de fois à la barbe des nazis », a rappelé Groussard. Ce qui permit de convoyer vers l'Helvétie des prisonniers évadés, des juifs traqués, des militaires alliés. Des résistants de haut vol l'empruntèrent aussi, dans les deux sens — entre autres, le général Giraud, quand il faussa compagnie aux Allemands ; le général Pierre Dejussieu, alias Pontcarral, chef de l'Armée secrète après l'arrestation de Charles Delestraint ; Jean Rosenthal dit Cantinier, ou Louis Mangin, délégué militaire zone sud du BCRA. Dénoncées, les sœurs Gubier sont tombées dans les rets du SD en janvier 1944, ont été déportées. Genoud et Curtet, eux, qui devaient être cueillis dans leur brigade, ont pu filer. Ils ont sauté cette frontière qu'ils connaissaient bien du côté de Saint-Julien. L'adjudant-chef Genoud dirigera depuis la Suisse le contre-espionnage de Groussard jusqu'à la fin du conflit.

L'accroissement des parachutages d'armes destinées aux réseaux clandestins a aussi intensifié la participation de plus en plus ouverte des gendarmes à la résistance. Par voie de conséquence, la désertion de certains d'entre eux.

Le 16 août 1943, l'un de ces envois massifs s'était déroulé aux abords de Vauvilliers, Haute-Saône, au pied des Vosges. Le personnel de la brigade du chef-lieu, mené par le chef Vairon, tous affiliés au BCRA et au BOA, avait participé au recueil des armes. Un témoin avait discrètement assisté à l'opération. Grâce à ses descriptions, le SD parvint à identifier l'un des gendarmes, Bertrand Foliguet. Arrêté aussitôt, il fut emmené à Epinal et fusillé. Ses collègues avaient pu fuir, gagner le maquis. Le chef Vairon, déguisé en prêtre ensoutané, avait franchi le dernier le filet tendu par les Allemands. Leur dénonciateur, identifié à son tour par les résistants, disparut. Son corps ne fut jamais retrouvé.

Autre cas. A Bletterans, dans le Jura. Un petit chef-lieu de canton assemblant treize communes, à proximité de Lons-le-Saunier, sur la Seille. Au cœur d'une plaine cernée par des forêts denses, avec, à l'est, la montagne de Leutte pour horizon. Moins de mille habitants, au bourg. C'est dire que tout le monde se connaissait. Tous subodoraient donc que le personnel de la brigade, mené par le chef Félix Bodevin, résistait. Notamment les gendarmes Joseph Scheibel et Louis Lamanthe, depuis longtemps « mouillés » aux yeux de la hiérarchie, à la préfecture.

Ils avaient en effet recueilli, abrité, fait évader des prisonniers de guerre, des traqués civils, puis soustrait des réfractaires au STO. Ils entretenaient des liens suivis avec les maquisards du groupe « Francis », que dirigeait le communiste André Guipet, surtout avec les hommes du groupe « Guérin », commandé par Jean-Paul Guyot, pour le compte du SOE britannique. Pas d'exclusive, pour ces gendarmes. Ils avaient renseigné, aidé les clandestins, sauvé leurs blessés, souvent au détriment de leur propre sécurité. Le chef d'escadron menant la compagnie du Jura, fréquemment alerté, s'était plaint plusieurs fois à leur sujet, estimant qu'ils « faisaient preuve d'une naïveté déconcertante dans leurs missions, ou qu'ils n'avaient plus leur place dans la gendarmerie ».

Ces gendarmes avaient aussi, fonction majeure, participé aux opérations aériennes — parachutages et atterrissages — de la SAP, commandée en zone sud par Paul Rivière, alias Charles-Henri. Elles furent nombreuses dans la région de Bletterans. La spécialité de Lamanthe et Scheibel consistait, entre autres, à assurer la protection du terrain « Orion », un vaste champ sur le territoire de la commune de Cosges. Grâce à eux, quelques notables purent gagner Londres, notamment Vincent Auriol, futur président de la République.

Au début de 1944, après un parachutage d'armes particulièrement important, le SD et la Sipo, informés par une bonne âme, effectuent une rafle sur cette brigade de Bletterans. Ils arrêtent Félix Bodevin et Louis Lamanthe, les déportent. Tous deux mourront en Allemagne. Joseph Scheibel a pu filer, en sautant pieds nus du premier étage. Marthe, sa jeune femme, vingt-six ans, mère de trois enfants en bas âge, pincée aussi pour fait de résistance, sera emmenée à Lons, torturée, puis déportée. A Ravensbrück. A ceux de Bletterans qui l'ont vue embarquer pour Lons-le-Saunier déjà malmenée par les Allemands, elle aura eu le temps de crier : « Dites à mon mari qu'il ne se rende à aucun prix. Jamais ! » Il l'écoutera, désertera, la vengera sans merci au maquis.

C'est aussi un parachutage dans cette région, qui ne lui était pourtant pas destiné, qui provoquera en 1944 le départ au maquis d'un autre soldat bleu, le lieutenant Giguet.

Lorrain d'origine, fils de gendarme, saint-cyrien, Maurice Giguet commandait la section de gendarmerie de Louhans, sous-préfecture de Saône-et-Loire, au centre de la Bresse, zone libre jusqu'en 1942. Une région recherchée depuis 1941 par beaucoup de réseaux, une véritable mine pour les passeurs. A cause de la proximité de la ligne de démarcation, de la zone interdite du Jura, de la Suisse.

Giguet avait observé avec sympathie le manège des premiers clandestins. Patriote, il supportait mal la proximité de l'occupant. Celui-ci campait tout près, à Chalon-sur-Saône. De même, il avait deviné que son supérieur, le chef d'escadron Vial, cantonné à Mâcon, commençait à résister dans sa ville. En outre, une voix amie le circonvenait à petit feu à son tour, celle du capitaine de gendarmerie Faure, qu'un abaissement de la limite d'âge à quarante-deux ans — faux prétexte — et surtout ses convictions politiques avaient mis prématurément à la retraite. Faure n'aimait ni les Allemands, ni le maréchal, ne s'était pas privé de le dire, avait crânement assumé la sanction qui l'avait frappé. Depuis lors, il s'activait en secret sous le pseudo de François, lançant une antenne de l'Armée secrète au Louhannais. Quand la Wehrmacht envahit la zone libre, le lieutenant Giguet, patronné de la sorte, avait sauté le pas, participait.

Dès la fin 1942, sa région s'était métamorphosée en chantier ferroviaire quasi permanent. La ligne Paris-Modane, menant ensuite en Italie, traversait la circonscription, appâtait évidemment les mordus du déraillement. Il y en eut beaucoup. Provoqués autant par Faure, Giguet et l'Armée secrète que par les FTP locaux. Avec la complicité des cheminots, qui communiquaient les horaires des convois, enseignaient la technique du déboulonnage des rails : une banale clé à tire-fond pour dévisser un tronçon sur sept ou huit traverses, une barre à mine pour faire riper vers l'intérieur cette portion déclissée, hop ! Imparable ! Les trains de marchandises, parfois des trains de permissionnaires allemands, se couchaient, obstruaient pour longtemps la voie. Chacun des sabotages appelait une investigation. Giguet et ses gendarmes déployaient officiellement un zèle apparent. Sans résultats tangibles. Ce qui irritait de façon grandissante le SD régional.

En 1943, un inconnu, qui était descendu à l'hôtel du Cheval-Rouge, près de la gendarmerie, à Louhans, parut s'intéresser de près à ces « accidents », dont la fréquence augmentait par trop. Sondant discrètement l'individu, Maurice Giguet établit qu'il s'agissait d'un Français, probablement un Breton, nommé Ravalec, se faisant appeler Raynaud, natif de Saint-Etienne, qu'il avait été dépêché par le SD de Lyon auquel il appartenait, ce que démontrait sa carte d'agent, pour élucider les mystères ferroviaires. Alertée, l'Armée secrète se chargea de l'exécuter. Opération menée rondement, à l'heure du déjeuner, dans le restaurant qu'il fréquentait. Malgré l'enquête du SD, nul ne put être inquiété. Personne non plus n'informa les nazis. Giguet avait fait le ménage auparavant.

La même année, un milicien notoire, pharmacien à Saint-Germain-du-Bois, ayant été abattu dans son officine par des résistants, Giguet couvrit le personnel de la brigade de ce chef-lieu de son district. Notamment le gendarme Cholière, que la direction départementale de la milice incriminait, qui put, avec la complicité du lieutenant, passer au maquis.

Quelques semaines plus tard, le 22 septembre, une situation semblable se présenta à Montret. L'Armée secrète avait saboté le barrage de Gigny, qui régularisait le cours de la Saône. La destruction de l'ouvrage n'interrompit pas seulement le transport par péniches sur cette rivière ; elle avait provoqué la mort de cinq soldats allemands. Le SD s'en prit à la brigade de gendarmerie du canton. Une fois de plus, Giguet démontra l'innocence de son personnel, qui fut à contrecœur relâché. Mais la cote de l'officier, trop compromis, ne valait plus un clou. Son nom était coché au rouge à la milice, chez les nazis.

Dix-sept mai 1944. Ce matin-là, modeste prise d'armes dans la cour de la gendarmerie à Louhans. Giguet remet la médaille militaire au gendarme Fontaine, son secrétaire conducteur. Un planton interrompt la petite cérémonie. Des containers, parachutés durant la nuit précédente, ont été découverts par un paysan, en bordure de la route de Vincelles. Le lieutenant saute dans sa voiture que pilote Fontaine, embarque son monde dans un camion qui suit. Une douzaine de caisses métalliques encore reliées à leurs corolles de nylon gisent en effet sur plusieurs centaines de mètres. Une bonne partie est immédiatement chargée. Mais les témoins commencent à affluer. Giguet juge qu'il doit faire la part du feu. Avant que le chauffeur du camion ne démarre, il lui confie un message à diffuser aux « autorités habituelles », en l'occurrence la feldgendarmerie stationnée à Branges, près de Louhans, et attend sur place. Sage précaution. Les Allemands déboulent très vite. Ont-ils déjà été avertis par ailleurs ? Ils ne s'étonnent apparemment pas du petit nombre de containers encore épars. Leur chef, manifestement satisfait d'avoir pu récupérer quelques armes, offre même quatre mitraillettes Sten, dépourvues de munitions, au lieutenant.

De retour à sa caserne, Giguet décide de cacher ailleurs le chargement du camion — des fusils-mitrailleurs, des explosifs, des munitions. Il choisit les chambres de sûreté dont la gendarmerie dispose au sein de l'ancienne prison désaffectée de Louhans. Il y avait déjà stocké un lot d'armes plus important, provenant d'un précédent parachutage, le 13 avril, dans la région de Cuisseaux, attendu celui-là par l'Armée secrète. Là encore sa prudence est récompensée. Les Allemands frappent à sa porte, afin de l'entendre à propos de cette petite cargaison découverte aux abords de Vincelles. Explication ? Peut-être un allégement partiel effectué par le pilote d'un avion anglais en difficulté, qui a survolé cette zone ; lui, en tout état de cause, ne connaît aucun maquis, dans la circonscription confiée à sa garde, auquel ces armes auraient pu être destinées. Sa version paraît convenir à ses hôtes. Qui ont toutefois visité son cantonnement.

Quelques jours plus tard, son supérieur, le chef d'escadron Vial, toujours basé à Mâcon, l'alerte par messager interposé. La milice l'a longuement questionné à son sujet. Peut-être devrait-il disparaître quelque temps. Cette recommandation intervient à un moment crucial. Son ami Faure, qu'une maladie handicape — elle l'emportera l'an suivant —, le presse d'entrer totalement en clandestinité ; il a besoin de lui à son côté. Le surlendemain, Chevolot, l'un de ses gendarmes, entre en trombe dans son appartement : « C'est pour vous... La milice... Je les retiens ! » Giguet fonce à la cave. Une issue dérobée dessert l'arrière du cantonnement, ouvre sur les jardins, les champs voisins. Nul ne l'a aperçu.

Plan prévu de longue date avec les siens, le lieutenant trouve refuge chez l'abbé Corlin, curé de Châteaurenaud, banlieue de Louhans. Peu après, sa femme et son frère, réfractaire STO qui s'était réfugié chez lui, le rejoignent. Tous trois gagnent Montcony, à une quinzaine de kilomètres, à bicyclette. Cache plus sûre. Les fermes et les bosquets environnants abritent momentanément le PC de campagne de Faure. Le destin de Maurice Giguet a basculé. On ne le connaîtra plus que sous son pseudo, Condé, dans le Louhannais. Une bonne part de ses gendarmes entraînés par le margi-chef Joseph Nau le rejoindront, appuyés par le 6e escadron de la garde stationné jusqu'alors à Louhans. Son épouse combattra à ses côtés.

Ces résignations de fonctions imposées par les circonstances avant le débarquement s'étaient ainsi accumulées au sein de la maréchaussée. Quatre cents, pense-t-on. Un effectif forcément aléatoire, minoré, la direction de l'arme ayant masqué l'ampleur du phénomène. Dernier exemple recueilli pour ce qui nous concerne : celui de François Woerlé, surnommé le gendarme des neiges. Le seul sans doute deux fois insoumis, qui ait pris le maquis à deux reprises.

Abriès, dans les Hautes-Alpes. Un petit village au confluent du Guil et du torrent du Bouchet, au cœur du Queyras. Le pays des mélèzes, des gentianes bleues et des edelweiss. Trois pics le dominent, reliés par une ligne de crêtes faisant frontière avec l'Italie, le Bric Bouchet, la Tête du Pelvas et le mont Viso. Une brigade de gendarmerie verrouillait ce poste sentinelle. Elle était dirigée par le chef François Xavier Woerlé. Un Alsacien, natif de Gueberschwihr, Haut-Rhin. Formé à l'école de gendarmerie de Strasbourg, il avait fait toute sa carrière militaire chez les soldats de la loi. A Faverges, en Haute-Savoie, puis à Cluses. Ensuite à Pont-du-Fossé, au-dessus de Gap. Devenu expert en glisse — le ski —, il avait demandé ce poste à Abriès en 1938, éprouvant un coup de foudre pour ce site, ne l'avait plus quitté. Même durant la guerre, effectuée sur place comme volontaire. Il y affronta sévèrement les Italiens, dont l'artillerie de montagne avait rasé le hameau de Ristolas, dans la haute vallée du Guil. L'occupation transalpine venue, il y était aussi spontanément entré en résistance, d'abord pour le compte de l'Armée de l'armistice, puis de l'Armée secrète.

Quand les Allemands avaient envahi la zone sud, le 11 novembre 1942, ils avaient toléré l'existence de cette brigade des cimes. Leurs chasseurs alpins surveillaient cependant périodiquement la frontière. Woerlé, qui avait profité du départ des Italiens pour récupérer et cacher leurs armes et munitions, allait continuer en 1943 à renseigner l'AS sur les mouvements des troupes de montagne de la Wehrmacht. En décembre, cette année-là, à la demande de ses chefs clandestins, il avait également noué des contacts par-delà la frontière avec les résistants italiens, incrustés depuis peu dans la vallée du Pellice, qu'irrigue le torrent portant ce nom, qui alimente le Po. Cette fonction occulte avait été brutalement interrompue en février 1944 ; une dénonciation le concernant était parvenue à la section de gendarmerie, à Gap, la préfecture. Ses supérieurs avaient étouffé l'affaire, jugé prudent de l'éloigner et l'avaient affecté provisoirement à Grenoble.

Peu après, François Woerlé n'y tient plus. Il plie l'uniforme, déserte, retourne dans le Queyras, prend le maquis. Apprenant son retour, les membres de sa brigade à Abriès s'apprêtent à le rallier, appuyés par leurs collègues de Château-Queyras, commune voisine. Leur chef commun, le capitaine Oherne, qui commande la gendarmerie des Hautes-Alpes à Gap, également responsable local de l'Armée secrète, le convainc que ces départs collectifs seraient prématurés, l'invite à réintégrer. Woerlé obtempère, recoiffe le képi. Nommé dans le même temps chef du secteur FFI du Queyras, il y réorganise la résistance, assure de nombreuses missions en Italie, dans la haute vallée du Po. Nouvel accroc, cette fois c'est un Italien qui l'a vendu. Apprenant par les maquisards de Pellice que le SD le recherche, il s'abrite dans sa brigade, gardant en permanence une grenade dans sa poche, déterminé à se faire sauter si d'aventure il était pris.

L'intervention du capitaine Oherne le tire encore d'affaire. Le gendarme des neiges, promu sous-lieutenant, est muté dans le département voisin, les Basses-Alpes. On lui confie en charge la section de Barcelonnette. Pour peu de temps. Avec l'accord implicite de sa nouvelle hiérarchie, il défroque une nouvelle fois, prend au maquis la tête de la 4e compagnie de montagne FFI, qu'il prépare pour le grand combat. Quand viendra cet ordre, c'est dans les vallées et les sommets de l'Ubaye qu'il accomplira son devoir. Un secteur très chaud, animé par un bon nombre d'autres soldats bleus. Leur chef ? Le capitaine Maurice Lavenant, de Digne, qui avait battu le rappel dans les brigades du département et celles du Var voisin, en se présentant ainsi : « Je suis un gendarme insoumis, je fais l'objet d'un mandat d'arrêt ; je vous invite à me suivre, mais n'oubliez pas votre matériel ! » Parmi ces volontaires qui l'ont épaulé dès la fin de l'hiver 43-44, Emile Poutot, Charles André et Lucien Bernard, brigade des Arcs, dans le Var, Germain Gourci et Jean Castelain, brigade moto de Draguignan, André Toussaint et Pierre Dumas, brigade moto de Fréjus.

Le 6 juin, aucun témoin n'a assisté au conseil des ministres extraordinaire qu'avait présidé Pierre Laval, quand la nouvelle du débarquement allié en Normandie avait gagné Vichy. Une certitude : séance expédiée en moins d'une heure. Une probabilité ; le chef du gouvernement avait dû constater qu'il ne pourrait vraiment compter que sur un seul partenaire déterminé, Darnand, son pion majeur. Il l'a intronisé sur l'instant secrétaire d'Etat à l'Intérieur.

Faute d'armée à mobiliser, le nouveau promu s'est empressé d'appeler tous les francs-gardes bénévoles de sa milice à rejoindre leurs collègues déjà encasernés. Cette levée ne pouvait impressionner : « Huit mille hommes supplémentaires », estimera Jacques Delperrie de Bayac, dans son ouvrage, *Histoire de la milice.* « Au total, trente mille hommes enrégimentés sous le gamma », surenchérira pourtant Laval, en s'adressant par radio à la population. Une allocution dont la teneur a pu se résumer en une phrase : « N'écoutez pas les appels insidieux qui vous seront adressés, n'aggravez pas la guerre étrangère qui commence sur notre sol par une guerre civile, vous provoqueriez des représailles dont le gouvernement serait impuissant à atténuer les rigueurs. »

Effectif gonflé ou non, Darnand n'ignorait pas que sa milice ne pourrait suffire pour maintenir partout à flot le régime vichyste. Le 8 juin, il prononce d'abord une philippique adressée aux autres forces de l'ordre, visant ceux qui s'aviseraient de désobéir, concluant sans nuances : « Nombreux parmi ceux qui ont obéi aux appels de Londres ont déjà payé de leur vie leur trahison. Loin de servir leur pays, ils ont aidé à le détruire. Que ceux qui hésitent comprennent leur devoir. Faute de quoi, nous frapperons encore plus fort. » Puis il édicte une volée d'arrêtés. La plupart destinées à la police officielle, aux polices parallèles, aux GMR. L'un concerne exclusivement la gendarmerie. Rien d'original ! Un succédané, en plus ambitieux, de ses desseins antérieurs. Il ordonne le regroupement des soldats de la loi, leur commande d'abandonner leurs brigades, de se rassembler par compagnies dans les chefs-lieux d'arrondissement ou de département...

A peine connus, la menace de mort et l'ukase sèment la confusion chez les gendarmes. Au premier chef, à la direction de l'arme. Le général Martin est choqué. Ses commandants de légions, à l'exception de certains, montrent leur hostilité. Un bon nombre de préfets, même ceux qui sont proches de Darnand, jugent ce regroupement imposé aberrant : il laissera le champ libre aux « terroristes » dans une grande part du pays. Les maires des campagnes sont atterrés quand ils apprennent que leurs communes seront privées de leurs brigades, qu'ils devront se partager à plusieurs la présence d'un seul sous-officier, maintenu sur place pour assumer les fonctions administratives. La population rurale elle-même prend peur. Plus de bouclier pour la protéger. Elle pense en l'occurrence davantage aux malandrins qu'aux maquisards. Lorsque les rumeurs soulevées par son arrêt lui reviennent, Darnand se ravise. Subitement conscient des inconvénients que provoque cette mesure, il propose de la moduler, d'en laisser l'initiative aux préfets régionaux. Mais c'est trop tard. Il a déclenché une hémorragie. Celle des insoumis. L'ultime degré de la désobéissance pour tous les militaires. A plus forte raison chez les soldats bleus.

A l'instar de la plupart des effusions de sang, cette rébellion massive va sourdre d'abord par des épanchements discrets. Le général Martin, directeur de l'arme, redoutant une telle réaction de révolte, a cru judicieux de ne confirmer aux commandements l'ordre de regroupement assorti de menaces que le 12 juin, le complétant maladroitement par une sommation à l'obéissance totale : « Toute critique devra être réprimée. Aucune conversation à caractère politique ne devra être tolérée. » Pour alerter son monde, il a dû recourir aux estafettes, procédé antédiluvien rendu nécessaire par le sabotage des lignes téléphoniques imputable au réseau NAP chez les employés des PTT. Des cautères inutiles.

Le téléphone arabe, lui, a déjà fonctionné. Les gendarmes des brigades ont appris de la sorte par les résistants qu'un message du général Marie Pierre Kœnig, nommé responsable des FFI par la France libre à Londres, venait d'avertir tous les réseaux : « Alerte. Tenez-vous prêts. » Un bon nombre parmi eux ont pris ce mot d'ordre à leur compte.

Jusqu'alors, hormis ceux d'entre eux qui avaient dû impérativement passer à la clandestinité pour sauver leurs vies, les soldats bleus, que tentait l'appel de l'ombre, avaient été le plus souvent dissuadés de sauter le pas par les chefs des maquis. Qui tiraient un profit manifeste de la présence d'amis sûrs dans les brigades. « Ne rejoignez pas, vous êtes très utiles sur place », arguaient ces derniers. Mais, dès le 8 juin, dans la plupart des régions, leurs consignes ont été débordées. Se donnant à eux-mêmes le feu vert, des gendarmes ont bouclé leurs sacs, choisi l'insoumission.

Cas exemplaire : le Lot. Toute la gendarmerie, à l'exception de deux cantons, sympathisait depuis longtemps avec la dissidence. L'un des patrons locaux de cette dernière, Robert Noireau, qui milita d'abord à l'Armée secrète avant de tourner FTP, avait freiné avec peine des postulants de la maréchaussée. Comme ses confrères du département, il avait ainsi bénéficié de sources de renseignements sans pareilles, disposant pratiquement d'un agent de liaison gendarme dans chaque unité territoriale. Le 8 juin, toutes ces brigades, sauf une, ont rallié. Celle de Gourdon, menée par le lieutenant Gauthier, celle de Labastide-Murat, suivant le margi-chef Delteil, ont joint le corps franc Pommiès avec leurs armes. A Gourdon, encore, le groupe de formation de la gendarmerie maritime, replié depuis peu dans cette ville, a emboîté le pas à Gauthier. Depuis avril 1944, le chef de cette unité, le capitaine de corvette Digard, avait contacté l'état-major de Pommiès, négocié le passage en totalité de son école. De son côté, le lieutenant gendarme Rivoalan l'avait précédé, accompagné par vingt-trois élèves gendarmes.

Ce flux est né par la force des choses chez les gendarmes de la Manche le 6 juin. Lorsque la guerre a submergé le territoire couvert par leurs brigades. Coupés du commandement, ils ont écouté la voix de leur conscience, ont protégé aussitôt du mieux possible les civils immédiatement éprouvés, bombardés, en dégageant et évacuant les blessés, en identifiant les morts, prévenant les pillages. Ils se sont mis aussi au service des Alliés, les renseignant sur les concentrations et les champs de mines de l'adversaire, les guidant sur le terrain, désarmant et assemblant les prisonniers, contribuant au nettoyage des positions ennemies, à l'installation des hôpitaux de campagne, concourant au ravitaillement en carburant et munitions. Bref, des missions dans leurs cordes.

Dans l'Ouest, les gendarmes du Morbihan ont réagi ce même jour comme leurs collègues normands. A l'instigation de Paul Chenailler. Le successeur de Maurice Guillaudot à la tête du réseau Yodi a soulevé sans mal la compagnie de Vannes, acquise depuis deux ans à la cause des Alliés, bien qu'elle ait été reprise en main par un officier pétainiste après l'arrestation de son commandant. Quelques jours plus tard, c'est plus de la moitié de la légion de Bretagne, de Brest jusqu'à Saint-Malo, puis Rennes, qui optera pour l'insoumission. Elle assistera les commandos du ciel de Georges Bourgoin, engagés à Saint-Marcel, aux côtés des maquisards bretons.

Le lieutenant-colonel Vernageau, intégré au maquis du Languedoc après son renvoi de la gendarmerie par la milice, a négocié dès le 8 juin, avec les responsables régionaux de la résistance, le passage à la dissidence de cinq compagnies de gendarmes. Celles de l'Hérault, de la Lozère, de l'Aveyron, de l'Aude et des Pyrénées-Orientales. Elles quitteront leurs bases sur appel de la France libre, à Londres, au gré des besoins des insurgés, participeront aux escarmouches et combats, formeront des prévôtés, répondront de l'ordre dans les zones graduellement libérées.

Dans l'Isère, le 12 juin, lorsque parvient à la section de Grenoble la ratification par le général Martin de l'ordre de regroupement, la moitié de l'effectif de la gendarmerie décide d'adhérer à la résistance. Les départs s'effectueront par blocs, à l'échelon de base, les brigades. Processus identique dans le Gard, section d'Alès. Quand cet ordre de regroupement parvient aux brigades, trois d'entre elles s'éclipsent sur-le-champ. Les six autres, capitaine de l'unité en tête, les rallieront un mois plus tard. Dans la Creuse, l'Allier, le Puy-de-Dôme, la Haute-Loire et le Cantal, plusieurs brigades ont également filé à l'anglaise sans tergiverser, sachant bien qu'elles prendraient vite leur part du prix du sang.

Le lieutenant Sanvoisin, attaché à l'état-major gendarmerie de la Loire, vétéran de l'Armée secrète, épaulé depuis des mois par l'adjudant Jouffraix engagé à ses côtés en clandestinité, avait mené par avance une précautionneuse opération de prospection parmi les soldats bleus du département, en vue de l'assistance à apporter aux maquis. Cette tournée de sélection a pris fin en avril 1944, au sein des sections de Montbrison et de Saint-Etienne. Sanvoisin avait déterminé à une unité près le nombre de volontaires qui le suivraient. Ce moment venu, le 12 juin, quand sonne l'ordre de regroupement, pas de surprise ; la moitié de l'effectif lève le pied. Les autres suivront, un mois plus tard.

Le tiers des officiers de la 9e légion qui tenait cinq départements — Charente, Charente-Maritime, Deux-Sèvres, Vendée, Vienne —, soit cent soixante et une brigades, contribueront à faire basculer une bonne part de leur personnel au même moment. Cette région, la Poitou-Charentes de jadis, cisaillée par une large zone interdite le long de son littoral, bordée à l'est par la démarcation, avait souffert de l'occupation depuis 1940. Appuyant les résistants, la gendarmerie locale avait largement contribué à favoriser les fuites des traqués, à accueillir les parachutages. Elle ne pouvait manquer cet ultime rendez-vous imposé par les événements.

La légion d'Aquitaine participe aussi à cet éclatement des structures, dont les effets vont se mesurer jusqu'au mur des Pyrénées. De même celles qui contrôlaient l'Armagnac, le Périgord, la Marche et la Touraine, le Maine et l'Orléanais. Au sud et au nord de la Seine, zones concernées par la poussée prochaine des armées alliées, des gendarmes aussi vont se déclarer insoumis, par vagues grandissantes. D'autres suivront en Provence, dans la vallée du Rhône, les Alpes, en Franche-Comté, au Limousin, en Bourgogne, au Jura, en Champagne, dans la Somme, et tous les départements du Nord, de l'Est.

Le 6 juin 1944, lorsque les Alliés ont pris pied en Normandie, la gendarmerie ne comptait déjà plus que sur un effectif de trente-neuf mille hommes, dont un millier d'officiers. L'indice, s'il en était besoin, que les insoumissions antérieures furent plus nombreuses que la hiérarchie ne l'avait reconnu jusqu'alors. La garde ? Moins de six mille hommes. Autre signe indiquant que l'action de retournement entreprise par le chef d'escadron Rémi Robelin avait aussi commencé à porter ses fruits. A la fin de ce premier mois de l'été 1944, marqué par le début de la reconquête du pays, on peut avancer, suivant quelques rares auteurs spécialistes de l'histoire de l'arme, que douze mille gendarmes et gardes se sont déclarés insoumis, qu'ils ont épousé la cause des Alliés, choisi la résistance sans se préoccuper de l'obédience des réseaux et des maquis qui les ont accueillis. Les autres suivront ensuite, au gré de l'évolution de la bataille de France.

Cette estimation sera-t-elle prochainement confirmée par le Service historique de la gendarmerie nationale ? Il dispose, enfin, des archives du corps. Un gisement sans prix, longtemps inaccessible en raison de l'obligation de réserve, cadenassé à l'abri d'un casernement dans une sous-préfecture de l'Indre — Le Blanc. Ce pactole, actuellement en cours de triage, de classement, de mise en forme du catalogue, devrait être progressivement ouvert aux chercheurs et chroniqueurs.

A ce moment, de nouveaux documents éclaireront mieux le rôle de la gendarmerie durant l'occupation. Ils enrichiront aussi la connaissance globale de ce que fut le temps de la résistance.

Celui de la libération restera, en revanche, toujours malaisé à étudier. Les dossiers n'abondant guère. A cause des insoumissions de la maréchaussée. Même si beaucoup d'entre elles furent brèves. Quelques jours parfois, quelques semaines le plus souvent. Les gendarmes, en effet, sur ordre du général Kœnig, s'empressaient de regagner leurs bases, après les décrochages graduels dans leurs régions des occupants se repliant vers le Rhin. Pour assurer de nouveau la sécurité des personnes et des biens, reprendre leurs fonctions administratives essentielles. Toutefois, durant leurs absences, plus de mains courantes ni de journaux de marche tenus scrupuleusement dans les brigades. Ni de rapports destinés à la hiérarchie. Ni d'informations sur la vie profonde des arrondissements et des cantons.

C'est à ce moment, pourtant, que le SSM — Service de sécurité militaire — qu'avait imaginé Paul Paillole à la demande de Giraud, que le colonel Navarre avait implanté en France grâce à l'appui du capitaine de gendarmerie Demettre, était entré aussi en action. Dans tout le pays. Avec ses mille cinq cents agents de base. Tous des gendarmes. Afin de limiter les exactions qui ne pouvaient manquer de naître.

Parce que les interruptions locales du service ordinaire de la maréchaussée, dues aux engagements d'un grand nombre de gendarmes aux côtés des résistants, ont permis à certains de profiter prestement des occasions offertes par cette époque, exaltante et décevante. Une autre histoire. Longue, âpre. Comme le fut la délivrance de la nation. Une période de bonheur, de tumultes, de fureurs. Marquée par la brutale implosion du régime vichyste. Par l'épuration sans discernement, que mirent à profit les murènes de la collaboration pour forcer sans peine les filets qui ne cueillirent souvent que des ablettes. Par les déchaînements des matamores et des tondeurs de femmes tolérés pour faire oublier les dénonciations, les compromissions, les petites lâchetés de la population, toutes classes confondues, quand résonnaient encore les bottes ferrées. Par les parades des résistants de la dernière heure, les courses au pouvoir, le réveil soudain des politiciens ambitieux, les projets de conquête de certains partis. Le tout scandé par les tonnerres et les déchirements de la bataille opposant les Alliés aux Allemands battant en retraite dans la moitié nord du pays.

Doublée par un second débarquement en Provence, le 15 août 1944, la campagne de France durera six bons mois. Strasbourg, dernière grande ville symbolique française libérée une première fois le 23 novembre 1944, ne le sera définitivement que le 24 janvier 1945. Et Colmar, le 6 février. Les poches résiduelles ennemies sur l'Atlantique, à Royan, Rochefort, La Rochelle, Saint-Nazaire, Lorient, et Dunkerque sur la mer du Nord, tomberont le 8 mai 1945. Bilan : cent trente-cinq mille soldats alliés tués, dix mille FFI, sans doute quarante mille victimes civiles, dont la moitié par canonnades ou bombardements, et plus de deux cent mille soldats allemands.

Avant qu'elle ne prenne fin, avant même que la capitale ne soit libérée, le 25 août 1944, Kœnig, commandant des forces françaises en Grande-Bretagne, délégué militaire du gouvernement provisoire de la République française, avait pourtant, par mesure de sauvegarde, créé une nouvelle direction de la gendarmerie ; décision prise le 21 juillet 1944. Le lieutenant-colonel Girard, assisté par le capitaine Demettre, a bénéficié passagèrement de cette promotion. A ce moment à Vichy, tandis que Pétain, Laval et leurs complices faisaient leurs malles pour gagner Belfort, puis Sigmaringen en Allemagne, le général Martin occupait encore ce poste. Une situation sans exemple dans les annales de l'arme. Elle perdurera jusqu'au 25 septembre. Ce jour-là, Martin sera suspendu de ses fonctions, en attendant sa révocation. Le 1er novembre, le lieutenant-colonel Meunier occupera la place de directeur général, au « 19 », le siège rénové du corps, boulevard de Latour-Maubourg, à Paris.

Pour sa part, celui qui sauva le statut de l'arme en zone occupée durant l'été 1940, qui rendit ensuite des services inestimables à la maréchaussée et à bon nombre de ses personnels, l'infatigable Sérignan, promu lieutenant-colonel, accompagnera la 2e DB du général Philippe de Hauteclocque, dit Leclerc, jusqu'à Strasbourg. Lorsque cette métropole sera redevenue française, le défenseur du corps rapatriera et réorganisera la gendarmerie en Alsace et en Lorraine.

12

Les derniers morts

Malgré le retentissement de ces événements en Europe, les échos de cette période de frénésies parviennent amortis en Indochine. Quinze mille kilomètres séparent la France des rivages de la mer de Chine méridionale. L'autre bout du monde. Seule la radio permet de gommer prestement une telle distance. Toutefois, peu de gens en métropole se soucient de maintenir ce contact hertzien régulier avec la lointaine colonie. Là-bas, quelque soixante-dix mille ressortissants nationaux, des civils, mais aussi des militaires et parmi eux des gendarmes, restent néanmoins à l'écoute. Ils aspirent à rappeler qu'ils existent toujours. Car s'ils savent depuis le début de 1945 que la patrie est presque totalement libérée des chaînes qu'imposèrent les Allemands, eux vivent encore à l'heure de Vichy, sous la houlette de l'amiral Jean Decoux, gouverneur général de l'Etat français.

Paradoxe. Parce que la République française est rétablie ! Le général de Gaulle dirige son premier gouvernement provisoire depuis un semestre. Son autorité est reconnue par les Alliés. Du moins, pour ce qui concerne la France. Il n'a pas été invité à la conférence de Yalta, organisée par Staline. Pourtant, au cours de cette réunion, du 4 au 11 février 1945, des décisions relatives à la fin de la guerre, capitales, ont été prises dans le palais rococo de cette station climatique sur la mer Noire, où les tsars, jadis, aimaient flâner.

L'Occident n'a été représenté que par Churchill et Roosevelt. Le président américain, déjà moribond — il s'éteindra deux mois plus tard —, qui maîtrise toujours mal son antipathie envers l'opiniâtre combattant qui imposa la France libre, s'était opposé à sa participation. Churchill a plié. Cela a permis à Staline de profiter pleinement du découpage léonin de l'Europe de l'Est, qu'il avait par avance élaboré. Depuis toujours, les hommes paient sans le mesurer vraiment le comportement de certains grands, qui devient aberrant pour cause de phobies grandissantes, de vieillissement ou de maladies tournant à l'incurabilité.

Depuis six mois, aussi, le maréchal Pétain a été transféré par les Allemands à Sigmaringen, Bade-Wurtemberg. Il réside, parmi sa cour, au château ducal des Hohenzollern. Et préside, assisté par Laval, une « commission gouvernementale » censée prolonger son autocratie à l'agonie. En Indochine, son représentant officiel, l'amiral Jean Decoux, trône néanmoins toujours au palais Norodom, à Saigon.

Ce n'est pas la seule singularité, en l'occurrence. Les petits satrapes de l'administration vichyste infligent encore leurs méfaits à la population autochtone, vingt-deux millions d'Annamites, de Tonkinois, de Cochinchinois, de Laotiens et de Cambodgiens. De même qu'à leurs concitoyens, aux troupes coloniales et à la maréchaussée. Ils collaborent aussi, comme l'ont fait leurs semblables jusqu'alors en métropole avec les Allemands. Eux, c'est avec des Japonais. Une armée. En vertu d'un statut saugrenu qu'avait accepté Pétain. Ces soldats étrangers ne sont pas vraiment des occupants en titre. Toutefois, ils prennent leurs aises. Cela, depuis longtemps. Bien que les autres armadas nipponnes plongent en déroute un peu partout dans les archipels du Pacifique Sud, ceux-là ne sont pas davantage réduits à merci. Au contraire. Jamais ils ne se sont montrés plus dominateurs.

La situation de l'Indochine, il est vrai, n'avait satisfait personne quand la Troisième République s'était effondrée en 1940. Le général Georges Catroux, jadis fin connaisseur de cette partie du monde, gouverneur à Saigon durant la désastreuse campagne de France, avait rallié de Gaulle et la France libre dès le 17 juin. Pétain avait alors confié le poste devenu vacant à Jean Decoux, pacha de la flotte d'Extrême-Orient, le nommant par surcroît haut-commissaire dans le Pacifique. Darlaniste convaincu, Decoux n'écouta que son leader durant les dix-huit mois passés par ce dernier aux commandes, à Vichy. Quand Laval revint aux affaires, il avait agréé ce nouveau tuteur. La dépendance volontaire manifestée par l'Etat français envers Hitler, allié majeur de l'Empire du Soleil Levant, aurait pu, en principe, épargner cette colonie. En fait, les Japonais s'étaient infiltrés partout dans ce territoire. Arsène Henry, ambassadeur de Pétain à Tokyo, leur avait largement ouvert la porte dès le début de 1941.

Officiellement, ils n'étaient que des « hôtes ». Qui s'étaient invités eux-mêmes en ces lieux, pour mieux bloquer le ravitaillement de la Chine, avec laquelle ils étaient entrés en « guerre non déclarée ». Un diplomate, Matsumoto, représentait l'Empire à Saigon, afin de donner le change. En pratique, ils avaient carrément transformé l'Indochine en base arrière. Depuis le Tonkin, ils balayaient la frontière chinoise et la Birmanie. L'une de leurs escadres, basée en continu dans la rade de Cam Ranh, mouillage incomparable, battait le littoral de l'Annam. Usant de la Cochinchine et du Cambodge comme d'un porte-avions, ils surveillaient le golfe du Siam, la mer de Chine méridionale, la Malaisie, les Philippines et Bornéo. Leur immixtion, grandissante, ne connaissait plus de limite. Ils y mettaient, en conquérants potentiels, de moins en moins de formes.

Faute d'une attitude musclée de la part de Decoux, l'administration vichyste, prête à toutes les compromissions, s'était accommodée des outrages. Les notables autochtones opinèrent, impénétrables, déjà retournés par le leitmotiv que clamaient les propagandistes de Tokyo : « L'Asie aux Asiatiques ! » Il n'en alla pas de même avec la troupe française. Une force dérisoire comparée aux hordes nipponnes. Moins de vingt mille hommes éparpillés sur un territoire plus vaste que la France, 740 000 km^2 contre 550 000 à la métropole. Parmi ces militaires, le 5e régiment étranger et le 9e régiment d'infanterie coloniale au Tonkin, le 11e RIC à Saigon. Qui dressèrent la crête. Des incidents répétitifs avec les essaims japonais devenant trop remuants l'avaient attesté.

La gendarmerie, de son coté, était réduite à quia. Parce qu'elle était encore plus démunie : cent trente-six gendarmes et gradés pour toute la Cochinchine, le Cambodge et Saigon ! Soixante-sept gendarmes et gradés pour l'Annam, le Tonkin et Hanoï ! Une trentaine au Laos ! Cette poussière de soldats bleus, appuyée par quelque cinq mille supplétifs locaux, s'en était pourtant donné. Toujours sur le pont. A constater les réquisitions illégales. A diligenter les enquêtes appelées par les plaintes des planteurs, des industriels et des tribus paysannes, tous accablés par les rapines de la soldatesque étrangère, des investigations qui n'aboutissaient jamais, les magistrats vichystes se refusant ensuite à instrumenter. Des gendarmes surveillaient également de près, quasi pour leur propre compte, les suspects qui fricotaient avec la Kempeitaï, mélange de SD et de Gestapo. Avec ce poing de fer, Tokyo manigançait à loisir, poussait des camarillas locales de tous poils en quête de pouvoir personnel, sous couvert d'un « honorable » nationalisme en germe.

Au sein de cette maréchaussée, elle-même tenue à l'œil par sa direction, pétainiste, certains aussi avaient résisté très tôt. Autant contre l'administration vichyste que contre les Japonais. Servant du mieux qu'ils pouvaient la cause des Alliés. Parmi eux, le capitaine Jean d'Hers. Un Méridional originaire de Toulon. Trente-cinq ans, en ce début de 1945.

Orphelin très tôt, pupille de la nation, Jean d'Hers avait cinq ans lorsque son père fut tué à Verdun en 1915, et dix ans quand sa mère, Jeanne Bertrand, fut emportée par une maladie. Bien qu'il fût confié à l'une de ses grands-mères, il s'était élevé seul. Doué, il avait étonné ses enseignants au lycée de Toulon par l'étendue de ses aptitudes. L'armée, qui avait également détecté ses capacités, allait en bénéficier. Engagé à dix-neuf ans, admis à Saint-Cyr, il en sortit parmi les meilleurs de sa promotion en 1931. La même année, en septembre, il épousa une Varoise, Marie-Thérèse Rebaudo, à La Valette, banlieue de Toulon. Puis il alla roder sa première barrette au 141e régiment d'infanterie alpine, à Grenoble. Aspiré par le SR, il entra aussi en renseignement, une chapelle qu'il ne quitterait plus. Comme Sérignan avant lui. Reçu à l'Ecole d'application de la gendarmerie en 1935, promu lieutenant, il avait choisi l'Indochine l'an suivant.

Destin tracé. Par goût de l'aventure. Parce que ce jeune officier était également incollable sur l'histoire des Chams, au temps de Marco Polo. Des Khmers, au Cambodge. De Rigault de Genouilly, qui conquit la Cochinchine. De Francis Garnier, qui l'imita à Hanoï. Des Pavillons Noirs, qu'il fallut vaincre à plusieurs reprises pour instaurer le protectorat sur l'Annam, le Tonkin, le Cambodge, le Laos. Du gouverneur Paul Doumer, qui avait ensuite valorisé ce fabuleux pays.

Affecté à la province de Cantho, en Cochinchine, non loin de Saigon, sur le Bassac, appellation donnée au bras occidental du delta du Mékong, Jean d'Hers coula d'abord un séjour supposé paisible aux côtés de sa jeune épouse et de leurs premiers enfants — ils en auront sept, le dernier mourra de dénutrition à moins d'un an en 1944. En apparence, il courait la région, étudiait la géographie du Sud cochinchinois, approchait les ethnies locales, potassait les clivages ancestraux qui les opposaient ; missions habituelles du gendarme, là-bas. Plus discrètement, en contact continu avec le SR marine et le 2e Bureau de la division, à Saigon, il avait entrepris d'observer et d'analyser les comportements politiques de toutes les communautés qui agitaient l'Indochine depuis plus d'une décennie. Une vraie mission de professionnel du renseignement. Dans son collimateur, les trois tendances qui empoisonnaient la colonie.

La première, le caodaïsme, avançait masquée en religion. Un cocktail de bouddhisme, de spiritisme, qu'avait fondé un illuminé taoïste, Ngô van Chiêu, en 1926. Sous les habits dorés, un attrape-tout idéologique, pernicieux. Le caodaïsme avait un pape — c'était son titre — nommé Hô-Phap Pham Cong. Celui-ci régnait sur un oratoire principal installé à Tay-minh, en Cochinchine, qui attirait par vagues des millions de pèlerins. Inlassablement, Hô-Phap Pham Cong leur dispensait son catéchisme. Pas de surprise : il prêchait un nationalisme fuligineux. Toutefois il n'œuvrait pas pour son propre compte. L'homme clé de l'affaire était un riche négociant cochinchinois : Van Trung. C'était pour lui que roulait cette communauté agissante, puissamment armée par ailleurs ; il voulait le pouvoir.

Le deuxième mouvement ressemblait en miroir au caodaïsme. Une secte religieuse, encore. Elle s'appelait Hoa Hao, le nom du village natal du « prophète » qui l'avait inspirée : Huyn Phu Sô, surnommé le bonze fou. Elle prônait officiellement un bouddhisme réformé. Et, sous l'autel, un nationalisme extrémiste. Elle disposait également d'une milice, prête à se vendre au plus offrant, d'un réservoir de truands alimenté par les pirates qui infestaient le golfe du Siam et la mer de Chine méridionale.

La troisième organisation, plus orthodoxe, avait sa base à Moscou : les communistes. Le PC indochinois avait été fondé en 1930 par un apparatchik aux identités multiples : Nguyên Ai Quôc, ou Nguyen Tat-thanh, lors de cet enfantement (il prendrait le nom d'Hô Chi Minh, « qui apporte la lumière », en 1945). Né à Nghé-An, au nord de l'Annam, en 1890, émigré en France au temps de la IIIe Internationale, il devint un stalinien pur sucre. Le petit père des peuples lui donna du galon chez les principaux barines du Komintern en Extrême-Orient. Il séjournait le plus souvent en Chine depuis 1930. C'est depuis ce pays qu'il fomentait, fréquemment allié aux caodaïstes, aux factieux du Hoa Hao, les séismes sociaux qui ébranlaient périodiquement l'Indochine.

Ce travail exploratoire et ses qualités de gendarme valurent une promotion rapide à Jean d'Hers ; capitaine. Appelé à Saigon en 1938, attaché au détachement gendarmerie du commandant Fribourg-Eynard, il poussa ses enquêtes jusqu'au Cambodge et au sud de l'Annam, nourrissant ses dossiers. Une recherche interrompue en 1939 par la déclaration de la guerre. D'Hers déposa aussitôt une demande pour aller combattre en métropole. Rejetée. Fribourg-Eynard avait besoin de tout son monde pour répondre aux exigences de Paris : lever d'urgence huit mille tirailleurs et vingt mille ouvriers, puis les expédier sur Marseille. Cela malgré les troubles qui ne cessaient d'agiter les populations. Sous la pression conjuguée des caodaïstes et des communistes, les manifestations de rues s'amplifièrent durant la « drôle de guerre », à l'autre bout de la planète. Plus violentes de mois en mois. L'écroulement de la République, la fondation de l'Etat français, la nomination de l'amiral Decoux comme gouverneur général avaient figé momentanément tous les esprits.

Cette trêve ne dura guère. Dès novembre 1940, les communistes déclenchèrent une nouvelle rébellion dans leurs sanctuaires de Mytho et d'Hoc Mon, étendirent la révolte aux provinces voisines. On crut d'abord que la répression, qui incomba aux marsouins et aux marins, à laquelle participa le petit peloton des vingt gendarmes du capitaine Lacomme, fit seule cesser ces émeutes. Elles s'éteignirent d'elles-mêmes, étrangement, voire opportunément, avec l'irruption sournoise des Japonais au printemps 1941...

A Saigon, cet événement avait déterminé Jean d'Hers. Jusqu'alors, il avait hésité, tenté toutefois par conviction de suivre la voie Catroux, de rallier la France libre. Ses charges de famille l'avaient retenu. Restait désormais une autre solution : comme l'avait fait de Gaulle passé à Londres pour montrer le chemin, c'était l'honneur et le salut de la France que de résister. De combattre sur place le régime de Vichy et les Japonais. De participer à la reconquête que mèneraient inéluctablement les Alliés.

Cette dissidence avait commencé à Saigon dès le mois de décembre 1940. Le réseau « Graille », qui portait le nom du lieutenant-colonel qui l'avait lancé, s'était spontanément constitué, couvert par le Service des archives militaires. A Hanoï, le réseau « Maupin », créé au même moment, arborait la même couleur, celle du gaullisme, s'était abrité au sein du Service des statistiques. Des connexions liaient les deux antennes. Quelques gendarmes avaient aussitôt adhéré.

Jean d'Hers, les imitant, était entré au « Graille » à Saigon. Il retrouva parmi les clandestins — quatre-vingts membres au total — quelques connaissances devenues des amis : Dupré, directeur d'un garage à Cantho ; Decamp, directeur d'une distillerie ; Albert Gressier, un riziculteur ; Legaut et Trual, employés à la société Antonin Emeri ; Silvestre, administrateur à Camau ; Morreti, brigadier des douanes à Baclieu ; Paccini, inspecteur de la sûreté dans la même ville ; Gendre, ingénieur hydraulicien à Rach-gia ; le docteur Leca, à l'hôpital de Sadec ; Charbonnier, régisseur du marché dans cette cité ; Anduze, lieutenant de réserve, devenu ingénieur au cadastre à Saigon. Le capitaine d'Hers trouva immédiatement sa place à l'état-major de cette confrérie. Qui l'avait incorporé en qualité d'agent P2, le nommant ensuite chargé de mission de 1re classe.

Sa personnalité, son allant, son expérience en matière de SR donnèrent un sérieux coup de fouet à l'entreprise. Il la renforça en installant des relais avec des gendarmes en place au Cambodge. Tel le maréchal des logis-chef Charles Vançon, à Kep. Son ami, le margi-chef Lavialle. Le margi-chef Berruet, à Prabat Cheam Chum. Le gendarme Nicolas, l'un des plus jeunes de l'arme, arrivé en 1940, un coureur de brousse inné. Les lieutenants Noël et Abadie suivirent, à Phnom-Penh. Comme le chef Merle, les adjudants Gotaly et Bauchez, à Kampot, qui entraînèrent les gendarmes Ferry et Lerouvillois, dans la cinquantaine tous deux, doyens de l'arme en Indochine. Les gendarmes du Sud Laos, à Paksé, rallièrent aussi. En Cochinchine même, à Long-Xuyen, Jean d'Hers invita l'adjudant Charles Levenard, le chef Andrieux et le gendarme Raymond Livoreil à le rejoindre. Le chef

Roger Courtet, adjoint au chef du poste de Thu Dau Mot, les accompagna d'emblée. A Bac-lieu, station du littoral verrouillant la pointe de Camau, c'est le chef Roger Rethoret qui se mit à sa disposition. Chacun d'eux mobilisa les gendarmes auxiliaires locaux attachés au territoire qu'il couvrait. Une solide résille s'étendit de la sorte, au sud de l'Indochine.

L'apport de Jean d'Hers et de ses compagnons allait se mesurer sans tarder : moisson de renseignements militaires, politiques, économiques. Le réseau « Graille », équipé d'émetteurs radio, riche par ailleurs en informateurs bien placés dans l'entourage de l'amiral Decoux et celui du personnel de l'ambassadeur japonais Matsumoto, entra en relation avec les Britanniques, qui avaient transformé Singapour en Gibraltar de l'Extrême-Orient. Il révéla aux Anglais la date de l'attaque japonaise prévue sur Pearl Harbor, le 7 décembre 1941. Puis celle de l'invasion des Philippines, le 15 janvier 1942, qui les concernerait directement. Par le même canal, les Britanniques avaient également appris l'extinction du phare de Poulo Obi, sur son minuscule îlot, si précieux pour la navigation aux abords de la pointe de Camau, à l'extrême sud de la Cochinchine.

Après la chute de Singapour, c'est par la Birmanie que le trafic radio du « Graille » transita vers les Britanniques. Ils apprirent de la sorte que les Japonais avaient implanté de nouveaux aérodromes à Soctrang, en Cochinchine. A Krakor, à Siem, à Kompong Trach, au Cambodge. Ce qui leur permit de les bombarder. Quand la Birmanie tomba, ils reçurent en continu, via la Chine et Calcutta, les informations concernant la navigation des unités japonaises sur le Mékong, depuis son delta jusqu'aux rapides de Khône, à la frontière du Laos. Ils furent tenus au courant, par le même canal, de l'étendue progressive des prélèvements économiques exercés par le Japon dans toute l'Indochine avec l'accord implicite de Vichy, ce qui leur permit d'attaquer les convois nippons, jusqu'à ce que les forces américaines puissent prendre le relais.

L'activité déployée par Jean d'Hers, toujours sur les routes, ne pouvait manquer d'intriguer Fribourg-Eynard, son supérieur à la gendarmerie. Même s'il en ignorait la teneur, de même que celle des liens entretenus par le capitaine avec le SR marine et le 2e Bureau, le commandant subodora qu'il servait la cause des Alliés. L'explication entre ces officiers, sans témoin, ne dut cependant pas manquer de piquant ; d'Hers n'était pas de ceux qui se laissaient dominer. En mai 1942, viré de Saigon par mesure disciplinaire, il regagna Cantho, son premier poste dans le delta du Mékong. Une mutation qui devait constituer une sanction. Elle ne pouvait que favoriser mieux ses menées secrètes. Maître de ses mouvements, protégé par ses gendarmes, il allait user de sa liberté.

Durant près de deux ans, les Alliés anglo-américains recoururent moins à la résistance française en Extrême-Orient. La conséquence de leurs replis dans le Pacifique. Débordés par la marée nipponne, ils avaient d'autres soucis en tête que le sort de l'Indochine. Ils n'effectuèrent ainsi qu'une cinquantaine de parachutages, n'envoyèrent qu'une soixantaine d'agents de liaison depuis Calcutta et la Chine, dépêchés en priorité au Laos et au Tonkin. Le réseau « Maupin », le réseau « Graille » bornèrent leurs efforts à contrecarrer le régime vichyste, à maintenir leurs escarmouches contre les Japonais. Avec le changement du rapport des forces au Pacifique Sud au début de 1944, la rébellion avait retrouvé des couleurs. Le général Mordant, à la retraite, reprit du service occulte à la demande du Comité d'action à Alger, devint responsable de la résistance pour l'ensemble « Indo », implanta sa base à Saigon puis à Hanoi. Les Britanniques et les Américains mirent la main à la pâte, réactivèrent trois réseaux, au nord, « Bjerring », « Mingant » et « Lan », lancèrent le réseau « Plasson » au sud. Une provende bienvenue pour les gendarmes en dissidence larvée, qui se croyaient oubliés.

C'est à ce moment qu'en Cochinchine le capitaine d'Hers pensa à organiser un réduit dans la province couverte par son poste. En stratège avisé, il savait que la résistance intérieure ne suffirait jamais à bouter seule les Japonais hors de l'Indochine. Elle se devait en revanche de contribuer à une invasion prochaine des Alliés. En facilitant par exemple leur accès depuis l'Inde sur le Cambodge et la Cochinchine occidentale, ou bien directement sur le littoral oriental de la Cochinchine ou de l'Annam. Dans ce but, il songea donc à créer par avance une base apte à recevoir du ravitaillement et du matériel par mer, qui pourrait muer éventuellement en tête de pont. Le lieu choisi : les abords de la mangrove de Camau, ce triangle qui pointe dans la mer de Chine méridionale. L'univers des marais et des forêts. Il en connaissait les moindres recoins. Depuis des mois, il y avait aménagé, en prévision, des caches d'armes et d'explosifs.

Nommé à la tête du service Action dans l'Ouest cochinchinois, en décembre 1944, il s'était ouvert de son projet au capitaine Blanc, de la mission française à Calcutta, messager des Alliés, débarqué clandestinement chez lui. Il avait également emporté l'adhésion du lieutenant de vaisseau Gaxote, du SR marine, celle du capitaine Beauvallet, du 2e Bureau, à Saigon. Le général Delsuc, commandant les troupes de Cochinchine, approuva à son tour. Un mois plus tard, première réunion, à son instigation. Elle assembla Montaigut, administrateur de la province de Cantho, le chef de bataillon Langellier-Bellevue, le capitaine de corvette Minvielle. Au début de février 1945, ils avaient arrêté une tactique commune pour contrôler la navigation sur le Bassac, en vue de la bloquer. Vingt jours plus tard, le capitaine Blanc revint de Calcutta. L'aval des Alliés n'était plus un leurre ; le projet plaisait. C'est à ce moment qu'un événement inattendu fit exploser ce dessein. Il allait marquer l'histoire de l'Indochine.

Le 8 mars 1945, tandis qu'à Paris le général de Gaulle digère mal sa déconvenue provoquée par la conférence de Yalta, une information radio filtre à Saigon. Elle émane de la capitale française, via Nouméa, en Nouvelle-Calédonie. Les services secrets américains ont déchiffré un message de

Tokyo. Le général Hideki Tôjô, chef du gouvernement et de l'état-major impérial aurait ordonné à son armée « installée » en Indochine de désarmer sur-le-champ toutes les garnisons françaises, d'occuper militairement cette colonie. Un de ces coups de force coutumiers au Japon de ce temps. A ce Tôjô, samouraï extrémiste indécrottable. L'Empire du Soleil Levant se sait perdu, à terme. Le déroulement de la guerre l'indique. Il dévastera quand même ce territoire, usant de l'abomination, sa patte habituelle. C'est cette politique qui aura caractérisé le règne du cent vingt-quatrième empereur nippon, Hiro-Hito : la fameuse ère Shôwa, dite « de brillante harmonie ».

Le 9 mars 1945, à 19 heures, l'ambassadeur nippon Matsumoto se présente, en effet, à la résidence saigonnaise de l'amiral Decoux, porteur de cet ultimatum. Pris au gîte, Decoux est paralysé. Comme le sont, à Hanoï, le général Aymé et le général Mordant, interpellés au même moment.

A 20 h 45, ce même soir, les troupes japonaises attaquent simultanément toutes les positions françaises, qui n'ont pas été alertées, sont saisies dans leurs cantonnements. Les Nippons frappent. A Hanoï, à Haïphong, à Moncay, à Vinh, à Hué, à Qui-Nhon, au cap Saint-Jacques, à Thu-Dau-Mot. Partout. Le massacre généralisé. Des morts par centaines. De la pire façon. Au Tonkin, les généraux Sabatier et Alessandri, à la tête d'une colonne hâtivement constituée, parviennent à forcer leurs lignes puis filent sur la Chine. Ailleurs, c'est l'horreur. A Langson, vieille cité fortifiée, six cent quarante-trois tués sur sept cent soixante défenseurs ; leurs chefs, le général Lemonnier et le colonel Robert, ainsi que le résident Auphelle, sont décapités. Au sabre. A Dong-Dang, les cent quatre-vingt-dix marsouins et bigors du chef de bataillon Soulié subissent le même sort. Au sabre, encore. Crimes de guerre caractérisés. La sauvagerie. Parmi les victimes, des gendarmes aussi. Exécutés de la même façon. Les prisonniers sont encaqués dans des camps, déjà aménagés en sites concentrationnaires. Au nord, une poignée de légionnaires parvient à prendre la brousse, ralliera la colonne Alessandri en fuite. Parmi les gendarmes de l'Annam, dix-neuf trouveront un abri aléatoire au Laos. Au nord de la Cochinchine, quelques-uns, comme Roger Courtet, se sont provisoirement fondus dans la nature, erreront durant un bon mois, mais seront dénoncés, livrés. En une trentaine d'heures, à peine, la présence militaire française a été balayée de l'Indochine.

L'unique lieu où les Japonais ne se soient pas engagés sur l'instant est précisément ce Bassac qu'occupe le capitaine Jean d'Hers. Ils craignent cette zone trop acqueuse, un univers fluide et hostile ; canaux, marécages, rizières flottantes formant des îles, végétation dense propice aux embuscades. Ils se bornent à en cadenasser les entrées, en regroupant leurs forces à Chaudoc, poste-frontière avec le Cambodge à l'ouest, à Vinh Long, sur le bras antérieur du Mékong, au nord.

Dès ce 9 mars, à Cantho, le capitaine d'Hers a appelé l'un de ses amis à la rescousse, Girardot, riziculteur à Bac-lieu, lui a confié la garde de sa femme, de ses six enfants, espérant qu'il pourra les cacher dans son domaine. L'esprit plus libre, il a dressé ensuite son plan de bataille, avec l'appui de l'administrateur Montaigut. Il rameute ses gendarmes, les brigades de la garde civile, quelques policiers, trois cents tirailleurs et deux cent cinquante marins. Le gendarme Réthoré le rejoint avec une centaine de supplétifs levés en hâte à Long-Xuyen. Point de ralliement : la décortiquerie de Xano, sur le domaine de la famille Gressier, des riziculteurs. Ce groupement mixte du Trans-Bassac va tenir le réduit de Camau que d'Hers avait commencé à aménager. Son commandement revient au capitaine de corvette Minvielle, qu'assiste le chef de bataillon Langellier-Bellevue. Ils installent leur PC le 11 mars à Long My. La compagnie du capitaine Charrier bouche l'accès nord du dispositif, à Thot-Not. Celle du capitaine Savani obture le sud, contrôlant les routes menant à Bac-lieu et Phu-Loi.

Les liaisons, les reconnaissances et les destructions des ouvrages d'art reviennent au capitaine d'Hers. Nul ne connaît mieux son domaine. Des gendarmes l'accompagnent ; son fidèle Detter, margi-chef, à ses côtés depuis 1938, Michel Bétaille, le margi-chef Ravelle et Michel Sylvestre. La marine lui a confié un canot à moteur, le *Saint-Eloi*, camouflé en sampan de rivière, armé d'un canon de 25 mm, de quatre fusils-mitrailleurs 24/29. Trois marins pour équipage ; les seconds maîtres Martel et Letoullec, le quartier-maître Guillou. Huit gendarmes annamites complètent son peloton.

Le capitaine installe son bivouac dans les marais, le confie à la garde des Annamites, décide de s'en prendre d'abord au pont de Cay Nac, qui permettrait aux Japonais de percer au nord du réduit, à Go-Quao. L'opération est engagée dans la nuit du 12 mars. Les trois marins conduisent le *Saint-Eloi* au moteur, puis à la godille, pour approcher plus silencieusement l'objectif que protègent les Nippons. Ravelle reste au canon. D'Hers et Detter parviennent à la nage sous le tablier de fer de l'ouvrage, ligaturent aux piles leurs musettes bourrées de plastic, allument les cordeaux et s'éclipsent. Le *Saint-Eloi* s'est à peine éloigné quand l'explosion retentit. Ils ont vu large : route coupée, garde japonaise volatilisée.

Deux soirs plus tard, dans la nuit du 14 au 15 mars, c'est une autre voie possible de pénétration par Cay Rang qui subit le même sort. Imparable. Le pont-route est pulvérisé. Le dépôt de carburant qui jouxtait l'objectif a également sauté. Les Japonais, furieux, ont appelé des renforts de Saigon, entreprennent d'explorer les abords, guidés par des paysans.

Par précaution, la nuit suivante, d'Hers déplace son bivouac vers l'ouest, s'installe à proximité de Phuong Binh, un village où il compte quelques relations sûres parmi la population. Dans le même temps, Ravelle, Bétaille et trois gendarmes annamites vont repérer son dernier objectif, le pont de Phuong Hiep. Cette fois, l'opération promet d'être plus ardue ; l'ouvrage est situé au cœur de l'agglomération, qui abrite de surcroît un cantonnement provisoire nippon, une unité fortement armée. A 3 heures, dans la nuit du

17 mars, tandis que Ravelle et quatre auxiliaires annamites déclenchent à distance une fusillade de diversion, d'Hers, assisté par Detter et Trung, l'un de ses supplétifs, anéantit cet ultime point de passage capital pour le réduit tenu par les troupes de Minvielle. La réaction japonaise cette fois est violente. Deux bataillons mobilisés. Ratissage des villages environnants, pillage, survol aérien, intervention des partisans Hoa Hao. Ils se déchaînent, ratent d'Hers qui a abrité son petit monde à l'ombre de Phuong Binh. Mais ils ont ouvert une brèche dans le dispositif de Minvielle, sur l'arroyo de Tra-Ban, ce qui peut leur permettre de prendre à revers le carrefour fluvial de Nga-Nam. Danger pressant.

Le 19 mars, après accord de Minvielle, d'Hers va entreprendre de colmater cette possibilité d'intrusion inattendue. Le *Saint-Eloi* est armé en guerre. Tout son peloton à bord. L'embarcation quitte son mouillage au petit jour, embouque le canal de Quang Lo. La brume de l'aube le protège. Mais peu de temps. Deux compagnies japonaises tiennent les berges, ouvrent un feu croisé. Le personnel de d'Hers riposte. Une vedette fluviale intervient, lance la chasse. Ravelle la détruit au canon ; deux obus de 25 bien placés. Le *Saint-Eloi* est poussé à fond, l'équipage déclenche un tir roulant, ils vont déborder les troupes nipponnes, s'éloigner ; la machine tombe en panne ! Les marins tentent, en vain, de relancer le moteur. Après avoir couru sur son erre sur une cinquantaine de mètres, l'embarcation s'immobilise puis dérive, chassée vers l'une des berges par le courant. Les Japonais, cette fois, vont submerger les capacités de défense de Jean d'Hers.

Le gendarme Etienne Bétaille meurt le premier ; une balle au front. Puis deux gendarmes annamites. Pendant une quinzaine de minutes, un rideau de projectiles maintient à distance les Nippons. Les munitions à bord du *Saint-Eloi* s'épuisent. Jean d'Hers s'effondre, tué sur le coup. Detter, touché à son tour, s'écroule sur son capitaine. Les autres combattants sont tous atteints peu après. Les Japonais halent l'embarcation avec des gaffes. Se ruent à bord. Lardent les corps à la baïonnette. S'acharnent, sabrent, transpercent. Les dépouilles sont jetées sur la rive, déshabillées. Abandonnées.

Parmi les cadavres, un survivant : Michel Sylvestre. En piètre état. Atteint par quatre balles, portant deux blessures à la baïonnette, il s'était évanoui. Il ne bouge pas durant huit heures, attend la nuit. Puis il se laisse glisser dans le canal, se laissant emporter par le courant. Touchant terre, enfin, il se traîne et parvient à rejoindre le bivouac. Le planteur Dupré le découvre, le soigne. Avec peine, il raconte la tragédie, précise l'endroit. Le lendemain, deux prêtres catholiques de la communauté de Soc Trang, les pères Girodet et Haloux, donnent une sépulture aux morts sur les lieux de la tuerie.

Les défenseurs du réduit qu'avait conçu Jean d'Hers résisteront jusqu'au 27 mars aux assauts des Japonais, supérieurs en nombre et en matériel. Les survivants se rendront.

Marie-Thérèse d'Hers et ses six enfants seront découverts chez le riziculteur Girardot, par des paysans qui les dénonceront à la Kempeitaï. Arrêtés, ils seront libérés deux jours plus tard, ramenés à Cantho. Le corps de Jean d'Hers sera également rendu à sa famille ; elle le fera provisoirement inhumer à Cantho, auprès de son septième enfant, un petit garçon, décédé un an auparavant.

Le 2 septembre 1945, le Japon capitulera. Hideki Tôjô, qui dirigea l'Empire durant tout le conflit en Extrême-Orient, sera traduit devant un tribunal international militaire. Reconnu coupable de crimes de guerre, il tentera de se suicider, échouera, finira exécuté en décembre 1948.

En Indochine, les troupes japonaises se rendront aux forces britanniques du général Gracey le 15 août 1945, au sud du seizième parallèle ; celles qui étaient massées au Tonkin iront aux Chinois. Les prisonniers militaires et gendarmes français détenus dans les camps de concentration nippons ne seront libérés que le 22 août. L'un de leurs tortionnaires, le lieutenant Okada, arrêté et jugé comme criminel de guerre, sera pendu en octobre. De nombreux déserteurs nippons auront rejoint et armé les bandes d'irréguliers qui sèmeront durant quelques semaines la terreur dans les villes du Cambodge, du Sud Annam, en Cochinchine. Les milices « révolutionnaires » d'Hô Chi Minh seront officiellement armées par les Japonais vaincus sur place, en vertu du mot d'ordre que fit propager Tôjô : l'Asie au Asiatiques... Ultime cadeau empoisonné, dont pâtiront les Français. Quand les troupes venues de la métropole avec le général Leclerc relèveront les forces anglaises de Gracey, le 15 septembre 1945, les appels à la méfiance émanant des rescapés de la gendarmerie et de l'armée seront négligés, sous-estimés, très vite s'estomperont. Bientôt, une nouvelle guerre embrasera l'Indochine...

Le 22 janvier 1946, sur proposition personnelle du général Leclerc, le capitaine de gendarmerie Jean d'Hers, « résistant de la première heure », comme le dira la citation le concernant, sera promu compagnon de la Libération à titre posthume par Charles de Gaulle. Le 6 septembre 1949, sa dépouille et celle de son petit garçon, transférées en France, seront définitivement inhumées à Toulon. L'honneur d'évoquer la mémoire de son camarade, ce jour-là, reviendra à un autre compagnon admis dans cette chevalerie aux couleurs de deuil et d'espérance, le colonel Paulin Colonna d'Istria, commandant la 9e région de la gendarmerie.

Hommage

On estime donc à douze mille le nombre des gendarmes qui se sont engagés dans les combats de l'ombre. Discrètement. Mais activement. A ce titre, trois d'entre eux, Maurice Guillaudot, Paulin Colonna d'Istria, Jean d'Hers, ont été nommés compagnons de la Libération. Un quatrième, Auguste Kirmann, a été également admis dans cet ordre, autant pour son comportement au feu avec le 1er Bataillon d'infanterie de marine que pour sa résistance en brigade. Toujours au même titre, trois cent soixante autres gendarmes ont reçu la médaille de la Résistance ; trois cent cinquante et un, la croix de la Légion d'honneur ; mille soixante, la médaille militaire ; quatre mille huit cent cinquante-deux, la croix de guerre, avec citations.

L'Etat d'Israël, pour sa part, a rendu les honneurs aux gendarmes qui secoururent des juifs durant le conflit. Sept d'entre eux ont reçu sa médaille des Justes : le chef d'escadron Maurice Berger, l'adjudant-chef Marcellin Cazals, le maréchal des logis-chef Etienne Roch, le maréchal des logis-chef Camille Thibault, les gendarmes Raymond Rigaud, Alain Bonneau et Camille Mathieu. Des caroubiers portent aussi leurs noms, mêlés aux milliers d'autres arbres votifs qui enserrent le mémorial Yad Vashem, à Jérusalem.

Beaucoup ont versé leur sang, donné leur vie, en prix de cet engagement. Ainsi, dix officiers, trois cent vingt-huit sous-officiers et soldats du rang ont été fusillés par les Allemands. Vingt-deux officiers, quatre cent trente et un sous-officiers et hommes du rang ont disparu en Allemagne ; le plus grand nombre dans les camps de concentration nazis, certains exécutés en prison. Quelque trois cent cinquante autres gendarmes ont été tués en opérations sur le sol national par les occupants, et lors des combats ultimes à la libération. Parmi les déportés français revenus des camps de concentration nazis, on a aussi compté neuf cent vingt gendarmes momentanément rescapés : deux officiers généraux, dix officiers supérieurs, quatorze officiers subalternes, huit cent quatre-vingt-quatorze sous-officiers et hommes du rang. En revanche, le nombre des gendarmes tués par les Japonais en Indochine pendant la Seconde Guerre mondiale, de ceux qui ont disparu dans les camps nippons, reste mal connu.

La revue *L'Essor de la Gendarmerie nationale*, n° 250, a présenté en novembre 1994 un document intitulé « Le devoir de mémoire ». Il concernait les identités des victimes du corps. Un obituaire, établi par la direction de la gendarmerie, tiré des premiers états récapitulatifs de l'époque. De ce fait, malheureusement incomplet. Notamment pour ce qui concerne les gendarmes résistants tués par les Japonais en Indochine. Nous publions à notre tour — avec l'assentiment de la direction de *L'Essor* — les noms d'un grand nombre de ces volontaires. En hommage. Une liste augmentée de quelques ajouts grâce aux recherches de l'adjudant-chef Duplan, mémoire vivante de cette arme, conservateur du musée de la gendarmerie, à Melun.

Fusillés pour faits de résistance.

Aimard Alexandre, maréchal des logis-chef. Aperce André, garde. Arnaud René, mdl-chef.

Barrau André, gendarme. Béal Marcel, mdl-chef. Berle Emilien, mdl-chef. Bernard Lucien, mdl-chef. Bilot Raymond, gendarme. Bodineau Germain, gendarme. Borgia Valentin, garde. Bouchet Hippolyte, gendarme. Bourgon

Louis, gendarme. Bourrel Jean, gendarme. Bouteiller Gustave, gendarme. Bracco Jean, gendarme. Buatois Robert, gendarme.

Carlier Paulin, gendarme. Castermant Charles, gendarme. Castex Marcel, gendarme. Cazemayor Pierre, mdl-chef. Celerier Henri, gendarme. Chalaye Léon, gendarme. Chauvet Louis, gendarme. Chavanne Paul, gendarme. Chevalier Henri, gendarme. Clachet Marcel, gendarme. Clesse Georges, gendarme. Combet Lucien, adjudant. Constant Mathias, adjudant. Copienne Georges, garde. Courrech Henri, mdl-chef. Courtois Jean, gendarme.

Dagonnet Gaston, gendarme. Dagorne Antoine, gendarme. Daumas Adrien, gendarme. Decerle Aimé, gendarme. Defontaine Louis, gendarme. Delhaye Robert, mdl-chef. Delichere Henri, mdl-chef. Delos Jean, garde. Depape Roger, gendarme. Dosnon Roger, gendarme. Douret Georges, gendarme. Duchatel François, gendarme. Duquerroix André, gendarme. Duverdier Henri, gendarme.

Empereur Alfred, gendarme. Escoffier Henri, gendarme.

Fau Louis, gendarme. Favede Marceau, gendarme. Fergeault Paul, gendarme. Foliguet Bertrand, gendarme. Fontesse Jean, gendarme. Forestier Fernand, gendarme. Fraisse Jean, gendarme. François Antoine, garde. Fruchart Emile, gendarme.

Gamonet Jean, gendarme. Gaucher Antoine, gendarme. Georges Jean, gendarme. Gerin Georges, garde. Gloux Raymond, lieutenant. Gojon Jean, gendarme. Guillaume Georges, gendarme. Guillot Pierre, gendarme. Guy Jean, gendarme.

Heinrich Charles, garde. Henry Marcel, adjudant. Hervé Edouard, gendarme. Hillairet Armand, garde. Humetz Paul, gendarme.

Jamet Jean, lieutenant. Januel, capitaine. Janneret Raymond, gendarme. Jourdan Georges, gendarme.

Kempf André, mdl-chef.

Lambert Roger, garde. Lavenant Maurice, capitaine. Lavergne Georges, gendarme. Leblanc Pierre, gendarme.

Le Borgn Henri, gendarme. Le Bourges Joseph, gendarme. Leroux Louis, garde. Lescoat Albert, gendarme. Lespinasse Louis, mdl-chef. Lipmann Henri, gendarme. Loctin Fernand, mdl-chef. Loriaux Raymond, gendarme. Lunot Noël, gendarme.

Malaviolle Lucien, gendarme. Martin Germain, Paul, Camille, capitaine. Martin Georges, capitaine. Martin Jules, gendarme. Martinache Edouard, gendarme. Menochet Pierre, gendarme. Meyer Marcel, garde. Millet Jean, gendarme. Morel Alfred, capitaine. Morel Henri, gendarme. Mourisset Pierre, gendarme. Munier Frantz, gendarme.

Novellini Joseph, garde.

Offner Robert, gendarme.

Pages Victor, gendarme. Pailhole Marius, gendarme. Patry Raymond, gendarme. Perrin Martial, gendarme. Petiot Jean, adjudant. Pichaud Michel, gendarme. Pirodeau Amédée, gendarme. Priquet Louis, capitaine.

Raby Jean, Baptiste, colonel. Raulin Léon, gendarme. Rebilly Pierre, mdl-chef. Revollat René, garde. Reyneau Valentin, gendarme. Robert Henri, gendarme. Rolland Etienne, garde.

Saint-Martin Armand, gendarme. Savant-Ros Achille, gendarme. Seveno Pierre, gendarme.

Tessier Aimé, gendarme. Thimonier Joseph, gendarme.

Vergnolle Auguste, gendarme. Verines Jean, chef d'escadron. Villemin Roger, gendarme. Vincent, mdl-chef.

Wallior Fernand, gendarme.

Exécutés en Allemagne
Morts en déportation.

Abollivier (ou Abovilier) Yves, gendarme. Alablanche Auguste, adjudant. Allemandet Louis, gendarme. Alrivie Edmond, gendarme. Amet Louis, gendarme. Andreau Jean-Baptiste, gendarme. Audouin Fernand, sous-lieutenant.

Balay Albert, gendarme. Balin André, gendarme. Ballaire Marcel, mdl-chef. Barbe Emile, mdl-chef. Bathias Henri, capitaine. Baudoin Kléber, adjudant. Beaugeois Ernest, gendarme. Beclère François, gendarme. Bédart Maurice, gendarme. Berger Maurice, chef d'escadron. Bernard Henri, capitaine. Bernardin André, gendarme. Beroud Jean, gendarme. Berrue Jacques, mdl-chef. Bertrand Benoît, adjudant. Bertrand Gabriel, capitaine. Bertrand Jean, gendarme. Bidart Jean-Pierre, gendarme. Blaise Jacques, gendarme. Blondet Emile, gendarme. Bocher Lucien, adjudant. Bodevin Félix, adjudant. Boisse Estève, adjudant. Bonnaudet Denis, adjudant. Bonsergent Henri, gendarme. Bossot Alexandre, gendarme. Bouche Léon, mdl-chef. Boudot René, gendarme. Boulme Octave, gendarme. Boulogne Philippe, mdl-chef. Bourdoiseau Marie, adjudant. Bourles François, gendarme. Bouthors Gilbert, adjudant. Bouyer Berthy, gendarme. Briard Henri, gendarme.

Cabon Alain, gendarme. Calalifaud Aimé, garde. Calvar Jean Marie, gendarme. Cantot Albert, gendarme. Capdeville Michel, gendarme. Carles Armand, gendarme. Caron Charles, garde. Caron Robert, lieutenant-colonel. Carpentier Gustave, gendarme. Cartigny Pierre, sous-lieutenant. Castelain Elie, garde. Celerier Raoul, gendarme. Chaillou Célestin, gendarme. Chalou Pierre, gendarme. Chareyre Pierre, garde. Charlot Edouard, mdl-chef. Charton Claude, gendarme. Chayot Henri, gendarme. Chevalon Georges, gendarme. Claverie Pierre, gendarme. Clech Joachim, lieutenant-colonel. Clerc Pierre, adjudant-chef. Clevy Adrien, gendarme. Cognard André, élève gendarme. Colin Camille, mdl-chef. Collet Francis, gendarme. Collinet Emile, gendarme. Comte Xavier, gendarme. Couzinet Henri, gendarme. Cravec Emile, gendarme.

Damien Marius, gendarme. Daniel Jean, mdl-chef. Danjean Olivier, gendarme. Danton Camille, gendarme. Darrieutort Jean, gendarme. Dauge Jean, gendarme. Dauquier Louis, lieutenant. Dautrey Jules, gendarme. Debiais Louis, mdl-chef. Dechaine Gaston, gendarme. Dechaume André, garde. Delefosse Emile, gendarme. Delmas Jean, chef d'escadron. Deloison Henri, gendarme. Demaison Jean, gendarme. Demaline Marcel, mdl-chef. Deplanque Pierre, gendarme. Derrien Jean, gendarme. Descamps Henri-Clotaire, capitaine. Desvignes Jean-Marie, gendarme. Detharet Maxime, gendarme. Detoux Georges, mdl-chef. Domball Nicolas, gendarme. Donan Pierre, garde. Donet Jean, adjudant. Doom Pierre, mdl-chef. Doulcier Marcel, gendarme. Drouard Nicolas, mdl-chef. Duberger René, gendarme. Ducluzeaud Germain, gendarme. Duloue Joseph, mdl-chef. Duperray Jacques, gendarme. Dupont Fernand, adjudant. Dupont Nicolas, adjudant. Durand Jean-Baptiste, gendarme.

Eckert Aloyse, gendarme. Eyer Joseph, gendarme.

Faivre Norbert, élève gendarme. Ferré Alfred, gendarme. Ferry Joseph, gendarme. Feyne Jean, garde. Flour Joseph, gendarme. Fontfrede Antoine, lieutenant-colonel. Fouasson Jean, mdl-chef. François Germain, gendarme. Frumin Robert, capitaine.

Gallais Célestin, gendarme. Garin Maxime, gendarme. Gauffenic, capitaine. Genier Jean, gendarme. Gérard Albert, gendarme. Gerby Amédée, gendarme. Gervais Jacques, gendarme. Godard Gilbert, mdl-chef. Grenier Jean, gendarme. Grivilers Charles, mdl-chef. Guillemoto Rogatien, gendarme. Guillo André, adjudant-chef. Guizot, garde.

Hacques Jean, gendarme. Hamon Auguste, gendarme. Haudebergau Octave, gendarme. Haxaire Pierre, mdl-chef. Holdrich Gustave, gendarme. Hospital Henri, garde. Humbert Lucien, gendarme. Huntzinger Raymond, adjudant.

Jabaud Léonard, gendarme. Jame Eugène, mdl-chef. Jauveau Maxime, gendarme. Jean André, garde. Jouan Maurice, chef d'escadron. Jouany Marcel, gendarme.

Keller Maurice, capitaine. Kerhervé François, chef d'escadron.

Labeur Gérard, élève gendarme. Lagescarde Sylvain, mdl-chef. Lagrange Fernand, gendarme. Lagrange Louis, gendarme. Lamanthe Louis, gendarme. Langlo Jean, gendarme. Lebrun Henri, gendarme. Le Cair Alban, gendarme. Le Cam Joseph, adjudant. Le Dortz François, gendarme. Leflour Marcel, sous-lieutenant. Le Gac Noël, gendarme.

Le Gal Jules, adjudant. Leguern Yves, gendarme. Lejeune François, adjudant. Lemesre Marcel, gendarme. Leroy Paul, gendarme. Le Stanguennec Jean-Marie, gendarme. Letablier Jean, sous-lieutenant. L'Horset Louis, gendarme. Limouzin Raymond, lieutenant-colonel. Lucas Constant, gendarme. Luguern Yves, gendarme.

Marchal André, gendarme. Maréchal Jean, adjudant-chef. Maress Georges, garde. Marienne Edmond, gendarme. Marienne François, adjudant-chef. Marmet Adrien, mdl-chef. Martin Arthur, gendarme. Martin Joseph, gendarme. Math Pierre, gendarme. Maucourt Eugène, gendarme. Maurin Alban (ou Jean), gendarme. Mianne Guillaume, lieutenant. Mignon Jean, mdl-chef. Moisan Pierre, gendarme. Monneret André, gendarme. Monneret Auguste, gendarme. Morand Francis, capitaine. Moreau, capitaine. Morelle René, gendarme. Morvan Jean-Marie, gendarme.

Nesmond Henri, gendarme. Nicolas Ange, adjudant-chef. Nicolas Louis, adjudant. Nicolas René, lieutenant. Nouque Henri, mdl-chef.

Oviste Antoine, gendarme.

Pargade Jean-Marie, adjudant. Paris Raymond, mdl-chef. Parisot René, gendarme. Partarrieu Laurent, gendarme. Paulze Pierre, gendarme. Petit Henri, garde. Pierre Joseph, mdl-chef. Piette Victor, gendarme. Pigeon Modeste, élève gendarme. Pinault Henri, adjudant. Piquet Désiré, gendarme. Planchais Jean-Baptiste, mdl-chef. Pouchan Camille, gendarme. Priouzeau Eugène, mdl-chef.

Quatresous Gilbert, gendarme. Quenesson Joseph, élève gendarme.

Raguenes Hamon, gendarme. Rappenecker Charles, gendarme. Rault Joseph, gendarme. Ravoyard René, garde. Rebillon Marcel, gendarme. Redien Désiré, adjudant-chef. Renouf Auguste, mdl-chef. Respaud André, élève gendarme. Reuter Edmond, élève gendarme. Rigoulet Albert, gendarme. Roche Valentin, garde. Rollet Francis, gendarme. Rolot André, gendarme. Rousset Roger (ou Georges), gendarme. Roux Jean, garde. Rouxel Joseph, gendarme. Royer Louis, gendarme.

Sauzet Pierre, élève gendarme. Sellin Louis, adjudant. Senepart Robert (ou Pierre), adjudant. Seneuze Pierre, gendarme. Sureau Marc, gendarme.

Teyber Joseph, gendarme. Thirion Roger, gendarme. Thoreau Gaston, gendarme. Tourteau Firmin, mdl-chef. Toussaint Louis, mdl-chef. Traffey Marius, gendarme. Tremblay Louis, mdl-chef.

Valadaud Georges, élève gendarme. Vernet Julien, gendarme. Vessières André, lieutenant-colonel. Veyssières Jean, gendarme. Vigneron Armand, gendarme, Villeminey André, gendarme. Vitoux René, gendarme. Vivier Alexandre, gendarme.

Watel Paul, gendarme. Wattier Robert, gendarme. Weisgerber André, élève gendarme.

Tués par les Allemands en France.
Tués par les Japonais en Indochine.

Abadie Henri, mdl-chef. Acin-Sanchez Michel, garde. Adamiste André, garde. Agen Kléber, mdl-chef. Alain René, gendarme. Alegre Henri, garde. Alexandre Georges, gendarme. Allier Louis, garde. Allouis Raymond, gendarme. Amiot Jean-Marie, gendarme. André Jacques, gendarme. Andregnette Pierre, mdl-chef. Andrieux Gabriel, gendarme. Apesteguy Jean, gendarme. Appriou Marcel, gendarme. Arimont Hubert, garde. Armand Joseph, mdl-chef. Arnal Didier, garde. Amaune Arthur, gendarme. Aubert Pierre, gendarme. Aubey Georges, garde. Aubouy Roger, mdl-chef. Aubriot, mdl-chef. Ausseur Bernard, capitaine.

Bachelet Albert, garde. Bachelet Henri, garde. Bachimont Edmond, gendarme. Badet François, garde. Bailleux Pierre, lieutenant. Balaire Léon, gendarme. Baldit Clément, garde. Balle Henri, adjudant. Baloup Charles, garde. Barbin Emile, garde. Baron Armand, garde. Barraud René, gendarme. Barret André, gendarme. Barthel Léonard, garde. Basset Lucien, garde. Baudin Justin, gendarme. Baudry Louis, garde. Baumann René, garde. Beauchet Henri, gendarme. Beaume Denis, garde. Beaumont Léonce, gendarme. Beaurepaire Georges, lieutenant. Beauvais Léonce, garde. Becar Clodomir, gendarme. Belledame Jean, garde. Benel Roger, garde. Berge Charles, gendarme. Berlan Basile, adjudant. Bernard Pierre, mdl-chef. Bertaud Henri, gendarme. Berthome Louis, gendarme. Berthoux André, gendarme. Bertrand Eugène, garde. Bertrand Joseph, gendarme. Bertrand Marcel, garde. Bertrand Pierre, garde. Bertrand Raymond, gendarme. Besnier Jean, gendarme. Betaille Etienne, gendarme. Bétaille Michel, Beteille Antoine, garde. Biancheri Adrien, garde. Biere Emile, garde. Bietry Marcel, garde. Biger Pierre, garde. Blain Louis, garde. Blaise Edouard, gendarme. Blaize Serge, garde. Blanchard André, mdl-chef. Blanchard Marcel, garde. Blazy Georges, garde. Bleas François, garde. Bleuzen Joseph, gendarme. Blondiaux André, garde. Blot Marc, garde. Bodilis Marcel, garde. Bodin Georges, gendarme. Boes Robert, gendarme. Bœuf Pierre, gendarme. Boizet Auguste, gendarme. Bollore Mathieu, garde. Bongeot René, adjudant. Bonhommet Raymond, gendarme. Bonnafe Jules, garde. Bonnet Elie, adjudant-chef. Bonnet Marie, gendarme. Bonniec Raymond, garde. Bonnière Marcel, adjudant. Bonin Emile, gendarme. Bord Louis, garde. Borreil Pierre, gendarme. Boscher Robert, garde. Bossoutrot Régis, garde. Bouchacourt Joseph, gendarme. Bouchand Georges, gendarme. Bouchenard Pierre, gendarme. Bouchet Marcel, gendarme. Boudin Kléber, gendarme. Bougaud Jean-Pierre, garde. Bouillard Clément, garde. Boulze Léon, mdl-chef. Bouny Marcelin, garde. Bour Guillaume, garde. Bourchanin Ferdinand, mdl-chef. Bourgeois André, gendarme. Bournet de la Vallée Bernard, gendarme. Bourlier Georges, garde. Bourvon (ou Borvon) Marcel, gendarme. Bouzereau Louis, gendarme. Boyer Roger, garde. Brasquer Pierre, gendarme. Brasselet Victor, garde. Brenon Léon, mdl-chef. Briand Maurice, garde. Brianza Louis, adjudant-chef. Briot Emile, mdl-chef. Briot Jean, mdl-chef. Brobeck Louis, garde. Brouard Robert, garde. Brunet Louis, mdl-chef. Bruschini Jean, garde. Buart Joseph, mdl-chef. Buatoy

Pierre, garde. Buisson François, gendarme. Bully Robert, garde. Bultel Jean-Marie, garde. Burckel Charles, gendarme. Buriez Alexandre, gendarme. Bury Paul, gendarme. Busson Georges, mdl-chef.

Cabelguenne Roger, gendarme. Cabestaing Jean, garde. Cacherat Abdon, gendarme. Cadarec Jean, garde. Cadene Vincent, gendarme. Calamel Jacques, garde. Camberlin Jules, gendarme. Cambours Georges, lieutenant. Camus Pierre, garde. Canac René, gendarme. Canitrot Raymond, gendarme. Capdeville Emile, garde. Caradec Bénoni, gendarme. Caradec Jean-Marie, gendarme. Carer René, gendarme. Carraze Joseph, mdl-chef. Carton Pierre, garde. Cartron Louis, adjudant. Cassan Paul, garde. Catteaud René, capitaine. Cauchois Antoine, garde. Caulet François, mdl-chef. Cazal Aimé, garde. Ceillier, garde. Cevaër Jean, gendarme. Chaillet Marie, gendarme. Chaldivan René, capitaine. Champion Arsène, mdl-chef. Chappon Jean, élève garde. Charlez Joseph, garde. Charlier René, garde. Charpentier Florentin, mdl-chef. Charpentier Gervais, garde. Charras Fernand, gendarme. Charraz Marcel, gendarme. Charrier Albert, garde. Chasles Serge, garde. Chassang Marius, gendarme. Chatel, capitaine. Chatelier Elie, garde. Chauffour Jean, garde. Chauffoux, garde. Chavanel Henri, gendarme. Chazalmartin Ernest, gendarme. Chelle Louis, lieutenant. Chevalier Pierre, capitaine. Chevalier Roger, mdl-chef. Chevolleau Auguste, garde. Chiraux Georges, garde. Chircen René, garde. Cholet Georges, capitaine. Gustave Cholet, gendarme. Cholley Jean-Marie, gendarme. Clairgironnet Jean, mdl-chef. Clais Jean, gendarme. Clenet Gérard (ou Max), garde. Clerc Raymond, gendarme. Cliquet Florimond, garde. Cluzel Gilbert, garde. Cochon Marcel, gendarme. Coet Paul, gendarme. Coilin Marcel, gendarme. Colin Jean, garde. Collet Louis, sous-lieutenant. Collet Marie, garde. Collignon Georges, mdl-chef. Colomb Auguste, garde. Conan Cyprien, garde. Coninckx Ulysse, adjudant. Conrath André, gendarme. Constant Pierre, garde. Convel Charles, gendarme. Coquelin Henri, garde.

Coquerel Edmond, gendarme. Cordelois Henri, mdl-chef. Cortiel Serge, gendarme. Corvoisier Jean, garde. Coulais Désiré, garde. Coulon Henri, adjudant. Coupaye Jean, mdl-chef. Courlet Elie, gendarme. Courrou Abel, garde. Coussaud Octave, mdl-chef. Cremoux Jean, gendarme. Creunoux Jean, gendarme. Culnaert Jean, garde. Cunat René, gendarme.

Dailly Gaston, adjudant. Dalval Léon, garde. Damon André, garde. Daniel Jean, mdl-chef. Dartevel Roger, gendarme. Daubercies André, gendarme. Daval Léon, garde. Dave Géry, gendarme. David André, garde. David Georges, gendarme. Debille Joseph, garde. Decamme André, gendarme. Decamps Arthur, garde. Decamus Roger, mdl-chef. Decorsaire Marc, garde. Decourty Robert, gendarme. Decout René, gendarme. Dedecker Fernand, garde. Dehots Jean, garde. Defaix André, gendarme. Defforge Alexandre, gendarme. Defranoux Pierre, gendarme. Defretin Jean, gendarme. Dejean Henri, garde. Delacre Aimé, gendarme. Delangre Marcel, gendarme. Delanoy Gustave, garde. Delavergnas Marcel, garde. Delbort Georges, adjudant. Deldique Jean, garde. Delettrez Pierre, garde. Delgrange Daniel, garde. Delor Pierre, gendarme. Delord, adjudant. Delpal, capitaine. Delpuech Jules, mdl-chef. Delvigne Pierre, garde. Demai Fernand, mdl-chef. Demenu Jean-Baptiste, garde. Demeusy Maurice, mdl-chef. Demichel Jean, garde. Demoncy Rémy, gendarme. Demoulin Pierre, gendarme. Denis Charles, mdl-chef. Deparday André, mdl-chef. Deregnaucourt André, garde. Derly Augustin, mdl-chef. Derouette Paul, gendarme. Desclair Jean, gendarme. Deshayes Théodore, gendarme. Detter, mdl-chef. Deutzer Hugo, garde. Devaux Albert, garde. Dezier Jean, garde. Dietsch Alfred, gendarme. Digoin Lazare, garde. Dilmann Joseph, gendarme. Dislaire Jean, élève gendarme. Divanac'h Yves, garde. Domecq Joseph, garde. Dommelier René, gendarme. Dorin Charles, garde. Dormet Adolphe, garde. Dourneau Augustin, gendarme. Doussat Auguste, mdl-chef. Drache Ernest, mdl-chef. Draux Raymond, gendarme.

Drevon Henri, gendarme. Droit Eugène, gendarme. Duband Lucien, gendarme. Dubois André, gendarme. Dubois René, garde. Ducourneau Raymond, gendarme. Dumas Joseph, mdl-chef. Dumas, gendarme. Dumont Richard, garde. Duponchel Jules, garde. Dupuis André, gendarme. Durier Jacques, gendarme. Duthu Roger, garde. Dutilleux Roger, garde. Duvaux Henri, gendarme.

Edouard Robert, mdl-chef. Egron Louis, gendarme. Elie Aristide, mdl-chef. Erhmann Jules, garde. Escuras Pierre, élève gendarme. Essid Maurice, gendarme. Estaque Jacques, garde. Estrebou Paul, garde. Etore Jean, gendarme. Ettori Antoine, capitaine.

Falgère Louis, gendarme. Farat Marcel, gendarme. Fauconnier Roger, garde. Faure Fernand, gendarme. Faveau Marcel, garde. Favre Robert, gendarme. Felic Pierre, garde. Fer François, gendarme. Feraud Georges, garde. Ferry, gendarme. Fèvre Guy, gendarme. Ficheux Joseph, garde. Fievet Charles, garde. Fimeyer Joseph, garde. Fischer Charles, garde. Flori Jean, gendarme. Forgues Edouard, gendarme. Fortineau Henri, garde. Fouconnier Roger, garde. Fourage Charles, adjudant. Fourcade Pierre, mdl-chef. Fourneron Robert, gendarme. Fournier, gendarme. Frammezelle Louis, adjudant-chef. Frayrotou-Lagugne Alfred, garde. Frobert Pierre, adjudant. Froissard Roger, garde. Fronty Germain, gendarme. Fruchart Abel, gendarme.

Gabellec Adolphe, gendarme. Gaillard Jean, élève gendarme. Galerne Julien, gendarme. Gallais François, garde. Gallet François, garde. Gallou Jean, garde. Galy Paul, gendarme. Garmy Albert, garde. Gary Robert, garde. Gauthey Paul, lieutenant. Geeraert Georges, gendarme. Gendry Daniel, garde. Gentil François, garde. Geoffre Paul, garde. Gillant Victor, gendarme. Gillet Amédée, mdl-chef. Gilly Pierre, lieutenant. Gioanni François, garde. Giret Jean, gendarme. Giudicelli, lieutenant. Goalabre Joseph, gendarme. Goifon André, gendarme. Gomez José, garde. Gondel Charles, gendarme. Gorget Edmond, garde. Gouelou, garde. Goutal René, lieutenant. Grabet Robert, gendarme.

Grand Aimé, garde. Grandclaude Maurice, mdl-chef. Grandjean Paul, garde. Grandjonc Lucien, mdl-chef. Granjean Georges, gendarme. Grisel Jean, garde. Grosbot Henri, mdl-chef. Guegan Louis, garde. Guegen Yves (ou Hervé), gendarme. Guichard André, gendarme. Guichard Moïse, adjudant-chef. Guichard Robert, garde. Guiheux Eugène, gendarme. Guillot, gendarme. Guy Alphonse, gendarme. Guy Charles, gendarme. Guyenot Henri, élève gendarme.

Haezebrouck Henri, gendarme. Harrault Gaston, garde. Hautcœur André, élève gendarme. Helm Frédéric, gendarme. Hemery René, garde. Henry Alfred, garde. Henry Léon, adjudant. Henry Marcel, mdl-chef. Hequet Georges, garde. Herbin Louis, gendarme. Hermant Henri, gendarme en retraite. D'Hers Jean, capitaine. Hervé Louis, garde. Hervet Fernand, gendarme. Hetzel Pierre, gendarme. Heymonet Léon, gendarme. Houpert, gendarme. Huet Jean, gendarme. Huet Roger, gendarme. Huiban André, garde. Hussard Arthur, gendarme.

Isambourg Robert, garde. Israel Marceau, garde. Ivan Paul, garde.

Jacquemin André, gendarme. Jacquemin René, garde. Jaffre Emmanuel, lieutenant. Jaminet Louis, garde. Jaubert Antoine, garde. Jeunesse René, gendarme. Jobard François, gendarme. Jocaille Raymond, garde. Jolivot Alphonse, mdl-chef. Jouannot Antoine, gendarme. Jouin Emile, garde. Jourdan André, gendarme. Jourdan Marius, garde. Joyez Robert, garde. Juxte Roger, garde.

Kalfon Albert, garde. Kemberg Fernand, garde. Kleine Joseph, garde. Knobloch Edmond, gendarme.

Labarry Noé, garde. Laberdesque-Candebaing Romain, garde. Labesque Jean, gendarme. Labeur Charles, gendarme. Labitte Charles, mdl-chef. Laboudance René, gendarme. Lacassagne Emile, adjudant. Lachaux Joseph, gendarme. Lachery Maurice, garde. Lacaze Roger, gendarme. Lacombes Roger, gendarme. Lacroix-Marc Marcel, garde. Laffont Jean, garde, Lafrance René, gendarme. Lagier André, gendarme. Lambert Emile, gendarme. Lambert Louis, gendarme. Lambert René, garde. Lameignere Jean, garde. Lamoureux Jean, garde. Landrin Gaston, garde. Lanez André, gendarme. Languet Bernard, gendarme. Lanier Maurice, gendarme. Lannoy Irénée, garde. Laprade André, gendarme. Lardemelle Marcel, gendarme. Lascombes Roger, gendarme. Laugier Francis, garde. Laurens Emile, gendarme. Laurens Gaston, garde. Laurent Joseph, garde. Lavagne Antoine, garde. Lavialle Georges, mdl-chef. Lebaron Maurice, gendarme. Lebault Marcel, garde. Le Ber Francis, mdl-chef. Leborgne Joseph, gendarme. Le Bouedec Louis, gendarme. Lebreuil Georges, adjudant. Le Cam Louis, gendarme. Leclerc Georges, mdl-chef. Lecocq Eugène, gendarme. Lecointe Henri, gendarme. Le Comte Jean, gendarme. Ledot André, gendarme. Lefebvre André, garde. Le Fur Edmond, garde. Le Gallou Pierre, garde. Legrand Albert, gendarme. Legrand André, gendarme. Lejeune Robert, mdl-chef. Le Lous Yves, garde. Lenfant Camille, lieutenant. Lenroue Jean, garde. Lentenet Marius, garde. Le Pape Jean, garde. Le Perff François, garde. Le Rasle René, garde. Lerouvillois, gendarme. Leroy André, gendarme. Lesage Jules, gendarme. Lescot Maurice, capitaine. Lesimple Raymond, gendarme. Levasseur Maurice, garde. Limbert Noé, garde. Llaurens Emile, gendarme. Loiselicr Gaston, mdl-chef. Lordereau René, adjudant-chef. Louap André, gendarme. Louet Albert, gendarme. Louge Dominique, gendarme. Louvet François, lieutenant. Lucas Daniel, gendarme. Ludinard Fernand, mdl-chef.

Mahy Kléber, garde. Maillet Laurent, adjudant-chef. Malbec Emile, mdl-chef. Malet-Debeune Bernard, gendarme. Malmartel Henri, garde. Malot Joseph, gendarme. Mandin René, gendarme. Manfredi Joseph, garde. Marcel Auguste, garde. Marchand René, gendarme. Marfisi Dominique, garde. Marie Henri, garde. Mariette Maurice, gendarme. Marssin René, garde. Martet Victor, gendarme. Martinet Louis, gendarme. Marty, colonel. Mas Théodore, garde. Massac Roger, gendarme. Massenet Jacques, lieutenant. Mathieu Albert, garde. Mattern Fernand, garde. Maujean André, garde. Maurice Jean-Baptiste, mdl-chef. Maurières Albert, garde. Maurin Paul, garde. Maury Louis, gendarme. Maury Paul, gendarme. Mauveaux Raymond, gendarme. Mayer Léon, garde. Maymard Auguste, gendarme. Ménétrier Paul, mdl-chef. Merou Zéphirin, garde. Mery Georges, gendarme. Métais Maurice, gendarme. Meyere Marius, gendarme. Michel Lucien, gendarme. Michel Lucien, mdl-chef. Miconnet Alcide, gendarme. Midenet Paul, garde. Mignaton Pierre, adjudant-chef. Migot Roger, gendarme. Milbert Jean, lieutenant. Milliat-Carus Max, garde. Minet André, mdl-chef. Minmester Marcel, gendarme. Moine Edmond, garde. Mollier Joseph, gendarme. Montsarrat Christian, garde. Mora Georges, garde. Moraux Maurice, garde. Mordret Raymond, garde. Moreau Edouard, mdl-chef. Morin Jacques, garde. Morinière Gabriel, lieutenant. Morisset Bernard, gendarme. Mortier Maurice, gendarme. Mothes Adrien, adjudant. Mournetas Jean, gendarme. Muzard Henri, gendarme.

Nagel Jean, gendarme. Nau Joseph, mdl-chef. Nawrocki Stanislas, gendarme. Nevlek Joseph, gendarme. Nezeys Ernest, gendarme. Nicol François, garde. Noel Maurice, garde.

Olive Augustin, gendarme. Olivier Camille, adjudant-chef. Orgambide Guillaume, gendarme. Osset Edmond, gendarme. Oudot Régis, garde. Outrequin Georges, gendarme.

Pacaud Marcel, gendarme. Pages Jean, mdl-chef. Pajean Raymond, garde. Parent Maurice, garde. Pascal Michel, garde. Pasdeloup Raymond, gendarme. Payet Joseph, gendarme. Pedotti Jean, gendarme. Pelletier Louis, garde. Pelletier Willy, gendarme. Penanguer Yves, garde. Penasse Alcide, adjudant. Penisson Auguste, mdl-chef. Periot Louis, élève gendarme. Perlet William, garde. Perrein Richard, mdl-chef. Perret Henri, gendarme. Perriguey François, mdl-chef. Perrinel Jean, garde. Perron Jean, garde. Perrot Gustave, gendarme. Perrot René, garde. Perrotin Edmond, gendarme. Peter Marie, mdl-chef. Petitguenot Georges, sous-lieutenant. Peyce Maurice, gendarme. Peynaud Gaston, garde. Pham-Nhut-Pham, adjudant. Piazza Pascal, gendarme. Picoult Bernard, gendarme. Pierrot Rémy, garde. Pillois Omer, gendarme. Pinault André, garde. Pingot Robert, garde. Poitry Louis, gendarme. Polere Jean, garde. Polliot Marcel, mdl-chef. Polvent Hector, gendarme. Pommerol Laurent, mdl-chef. Ponsen René, garde. Potel Roger, gendarme. Pradeilles François, gendarme. Pradin Louis, garde. Precigoux Emile, gendarme. Pretet Louis, adjudant. Pruvost Antoine, adjudant. Pruvost Eugène, garde.

Quellec Paul, gendarme.

Rabateau Camille, gendarme. Raguel Hugues, garde. Rambaut Paul, gendarme. Rapinat Alphonse, garde. Raquillet Louis, gendarme. Ravel, gendarme. Ravelle, mdl-chef. Raymond Jean, gendarme. Raymond Joseph, garde. Raynal Antoine, mdl-chef. Razat Ludovic, garde. Regnauld Albert, gendarme. Remaudon Albert, garde. Remond Albert, gendarme. Remy William, gendarme. Renoir Germain, garde. Ribiere Jean, adjudant. Ricard Georges, gendarme. Ricard Jean, gendarme. Ricaud René, gendarme. Richard Maurice, garde. Richebez Léon, garde. Ricot Henri, garde. Ridoux Henri, gendarme. Rio Germain, garde. Riou Maurice, gendarme. Riou Pierre, gendarme. Riouall Jean-Pierre, gendarme. Ripoll Joseph, garde. Rivoalen Elie, garde. Robelin Rémi, Thomas, chef d'escadron. Robert Jean, gendarme. Robert Lucien, gendarme. Robiche Fernand, gendarme. Robin Clément, gendarme. Robin Marc, garde. Rodot Raoul, garde. Roger Eugène, garde. Roget Henri, garde. Rogghe Henri, gendarme. Rolin Pierre, gendarme. Rosin Emile, gendarme. Roudiere Jean, garde. Roulland Marcel, sous-lieutenant. Roume Georges, gendarme. Rousseau Albert, garde. Rousseau Pierre, garde. Roussel Charlemagne, gendarme. Rousset André, gendarme. Rouxel Alphonse, gendarme. Roy Norbert, garde. Royant Joseph, gendarme. Royer Henri, garde. Rulaud Lucien, gendarme.

Salles Alphonse, mdl-chef. Samain André, gendarme. Samson Robert, gendarme. Saugeay Auguste, garde. Saugeay Marie, garde. Saux Joseph, garde. Sauzet Pierre, élève gendarme. Savidan Marcel, garde. Scheers René, gendarme. Schmelz René, gendarme. Sechaud Léon, capitaine. Segalen Jean-François, gendarme. Seguin Jean, garde. Sellier Etienne, garde. Seytre André, chef d'escadron. Sibille Henri, garde. Simon Joseph, gendarme. Simon Marcel, gendarme. Sirveaux François, adjudant. Sorret Emile, gendarme. Soutiere Edmond, garde. Soutif Jules, gendarme. Stricanne Daniel, gendarme.

Talvas Jean, garde. Terrier Léopold, mdl-chef. Tetier Marcel, gendarme. Thamee Henri, garde. Thao Hyacinthe, adjudant. Thepault Marcel, garde. Thiebaud Joseph, garde. Thiebaud Paul, garde. Thiebot Edouard, garde. Thomas Michel, gendarme, Thomassin Gaston, gendarme. Tibozzi Joseph, gendarme en retraite. Tizon Henri, lieutenant. Tobena Antoine, garde. Tortet Rémi, gendarme. Trabaud Marcel, garde. Tranchant Henri, mdl-chef. Traversac Abel, gendarme. Traversac Raymond, garde. Tribolet Fernand, garde. Turpin Jean, gendarme. Typhiou Marcel, garde.

Umbdenstock Marcel, garde.

Valencon Pierre, gendarme. Valentin Albert, garde. Vandewegue Fidèle, gendarme. Van Schoorisse Antoine, gendarme. Varin Roger, mdl-chef. Vaudet René, garde. Veilex Joseph, gendarme. Vernadat Victor, lieutenant. Verolles Marcel, gendarme. Vetu André, garde. Vezien Louis, garde. Vial Henri, mdl-chef. Vigneau René, garde. Villatoux Henri, lieutenant. Vimard Michel, lieutenant. Vincent Adrien, garde. Vincent Jean, mdl-chef. Virard Jean, mdl-chef. Vives Marius, gendarme. Voisin André, garde. Voisin Paul, gendarme. Vuillaume Jean, lieutenant.

Walger Marcel, gendarme. Walmetz Eugène, capitaine. Waquez Morand, gendarme. Warga Maurice, garde. Wersinger Louis, adjudant-chef. Weyenbergh Marcel, garde.

Yvan Paul, garde. Yvenat Jean, garde. Yvernaux Denis, garde.

Zenard Marcel, gendarme. Zerroukisba Belmebel, gendarme auxiliaire. Zissler Roger, garde.

Bibliographie

Publications

BARADAT Honoré, *Pays basque et Béarn sous la botte allemande, 1940-1944*, hors commerce, Editions La République, Pau.

BEAUDONNET Louis, « La Garde de 1943 à 1944 », *Revue historique des armées*, n° 4, 1991.

—, « La gendarmerie d'Indochine », *Revue historique des armées*, n° 4, 1998.

—, *La Gendarmerie durant la Seconde Guerre mondiale*, rapport de synthèse.

CHERASSE André, « La gendarmerie », *Revue d'études et d'information*, n° 150, janvier 1987.

GIGUET Maurice, « La résistance dans la gendarmerie », *Revue d'études et d'information*, n° 147, avril 1986.

GOURCI Germain, « Gendarme et résistant », *Revue d'études et d'information*, n° 152, juillet 1987.

WATIN-AUGOUARD Marc, « Le rétablissement de la légalité républicaine en 1944 », Colloque de Bayeux 1994, Editions Complexe.

Clio 94, « La gendarmerie dans le Sud-Est parisien au cours de l'été 1944 », Archives de la gendarmerie nationale.

Dossiers secrets de l'histoire, « Le grand duel. Services spéciaux français contre Gestapo, 1940-1944 », hors-série n° 3, Paris, 1999.

L'Essor de la gendarmerie nationale, nos 243, avril 1994 ; 250, novembre 1994 ; 266, avril 1996 ; 270, août 1996.

Historia, « Les SS — L'ordre noir », hors-série n° 20, Paris, 1971.

—, « Les SS — L'enfer organisé », hors-série n° 21, Paris, 1971.

Résistance R4, « Revue trimestrielle, n°s 1 à 12 ». (Editée à Toulouse par le Comité des résistants pour l'histoire de la libération de Toulouse et de sa région. De septembre 1977 à juin 1980.)

Revue de la gendarmerie nationale, n°s 164, 1990 ; 179, 1995 ; 185, 1997.

SNAAG, « La gendarmerie pendant la période 1939-1945 », n° 227, juillet 1994.

Documentation

LE FLEM Jean Paul, « Première exploration des archives de la gendarmerie nationale par des historiens de l'Arme. Groupements Aquitaine, Bretagne, Bourgogne, Calvados, Ile-de-France et Seine-et-Oise, Languedoc-Roussillon, Limousin, Pas-de-Calais, Picardie, Poitou-Charentes, Rhône-Alpes. » Dossier spécial, consulté au Service historique de la gendarmerie.

Jean d'Hers 1910-1945. Recueil communiqué par sa famille à la gendarmerie nationale, pour le 50e anniversaire de sa mort, en 1995. Consulté au Service historique de la gendarmerie.

Rémi Robelin 1906-1944. Recueil communiqué par sa famille à la gendarmerie nationale. Consulté au Service historique de la gendarmerie.

Ouvrages disponibles à la Bibliothèque nationale

COUVREUR Colette et DESCAMPS Pierre, *Vie et mort du chef d'escadron Descamps*, Privat, Toulouse, 1968, cote 8° LN27 89315.

GILBERT Charles, *Soldats bleus dans l'ombre*, Cercle d'Or, Les Sables-d'Olonne, 1977, cote 8° G 21049 (2).

—, *La Montagne libérée. Georges Guillaudot et ses compagnons gendarmes*, Cercle d'Or, Les Sables-d'Olonne, 1981, cote 8° LB58 1292 (2).

GMELINE Patrick de, *Jean Vérines — gendarme, garde républicain, soldat de l'ombre*, Lavauzelle, Paris, 1985, cote 8° Z 51513 (5).

GOUPILLE André, *Mon village sous la botte*, édité à compte d'auteur, cote 16 L6K 909.

SÉRIGNAN Pierre Charles (lieutenant), *Le Parti hitlérien et sa propagande*, Charles Lavauzelle, Paris, 1932, cote 8° M 23747.

Ouvrages consultés au Service historique de la gendarmerie

CARROT Georges, *Le Maintien de l'ordre en France au XXe siècle*, Henri Veyrier, Paris, 1990.

LEFEBVRE-FILLEAU Jean-Paul, *Gendarmes FFI de l'Ile-de-France*, Bertout, Luneray 76810, 1994.

OMNES René, *Pourquoi as-tu fait cela, mon fils ?*, La Musse, Paris, 1991.

SOULEAU Philippe, *La Ligne de démarcation en Gironde*, Fanlac, Périgueux, 1998.

VÉRINES Guy (colonel), *Mes souvenirs du réseau Saint-Jacques*, Lavauzelle, Paris, 1990.

Autres ouvrages

ALARY Eric, *La Ligne de démarcation 1940-1944*, PUF, Paris, « Que sais-je », n° 3045, 1995.

ARON Robert, *Histoire de Vichy*, Fayard, Paris, 1960.

BARUCH Marc Olivier, *Servir l'Etat français ; l'administration de 1940 à 1944*, Fayard, Paris, 1997.

BERGOT Erwan, *Gendarmes au combat. Indochine 1945-1955*, Presses de la Cité, Paris, 1994.

BERTAUX Pierre, *Libération de Toulouse et de sa région*, Hachette Littérature, Paris, 1973.

BESSON André, *Les Maquis de Franche-Comté*, France-Empire, Paris, 1998.

—, *Une poignée de braves*, Nouvelles Editions jurassiennes, Poligny, 1965.

BOLLE Pierre, *Grenoble et le Vercors — de la résistance à la libération*, La Manufacture, Lyon, 1985.

BOUCHARDON (chef d'escadron), *Triangles rouges et kapos verts (de Vichy à Neuengamme)*, Berger-Levrault, Paris, 1949.

BOUCHET Daniel, *Si je meurs venge-moi*, UPCP, Vouillé 79230, 1990.

BOURDREL Philippe, *L'Epuration sauvage, 1944-1945*, Librairie Académique Perrin, Paris, 1991.

CAZALS Claude, *La Gendarmerie sous l'occupation*, La Musse, Paris, 1994.

—, *La Garde sous Vichy*, La Musse, Paris, 1997.

CAZALS Marcellin, *Journal de marche d'un gendarme*, édité à compte d'auteur, Naucelle 12800, 1995.

CERONI M. (général), *Le Corps franc Pommiès*, 2 tomes, Editions du Grand Rond, Toulouse, 1980.

CHAILLEUX-MATHIS Roger, *Millionnaire pour la Gestapo*, Surmelin, Paris, 1972.

COLLOQUE PTT, *L'Œil et l'oreille de la résistance*, Erès, Toulouse, 1986.

CONDETTE Eugène, *Les Chemins d'une destinée*, édité à compte d'auteur, chez X. PERROUX, Macon, 1966.

DAINVILLE de (colonel), *L'ORA, la résistance de l'armée, 1939-1945*, Lavauzelle, Paris, 1974.

DECEZE Dominique, *Ici Londres. La lune est pleine d'éléphants verts*, Lanzmann-Seghers, Paris, 1979.

DELARUE Jacques, *Histoire de la gestapo*, Fayard, Paris, 1962.

DELPERRIE DE BAYAC J., *Histoire de la milice*, Fayard, Paris, 1969.

DERRIEN Jean-François, *Gendarme et résistant*, édité à compte d'auteur, Spézet 29135, 1994.

DUTRIEZ Robert, *La Seconde Guerre mondiale en Franche-Comté*, Cêtre, Besançon, 1984.

FROMENT Pascale, *René Bousquet*, Stock, Paris, 1994.

GARDER Michel, *La Guerre secrète des services spéciaux français*, Plon, Paris, 1967.

GOUBET Michel et DEBAUGES Paul, *Histoire de la résistance en Haute-Garonne*, Milan, Toulouse, 1986.

GROUSSARD Georges (colonel), *Chemins secrets*, Bader-Dufour, Paris-Mulhouse-Lausanne, 1948.

—, *Service secret 1940-1945*, La Table Ronde, Paris, 1964.

GUINGOUIN Georges, *Quatre ans de lutte sur le sol limousin*, Hachette Littérature, Paris, 1974.

GUÉRIN Alain, *Chronique de la résistance*, Omnibus, Paris, 2000.

JAUNEAUD J.H. (général), *J'accuse le maréchal Pétain*, Pygmalion, Paris, 1977.

KUPFERMAN Fred, *Laval 1883-1945*, Flammarion, Paris, 1988.

LANDRE Louis, *La Véritable Résistance clandestine jurassienne*, Presses jurassiennes, Dole, 1970.

LAZARE Lucien, *La Résistance juive en France*, Stock, Paris, 1987.

LONGUECHAUD Henri, *Conformément à l'ordre de nos chefs*, Plon, Paris, 1985.

LORMIER Dominique, *Le Livre d'or de la résistance dans le Sud-Ouest*, Sud-Ouest, Bordeaux, 1991.

MARCOT François, *La Résistance dans le Jura*, Cêtre, Besançon, 1985.

MARTRES Eugène, *L'Auvergne dans la tourmente 1939-1945*, Editions De Borée, Clermont-Ferrand, 1998.

MOREAU Serge-Henri, *Thorens, berceau du maquis*, édité à compte d'auteur, Saint-Martin-Bellevue 74370, 1983.

NOBECOURT R.G., *Les Secrets de la propagande en France occupée*, Fayard, Paris, 1962.

PACAUT René, *Maquis dans la plaine*, édité à compte d'auteur, Louhans 71500, imprimerie Jules Faisy, 1947.

PAILLOLE Paul, *Services spéciaux 1935-1945*, Robert Laffont, Paris, 1974.

PASSY (colonel), *Souvenirs. 2e Bureau à Londres*, Raoul Solar, Paris, 1947.

PAXTON Robert O., *La France de Vichy, 1940-1944*, Editions du Seuil, Paris, 1973.

PEAN Pierre, *Vies et morts de Jean Moulin*, Fayard, Paris, 1998.

—, *La Diabolique de Caluire*, Fayard, Paris, 1999.

PICHAVANT René, *Clandestins de l'Iroise*, 2 tomes, Morgane, Douarnenez, 1982, 1984.

PIQUET-WICKS Eric, *Quatre dans l'ombre*, Gallimard, Paris, 1957.

POULLENOT Louis, *Basses-Pyrénées — occupation — libération 1940-1945*, Editions J et D, Biarritz, 1995.

PUTHOSTE Daniel, *Au service de l'Etat-nation*, La Musse, Paris, 1985.

QUEVAL Jean, *Première Page, Cinquième Colonne*, Fayard, Paris, 1945.

ROMANS-PETIT Henri, *Les Maquis de l'Ain*, Hachette Littérature, Paris, 1974.

SECHER Reynald, *Histoires de résistance en Bretagne*, Presses de la Cité, Paris, 1994.

SOUSTELLE Jacques, *Envers et contre tout. De Londres à Alger*, Robert Laffont, Paris, 1947.

STEAD Philip John, *Le 2e Bureau sous l'occupation*, Fayard, Paris, 1966.

TERRISSE René, *Bordeaux, 1940-1944*, Librairie Académique Perrin, Paris, 1997.

VATIER Jean, *Histoires secrètes de l'occupation en zone interdite, 1940-1944*, Hachette Littérature, Paris, 1972.

VERITY Hugh, *Nous atterrissions de nuit*, France-Empire, Paris, 1989.

VIVIER Jack, *Montrichard — ville occupée, cité libérée, 1939-1945*, CLD, Chambray 37170, 1984.

—, *Prêtres de Touraine dans la résistance*, CLD, Chambray 37170, 1993.

—, *Gendarmes de Touraine dans la résistance*, CLD, Chambray 37170, 1998.

Remerciements

Sans l'appui permanent du personnel du Service historique de la gendarmerie nationale, ce document n'aurait pu voir le jour. Je leur exprime à tous ma gratitude.

Ma reconnaissance va particulièrement au général Georges Philippot, délégué au patrimoine culturel de la gendarmerie et chef de ce service historique ; à Bernard Mouraz, directeur des études au même service ; au colonel Claude Meyer, représentant de la gendarmerie nationale auprès du ministre de l'Intérieur, qui m'avait donné l'envie d'entamer cet ouvrage il y a fort longtemps ; au lieutenant-colonel Fabrice Fanet, du SIRPA gendarmerie, qui m'a apporté avec constance ses appuis vigilants ; à l'adjudant-chef Duplan, conservateur du Musée de la gendarmerie à Melun, qui a sondé ses archives pour m'apporter son aide ; au colonel Claude Cazals, qui consacre sa retraite à étudier avec talent l'histoire de son arme durant les années noires.

Index

Table

DANS LA MÊME COLLECTION

Médecins à Diên Biên Phu, Pierre Accoce
Le Drame de Mers el-Kébir, Jean-Jacques Antier
La Bataille de Dong-Khê, Erwan Bergot
Convoi 42, Erwan Bergot
Le Onzième Choc, Erwan Bergot
Bataillon Bigeard, Erwan Bergot
Les 170 Jours de Diên Biên Phu, Erwan Bergot
La Guerre des appelés en Algérie (tome 1), Erwan Bergot
La 2e DB, Erwan Bergot
La Coloniale, du Rif au Tchad, Erwan Bergot
Bir Hakeim, Erwan Bergot
Gendarmes au combat, Erwan Bergot
La Campagne d'Italie, 1943-1944, Henri de Brancion
Retour en Indochine du Sud, artilleurs des rizières, 1946-1951, Henri de Brancion
Diên Biên Phu, Artilleurs dans la fournaise, Henri de Brancion
L'Expédition de Tunisie, 1881, François Broche
Special Air Service, missions de l'impossible, Georges Caïtucoli
La Cavalerie américaine au Vietnam, Jacques-François de Chaunac
Normandie-Niémen, Yves Courrière
La Grande Aventure du 1er R.E.C., Alain Gandy
La Jeunesse et la Résistance, réseau Orion, Alain Gandy
Quand la Légion écrivait sa légende, Alain Gandy
Les Cadets de Saumur, Patrick de Gmeline
Les As de la Grande Guerre, Patrick de Gmeline
Sous-marins allemands au combat, 1939-1945, Patrick de Gmeline
Les Corps francs, 39-40, Patrick de Gmeline
Le 11 Novembre 1918, Patrick de Gmeline
Versailles 1919, Patrick de Gmeline
Djebel Amour, Djebel Amer, amiral Michel Heger
La Bataille des Ardennes, Michel Hérubel
La Bataille d'Arnhem, Michel Hérubel
Hiroshima, Nagasaki, Michel Hérubel

Les Diables verts de Cassino, Jean Mabire
La Nuit des paras, juin 1944, Jean Mabire
Bérets rouges en Normandie, Jean Mabire
La Saga de Narvik, Jean Mabire
Stalingrad, Jean Mabire
Les Paras de l'enfer blanc, Jean Mabire
La 6e Airborne, Jean Mabire
Le 1er Bataillon de choc, Raymond Muelle
Bataillons de choc et commandos de la Ire armée, Raymond Muelle
Combats en pays thaï de Lai Chau à Diên Biên Phu, 1953-1954, Raymond Muelle
Les Chevaliers de la Coloniale (1916 Douaumont, 1991 l'Irak), Henry Noullet
Les Gurkhas, Henry Noullet
Les Marines à Khe-Sanh, François d'Orcival et Jacques-François de Chaunac
L'Envers du Jour J, Daniel Pierrejean
Les Français à Sarajevo, Frédéric Pons
Résistance normande et jour J, Raymond Ruffin
Le Prix de la liberté, Raymond Ruffin
Normandie, 1939-1945, Raymond Ruffin
Le Double Jeu du Maréchal, général Maurice Schmitt
La Légion saute sur Kolwezi, Pierre Sergent
La Saga d'un Français libre, général Jean Simon
La Bataille du Vercors, Pierre Vial

Photocomposition Nord Compo
Villeneuve d'Ascq

Impression réalisée sur CAMERON par

BUSSIÈRE CAMEDAN IMPRIMERIES

GROUPE CPI

à Saint-Amand-Montrond (Cher)
en avril 2001

N° d'édition : 6908. — N° d'impression : 012127/1.
Dépôt légal : avril 2001.

Imprimé en France